本书由上海工程技术大学资助出版

中国社会企业发展初探

田雪莹／著

吉林大学出版社

·长春·

图书在版编目（CIP）数据

中国社会企业发展初探 / 田雪莹著. –– 长春 : 吉林大学出版社, 2021.9
ISBN 978-7-5692-9601-3

Ⅰ.①中… Ⅱ.①田… Ⅲ.①企业管理 – 研究 – 中国 Ⅳ.①F279.23

中国版本图书馆CIP数据核字(2021)第234511号

书　　名：中国社会企业发展初探
ZHONGGUO SHEHUI QIYE FAZHAN CHUTAN

作　　者：田雪莹　著
策划编辑：张宏亮
责任编辑：张宏亮
责任校对：陈　曦
装帧设计：雅硕图文
出版发行：吉林大学出版社
社　　址：长春市人民大街4059号
邮政编码：130021
发行电话：0431-89580028/29/21
网　　址：http://www.jlup.com.cn
电子邮箱：jdcbs@jlu.edu.cn
印　　刷：长春市中海彩印厂
开　　本：787mm × 1092mm　　1/16
印　　张：14
字　　数：250千字
版　　次：2021年9月　第1版
印　　次：2021年9月　第1次
书　　号：ISBN 978-7-5692-9601-3
定　　价：78.00元

作者简介

　　田雪莹，上海工程技术大学管理学院教师，浙江大学管理学博士，同济大学经济与管理学院博士后，美国新墨西哥大学访问学者，香港中文大学访问学者，中国软科学研究会理事、会员，中国管理研究国际学会（IACMR）会员，研究领域涉及企业社会责任、社会企业发展战略以及非营利组织管理。

序　言

　　社会企业起源于20世纪80年代，它倡导利用市场原则向人们提供社会服务，兼备商业性和社会性，能够在维持自身持续发展的同时实现社会目标。经过30多年的发展，社会企业已经在全球范围内成为一种突破社会发展困局的创新思维与实践，在带动经济增长、消除贫富差距、解决就业问题等方面产生了重要作用。中国的社会企业虽然如雨后春笋般涌现，但囿于社会制度、经济水平、文化背景及自身能力，其发展至今仍面临着资金短缺、人才匮乏、商业模式陈旧、竞争力低下等诸多瓶颈。现实的困境必然引发理论的探索。转型中国情境下社会企业因何缘起、如何发展、何以持续、功用何在，是有趣而富于挑战的理论谜题。然而，源于国情和认知的巨大差异，处于初期的中国社会企业在将西方的模式借鉴和运用到我国的实践过程中仍面临较大挑战。因此，扎根于我国社会企业发展现实，从系统动态的视角勾画其成长轨迹、探求其发展方向势在必行。

　　首先，本书解读了社会企业的缘起和内涵，辨明社会企业的类别和认定标准，梳理社会企业的理论进展；其次，选取英国、美国、日本和韩国等国家的社会企业，从产生背景、驱动因素、法律制度、融资渠道、政策支持和公众认知等角度进行对比，在国际比较的基础上，立足中国慈展会认证数据对社会企业在我国的认证历程、本土实践、发展特征及面临的问题予以深入剖析；再次，从社会企业面临的资源约束、合法性构建、商业模式设计等困境出发，展开大样本问卷调查，综合应用因子分析、回归分析等方法进行实际验证，诠释资源约束下社会企业绩效实现的理论转化机制；其次，运用探索性案例勾画出社会企业发展的三种不同的演化路径，即非营利组织的市场化实践、自主社会创业及商业企业的公益化创新，并剖析了三种成长路径的共性和差异，进而构建了社会企业发展路径演化的一般模型；最后，归纳我国各地社会企业发展的支持措施，并从企业和政府视角提出促进社会企业发展的对策建议。

本书具有三大特点和价值：其一，从面临的困境出发提炼和剖析社会企业发展的影响因素，构建绩效实现的整合分析模型，揭示不同因素推动社会企业实现发展的内在机理，对我国社会企业把握成功关键要素，突破成长障碍，获得健康发展具有重要的实践价值；其二，从社会企业目标达成的双重逻辑出发，立足我国社会企业发展现实，创新性地提出不同类别社会企业发展的演化路径，为尚处于摸索阶段的中国社会企业的成长方向和发展战略提供了重要的指引；其三，立足跨部门协同视角，从企业和政府的角度出发提出对策建议，对激发创业动机，促进社会企业成长，推动多元主体参与社会治理，增加社会福祉具有意义。

诚挚感谢教育部人文社会科学研究项目"社会企业成长的路径选择与绩效转化机制研究"（19YJAZH082）、江苏高校哲学社会科学研究重点项目"社会企业成长的路径选择和支持政策研究"（2018SJZDI076）对本书出版的资助。

诚挚感谢陈瑜婷硕士对本书撰写的无私支持和帮助，社会企业绩效转化机制相关研究借鉴了其硕士学位论文《社会企业成长的路径选择与绩效转化机制研究》。

本人之前主要致力于社会责任和公益组织相关领域的探索，本书是本人近些年初涉社会创业领域的浅知拙见。由于学识、理论水平有限，书中难免有不足、疏漏之处，恳请专家和读者批评指正。希望本书可以起到抛砖引玉的作用，吸引更多学者关注转型时期中国的社会创新创业实践，共同为丰富和拓展中国社会企业理论体系，推进中国特色社会治理创新发展贡献智慧和力量。

田雪莹

2021年4月于上海

目　　录

第一章 绪 论

第一节 选题背景和研究现状

社会企业作为一种新型的企业形式，不同于商业企业和非营利组织。这一类型的企业以社会目标作为首要目的，将盈利主要用于再投资以实现这一目的。随着世界范围内贫穷，饥饿、不平等社会问题的凸显，来自不同阶层的人群对企业的期望产生了转变。一般的商业企业由于治理结构和运营目标的限制，难以为解决社会问题提供持续性的解决方案。这种情况下，社会企业作为一种社会使命驱动的创新组织应运而生。社会企业通过创造社会价值，积极解决诸如教育、贫穷、饥荒之类的社会问题（Pfitzer et al.，2013）。中国社会企业发展处于初期阶段，国内没有对社会企业的统一界定，真正具有规模和比较严格意义上的社会企业更是屈指可数。大部分社会企业成立时间较晚，发展历史短暂，企业规模较小，实力较弱。据统计，2015—2018年通过中国慈展会认证的社会企业中，有75.81％创立于近6年，仅有7.91％的社会企业成立10年以上，"金牌社企"仅占通过认证社会企业数量的11.26％，"一般社企"占比40.69％。总体而言，中国社会企业面临着资金短缺、人才匮乏、组织形式陈旧、竞争力低下等问题，致使其步履维艰，成长缓慢。现实的困境必然引发理论的探索。转型中国情境下社会企业因何缘起、如何发展、何以持续、功用何在，是有趣而富于挑战的理论课题。国外学者的研究虽然提供了参考和借鉴，但根植于中国土壤的社会企业，其发展之路必然留有深刻的中国烙印。鉴此，迫切需要符合中国情境的社会企业发展理论来指导实践。

一、社会企业的缘起和本质

对社会企业的研究起源于对非营利组织效率的探索，很多学者认为非营利组织拥有较高的"不经济性"，于是纷纷提出非营利组织市场导向的建议。20世纪80年代，有学者提出，创业者要以非利润目标进行社会创新。由此，在之后近30年的研究中，社会创业的内涵、社会企业的社会性与经济性愿景，都是学者一直着重讨论乃至争论的焦点。对于社会企业的概念，过去10年我国学者也有诸多讨论，有将其视为非营利组织或企业组织的新形态（丁开杰，2009；余晓敏、张强、赖佐夫，2011）；也有将社会企业看作是一种混合体，或是介于营利与非营利组织之间形态的组织类型（王名、朱晓红，2010）。但他们对社会企业本质的认识是一致的，认为社会企业是一种社会创新的企业形式。它以商业运营为手段、以社会使命为驱动，是社会公益与市场经济有机结合的产物，受经济和社会双重目标驱动，以实现经济绩效为前提，通过将经营收益再投资于社会事业中，不断创造社会价值并解决社会现实问题（田蓉，2016；傅颖、斯晓夫、陈卉，2017；彭伟、于小进、郑庆龄等，2018；时立荣、王安岩，2019）。

二、社会企业发展的影响因素和路径机制

关于社会企业发展影响因素的探讨，大多以实证研究为主，主要从微观、中观和宏观三个不同层面进行梳理和整合，具体研究汇总如表1-1所示。这些研究一定程度上扩展了市场营销理论、制度理论、资源基础观、资源依赖理论、社会网络理论、创业机会理论、政治学理论，以及社会治理理论等的边界（刘小霞，2013；刘振、杨俊、李志刚，2014；刘振、崔连广、杨俊等，2015；崔月琴、金蓝青，2018；胥思齐、席酉民，2018）。

表1-1 社会企业发展的影响因素研究汇总

分析层次	运用主要理论或解释视角	研究的主要内容	代表性文献
微观层次个体	·亲社会动机 ·同情心 ·身份认同	·个体客观因素：年龄、种族、收入、教育、政治意识形态、宗教信仰 ·个体心理因素：利他主义、同情心、责任感、互利性、乡愁、同理心、自我效能感 ·社会环境影响：税负、社会组织经验、对社会支持的感知、专业知识	Dees（2012）；Kater等（2012）；Datta和Gailey（2012）；Miller等（2012）；Arend（2013）；Grimes等（2013）；Renko（2013）；Ruebottom（2013）；Allison等（2013）；Hockerts等（2017）；汪忠等（2017）；张秀娥等（2018）
中观层次组织	·市场营销理论 ·交易成本经济学 ·资源基础观 ·资源依赖理论 ·社会网络理论	·市场能力 ·创业导向 ·资源调动与拼凑能力 ·社会烙印 ·机会识别与开发	Desa和Basu（2013）；Gras和Abarca（2014）；Kistruck等（2015）；Liu等（2015）；Battilana等（2015）；Liu等（2015）；Si等（2015）；Olofsson等（2018）；彭伟等（2018）
宏观层次制度	·政治学制度理论 ·组织制度理论 ·种群生态学	·明晰的产权制度 ·低的政府监管行动 ·规范、调控和健全的政治与经济制度	Estrin等（2013）；Mendoza-Abarca等（2015）；Autio等（2015）；刘振等（2016）；李健（2017）

三、社会企业绩效的评估内容和方法

1. 绩效评估内容

与商业企业的绩效指标相比，社会企业绩效则更为复杂。在社会企业目标达成的双重逻辑下，国内外学术界对社会企业绩效的研究基本趋于一致，认为社会企业的绩效包含经济与社会两个层面，但对具体特征指标的选取和测度存在差异。其中，经济层面的指标包括：产品种类及数量的提高、市场规模的扩张（Brooks，2008）、财务回报的净资产报酬率、社会投资报酬率（孙世敏等，2010）、规模扩张的总资产增长率、销售收入增长率（Brooks，2008）、财务资本可持续性的自主资金比例、财务自主能力等（孙世敏等，2011）。社会层面依赖于对社会环境变化的持续关注，基于外部利益相关者的主观判断来评定，如：吸纳新增就业人口、缓解贫富差距、保护环境、增加社会福利等可感知的新增社会价值（Hynes，2009），改善弱势群体生活质量、社会地位、健康状况，改善生态环境、促进社会和谐等主观评价的社会影响（Austin et al.，2006；孙世敏等，2011）。不难发现，社会企业经济层面绩效与商业企业类似，通常基于经济指标来定量测度，但社会层面目前只能采取主观评价，客观性与说服力均存在不足（刘振、崔连广、杨俊等，2015）。

2.绩效评估方法

通过借鉴商业企业和第三部门较成熟的绩效测量评价体系和方法，围绕社会企业发展的逻辑流（投入—活动—产出—结果—目标—使命），现有研究中关于社会企业绩效评估方法学的探讨可以总结为三种类型：侧重过程方法、侧重影响方法和侧重货币化方法，具体评估方法汇总如表1-2所示。

表1-2　社会企业绩效评估方法汇总

方法类型	绩效评估方法名称	组织的具体类型
侧重过程 +影响 方法	平衡计分卡（Balanced Score Card） 阿特金森指南针投资者评估（AtKisson Compass Assessment for Investors） 社会影响持续评估（Ongoing Assessment of Social Impacts）	非营利性质 营利性质 非营利性质
侧重过程 方法	理论转变法（Theories of Change） 敏锐计分卡（Acumen Scorecard） 社会回报测评（Social Return Assessment）	非营利性质 非营利性质 非营利性质
侧重影响 +货币化 方法	投资社会回报（Social Return on Investment） 成本利益分析（Benefit-Cost Analysis） 贫困和社会影响分析（Poverty and Social Impact Analysis）	非营利性质 非营利性质 营利、非营利性质

四、社会企业发展的政策研究

有关社会企业发展的政策研究较少，具体政策的设计更为缺乏，目前主要集中在借鉴发达国家或地区的政策，从微观、中观和宏观层面对我国社会企业提出相关建议（张红莉，2019）。微观层面的政策旨在提升社会企业自身能力，如提供更完善的公共服务、加强人才培养、完善组织架构、加强文化建设（宋春艳，2015）；中观层面主要探讨各级行政职能部门、企业和科研院所等机构对社会企业的政策支持、资金支持、技术支持等，如社会企业的设立和准入政策、发展和规范、融资支持政策、业务和技能培训支持政策、税收政策、政府与社会企业合作政策（王世强，2013；施美萍，2016；陆军、李佳巍，2016；陈昀、陈鑫，2018）；宏观层面侧重于主管部门、外界主体对社会企业的监管和评测，如加强信息公开、健全监管体系（施美萍，2016），极少数学者从政策设计与社会企业发展的关系入手，探究政策设计要素之间的匹配关系，以及对促进社会企业发展的作用路径（李健，2018；李健、卢永彬、王蕾，2019）。

五、梳理和述评

纵观上述研究的发展脉络，可以看出：（1）现有研究大多从特征、作用等维度探讨社会企业及其成长，但并未从动态视角刻画出双重目标下我国社会企业多元的发展轨迹，亦无法从其演化路径中剖析驱动社会企业成长的关键诱因；（2）尽管大多数研究都认同社会企业的发展处于社会价值与经济价值的共同作用之下，但尚未从多层面阐明关键影响因素向社会企业绩效转化的内在机制；（3）当前促进社会企业健康发展的政策建议、研究视角较为单一，研究内容还未成体系，而"公民社会"的发展则要求构建跨部门协同的社会共治的政策体系。综上，本研究围绕"社会企业发展"主题，顺承"研究进展→国际比较→本土实践→绩效转化→路径选择→支持措施"这一逻辑思路，以我国社会企业为研究样本，在厘清其国内外发展现状的基础上，构建整合模型阐明其绩效转化的内在机制，基于案例分析比较挖掘发展特征，并勾画成长的多元演化路径，进而提出推进社会企业发展的支持措施。一方面丰富社会企业成长的相关理论研究成果；另一方面为社会企业制定发展战略，以及为社会治理模式创新提供参考依据。

第二节 学术价值和应用价值

一、学术价值

目前，学者们针对社会企业的研究大多侧重于概念、特征、作用等方面，虽然有助于我们更好地识别社会企业，但不足以使我们了解其在发展过程中涉及哪些驱动因素，缺乏对成长演化路径的系统阐释，更没有打开"绩效转化机制"这一黑箱来揭示社会企业获得发展提升绩效的内在机理，且相关政策探讨仍停留在对少数发达国家和地区发展经验的简单借鉴阶段。因此，本研究在厘清社会企业国内外发展现状的基础上，揭示绩效的转化机制，勾画其成长的演化路径，提出促进其发展的支持措施。既能够丰富当前社会企业发展文献，又能够拓展资源拼凑理论、组织理论、制度理论和社会治理研究的理论创新空间。

二、应用价值

创新社会治理，不仅是出于我国新时期经济发展与社会建设的现实需要，也是新时期党中央治国理政的重要内容。党的十八届三中全会明确提出"创新社会治理体制、改进社会治理方式"，党的十九大报告进一步提出"打造共建共治共享的社会治理格局"，促进政府、市场和社会的协同共治。社会企业作为社会体制创新的载体，在创新服务机制、改善供给、促进就业等领域的作用愈加明显，已然成为社会治理创新的重要行动者。本研究不仅对社会企业自身突破成长障碍，实现自我造血功能，获得健康发展具有重要的实践价值，而且对我国社会转型时期创新社会治理体制，促进多元主体协同共治，进而推进国家治理体系和治理能力现代化，具有重要的现实意义。

第三节　研究目标和研究思路

一、研究目标

本研究的主要目标是通过剖析国内外社会企业发展现状，找出我国社会企业发展的障碍，构建全新的理论分析框架来论证社会企业提升绩效获得成长的内在机理，并勾画我国社会企业成长的演化路径，进而提出推进社会企业实践，实现经济社会健康发展的政策和建议。

二、研究思路

综合运用理论演绎和实证分析，在描绘国内外社会企业现状的基础上，以我国社会企业为研究对象，构建绩效机制框架以揭示社会企业发展的作用机理。动态勾画双重目标下社会企业成长的演化路径，提出促进社会企业成长的对策建议，旨在丰富完善中国情境下本土社会企业发展的相关理论，并为推进转型经济背景下我国社会创业实践，增加经济社会福祉，提供支撑与借鉴。总体而言，围绕"社会企业成长"这一主题，遵循"分析概念内涵→描述发展现状→阐释绩效机制→勾画演化路径→提出支持措施"这一研究逻辑。（如图1-1所示）

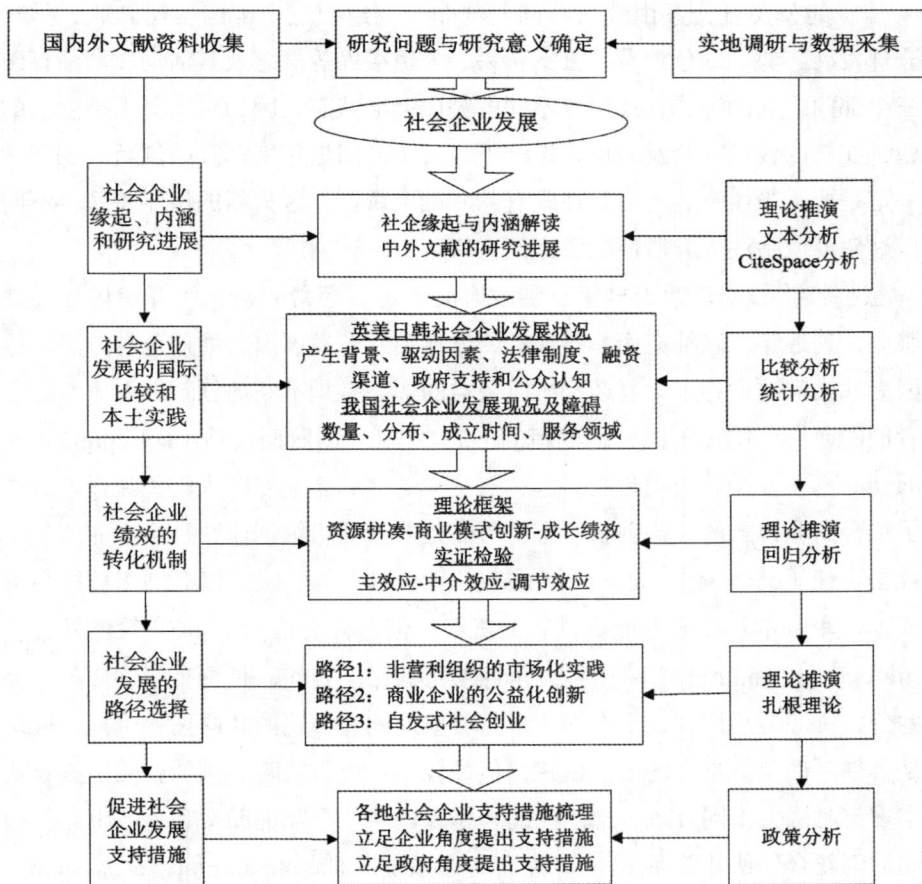

图1-1 研究思路

第二章　社会企业的缘起与内涵

第一节　兴起背景

传统的公民社会系由政府、商业与非营利组织三个部门各司其职，但环顾全球发展趋势，绿色消费、公平贸易、人道援助等概念及其活动，渐渐打破了三个部门之间的边界，产生了不同的公民社会状态。因为对改善人类生活的渴望，在新的公民社会及全球化思维下，三个部门近年来都开始创新。创新并不一定是要无中生有，可以是在既有的基础上微调，因为新的伙伴关系、不同的探讨角度或是注入异质性的资源而有所创新。

慈善公益的创新始于早年看到政府的不足，慈善公益组织开始倡导并提供服务，到近年来以补充而非替代性的伙伴关系，发展出新的角色与方法。然而因为社会问题愈趋多元复杂，所以公益的形态必须不断地创新以因应，综合学者们的研究归纳出不同公益创新的形态。（1）创业型公益（entrepreneurial philanthropy）。随着公益创投兴起，有愈来愈多的企业专业人士关注投入，产生了结合商业模式的公益创新形态，可能是非营利组织创业、社会企业或是企业社会责任（corporate social responsibility, CSR）的实践，以有别于传统慈善模式，运用资本及商业智能提供新的机会、创造社会价值。（2）策略性公益（strategic philanthropy）。由各方角色参与的协同合作，是更有策略性、更灵活的公益资源运用模式，重点在于参与者彼此间有明确的共同任务目标，被认为是具创新性及影响力的公益模式，但是较不具投资风险。例如：四川震灾或日本震灾时因为不同资源、部门间的合作，产生了国际捐助者和地方中介机构之间的创新合作伙伴关系。（3）慈善生态系统（The philanthropy ecosystem）联结不同利益相关人、不同系统网络间协同合作模式，生态系统的运作模式可以更有效率地解决社会问题。

　　同时，商业部门也开始反思，如何以创新手法，在追求股东利益时可以善尽社会责任，达到经营与环境永续。公益与商业本质上有相当大的不同，但若从表2-1的光谱中可以看到，现在已有非营利组织发展出商业模式以增加组织收入；同时在光谱的另一端，具有善尽社会责任理念的新形态商业组织正蓬勃发展。

　　然而，在整个光谱中最受瞩目的就是慈善创新与商业创新交集的社会企业。社会企业的本质即为运用创新的商业模式，解决社会及环境问题。它的组织形态可能是公司、非营利组织或者是合作社，在国际往往称之为"具有经济和社会双重价值的组织"。对政府而言，社会企业能够直接面对社会需求，且能提供更多改善各类社会问题的解方，故可成为在非营利组织之外，另一股可协助政府改善社会问题的力量。近二十年来，社会企业实践在全球风生水起，在减少贫困、促进残障人士等边缘人群的就业、增进社会福祉、创造经济收益等方面作出了卓越的贡献。

表2-1　社会企业、非营利组织、商业部门光谱图

纯慈善 ◄──────── 混合型 ────────► 纯商业

类型		非营利组织	社会企业	商业部门
动机		呼吁声誉	混合动机	诉诸自利
方法		使命驱动	社会使命和市场导向	市场驱动
目标		创造社会价值	社会价值和经济价值	创造经济价值
主要利益相关者	受益人	无利益回报	补贴率和混合支付者；无利益回报	全额市场价
	资本	捐赠和资助	低于市场资本和混合支付者；无利益回报	市场资本利率
	劳动力	志愿者	低于市场工资和混合拿工资的职工和志愿者	市场利率补偿
	供应商	慈善捐赠	特别折扣和混合实物或全价	遵循市场价格

资料来源：以Dees（1998）为基础的自绘表。

第二节 概念界定

20世纪80年代，有学者提出，创业者要以非利润目标进行社会创新。由此，在之后近30年的研究中，社会创业的内涵、社会企业的社会性与经济性愿景则是学者一直着重讨论乃至争论的焦点。社会创业的最终组织结构就是社会企业。2002年，英国政府出台了首个社会企业发展战略，同年，美国政府也出台了发展社会企业的国家战略为社会企业创造良好的发展环境。随着西方国家在社会企业领域的深入研究和社会企业家的成功实践，越来越多的发展中国家和地区也开始尝试在该领域展开社会创新的积极探索。于是，"社会企业"在这一名词于2002年首次出现在我国学者刘继同的文章中；2004年关于"社会企业"的研究有了专门著作。此后，这一理念开始在国内广为传播。对于社会企业概念，过去10年我国学者讨论诸多，有将其视为非营利组织或企业组织的新形态（俞可平，2007；杨家宁，2009；丁开杰，2009）；也有将社会企业看作是一种混合体，或是介于营利与非营利组织之间形态的组织类型（时立荣，2007；王名、朱晓红，2010）。社会企业的实现形式是多种多样的，目前还没有统一的定义。因为各个国家和地区的社会制度和发展程度的差异，社会企业领域产生了不同的研究范式和实践模型。尽管如此，他们对社会企业本质的认识是一致的，认为社会企业是一种社会创新的企业形式。它以商业运营为手段、以社会使命为驱动，是社会公益与市场经济有机结合的产物，受经济和社会双重目标驱动。以实现经济绩效为前提，通过将经营收益再投资于社会事业中，不断创造社会价值并解决社会现实问题（傅颖、斯晓夫、陈卉，2017；刘振、杨俊、李志刚，2014；余晓敏、张强、赖佐夫，2011；刘蕾、周翔宇，2017；田蓉，2016）。

表2-2　部分国家和地区的社会企业界定

行动主体	定义及认定标准
中国香港	通常，一个社会企业是一种实现特定社会目标的商业。比如提供服务或者社区需要的产品，为社会弱势群体创造就业和培训机会，保护环境，通过挣得的利润资助其他社会服务。社会企业的利润主要用于其追求的社会目标的业务再投入，而不是在股东中分配
意大利	如果要被认可为社会企业，必须同时符合以下条件： ·必须是私人组织； ·必须以一种企业家的方式生产社会所需品和服务； ·为了公共利益运行，而且不是为了营利目标
欧洲委员会	社会企业介于传统私人领域和公共领域之间。尽管没有统一认可的定义，社会企业的主要特征是社会目标与私人领域企业家精神的结合。社会企业关注于他们的业务，同时把盈余再投入到实现更大的社会、社区目标的事务中
英国社会企业联盟	定义：运用商业手段，实现社会目的。特征： ·企业导向——直接参与为市场生产产品或提供服务； ·社会目标——有明确的社会和/或环境目标，如创造就业机会，培训或提供本地服务。为实现其社会目标，其收益主要用于再投资； ·社会所有制——治理结构和所有制结构通常建立在利益相关者团体（如员工、用户、客户、地方社区团体和社会投资者），或代表更广泛的利益相关者对企业实施控制的托管人或董事的参与基础之上的自治组织
英国社会企业标志公司	识别社会企业的六项标准： ·具有社会和环境目标； ·具有自己独立的章程和理事会，而不是政府、慈善组织或者其他机构的一部分或者个体经营者； ·至少有50%收入来自市场销售； ·至少有50%的利润被应用于社会或环境目标； ·解散时的剩余资产应该被用于社会环境目的，须在章程中体现"资产锁定"原则； ·能提供外部证据，表明机构正在实现社会环境目标，努力扩大社会影响或减少环境危害

资料来源：《中国社会企业与社会影响力投资发展报告》《社会企业指南手册》整理得来。

第三节　法律形式

　　作为对20世纪90年代初期社会企业发展的回应，以及为了发展和规范这类新出现的组织，世界各国加快了社会企业的立法进程。英国、意大利、芬兰、拉脱维亚、立陶宛、波兰、韩国、美国等国都出台法律或修改原有法律，以此创制新的法律形式或开展社会企业资格认定。与此同时，有限公司、合作社和慈善组织等原有法律形式仍然被社会企业广泛采用，形成了新旧法律形式并存的局面。由于历史传统、社会条件及对社会企业的理解不同，各国创制的新的法形式有不同取向。借鉴意大利学者卡法基·F.（Cafaggi F.）和亚米切利·P.（Iamiceli P.）对欧洲社会企业法律形式的分类，各国社会企业的创新法律形式可分为三种类型：合作社形式、公司形式、无特定法律形式。具体见表2-3。

表2-3　各国社会企业新的法律形式

合作形式		公司形式		无特定法律形式	
葡萄牙	社会团结合作社	英国	社区利益公司	意大利	社会企业
西班牙	社会倡议合作社		社会利益公司	比利时	社会目的公司
希腊	有限责任社会合作社	美国	低利有限责任公司	芬兰	社会企业
法国	集体利益合作社协会		弹性目标公司	立陶宛	社会企业
波兰	工人合作社	加拿大	社区贡献企业	韩国	社会企业

数据来源：《顺德社会企业标准与扶持政策研究报告》。

第四节　认定标准

　　根据对各国社会企业立法的考察，各国政府主要从组织目标、收入来源、利润分配、资产处置、治理结构五个维度对社会企业进行认定（斯晓夫、刘志阳、林嵩等，2019）。

一、组织目标维度

　　有些国家对社会企业的目标规定较窄。韩国的社会企业分为提供工作型、社会服务型、混合型。芬兰的社会企业针对的是残障人士和长期失业者两类弱势群体，如果一个社会企业将30％的工作岗位提供给他们，政府将会对其给予补助。波兰的工人合作社主要支持失业者和弱势群体。立陶宛的社会企业的目标是使弱势群体回归到劳动力市场，促进社会融合及减少社会排斥。意大利创设的"社会合作社"区分了两种类别，以提供社会、健康和教育方面服务的A类社会合作社，和以为弱势群体提供工作整合的B类社会合作社。有些国家对社会企业的目标规定较宽。如英国规定社区利益公司应在章程中明确追求社会公益和社区利益目标。

二、收入来源维度

社会企业的收入主要来自产品生产和服务。各国规定，社会企业也可以接受捐赠，但不能依赖于捐赠。作为主要收入来源，各国一般都规定社会企业收入中应有一定比例来自商业活动。意大利的社会企业的主要活动是生产产品和提供服务，规定商业收入应占总收入的70％以上；芬兰的社会企业至少有50％的收入来自商业收入；韩国规定社会企业申请登记前6个月的业务收入应超过工资总额的30％。但是，也有国家不明确规定收入来源的比例构成，只强调社会企业的商业特点。例如，英国规定社区利益公司的主要活动是生产和销售产品或服务（斯晓夫、刘志阳、林嵩等，2019）。

三、利润分配维度

各国普遍对社会企业的利润分配进行限制。有些国家允许所有者或投资人分配有限利润，只有个别国家不限制利润的分配。在多数采取合作社法律形式的国家，社会企业都不能分配利润。例如，意大利禁止社会企业的股东和管理者直接或间接分配利润；拉脱维亚的社会企业不允许分配利润；西班牙的社会倡议合作社不能分配利润，应储存所有盈余。也有部分国家限定社会企业利润分配的最高比例。在允许分配利润的情况下，对于具体比例的高低，各国的规定有所不同。英国规定的社区利益公司股东利润分配的每股分红的最高上限是20％，利润分配的累计总额不能超过可分配利润总额的35％；法国的集体利益合作社应留存50％的利润，剩余利润允许有限分配；韩国规定应将至少

2/3的利润用于社会目标，最多可分配1/3的利润。极少数利润分配不受限制的国家和地区包括：芬兰的社会企业可以自由分配利润而且不受限制；在美国一些州为社会企业制定的法律形式中，低利有限责任公司、受益公司、弹性目标公司都不限制利润分配。

四、资产处置维度

各国一般都规定社会企业的剩余资产也用于社会及环境目的，创办者不能收回资产，有些国家规定社会企业可以分配一定资产和自由处置资产。如英国规定社区利益公司遵循"资产锁定"原则，资产只能用于社区目的，公司注销后需要其他遵循"资产锁定原则"的使命相同的机构接管，并用作社区用途。韩国规定社会企业在解散时应将至少2/3的剩余资产捐赠给其他社会企业或公共基金，可以分配最多1/3的资产。在法国、西班牙、葡萄牙、希腊、立陶宛、美国等国，对社会企业的资产处置方式未作出具体规定，创办者和管理者可以自由地处置剩余资产。

五、治理结构维度

欧洲十分强调社会企业的民主管理方式。如，意大利规定社会企业的工人和受益者应通过信息咨询或参与机制来参与机构决策过程；希腊规定有限责任合作社员工的构成中应至少有15位是残障人士，占员工总数的35％；法国的集体利益合作社协会中，员工和受益人必须在董事会中有代表；比利时规定社会目的的公司员工有权在工作一年后成为会员；韩国规定员工和客户应参与决策过程。但这对美国等其他国家而言，并不是必须具备的。社会企业也可以是与普通企业相同的治理方式。在这种情况下，社会企业具有与公司同样的治理结构。因此，这种形式可以为社会企业在构建治理规则方面提供较大的自由度，为所有者和管理者提供法律保护，吸引资本投资。

由此可见，在社会企业的认定标准上，各国存在巨大差异。如前所述，由于各国政治、经济、文化条件的巨大不同，各国甚至一国内的各州在社会企业的认定标准上存在巨大差异。这说明，认定标准的制定需要充分考虑国家和地区的差异。

第三章　社会企业的研究进展

2002年，英国政府出台了首个社会企业发展战略，同年，美国政府也出台了发展社会企业的国家战略为社会企业创造良好的发展环境（赵莉、严中华，2009）。随着西方国家在社会企业领域的深入研究和社会企业家的成功实践，越来越多的发展中国家和地区也开始尝试在该领域展开社会创新的积极探索。于是，"社会企业"在这一名词2002年首次出现在我国学者刘继同的文章中；2004年关于"社会企业"的研究有了专门著作。此后，这一理念开始在国内广为传播，企业家们纷纷开始了积极的实践。作为新兴的研究领域，二十年来，学术界对社会企业的关注度显著上升，研究者们从政治学、经济学、管理学、社会学、营销学、公共管理学等不同角度对其开展了研究，并取得了一定的科研成果。以2002—2018年中国知网CNKI核心数据库163篇中文文献和Web of Science（以下简称"WOS"）核心合集收录的398篇英文文献为研究对象，运用CiteSpace5.3 R3计量分析软件，同时结合人工整合和梳理，力图了解社会企业的缘起、发展现况，分析社会企业的研究热点、研究前沿和演进趋势，借以厘清国内外社会企业的研究脉络，展望未来的演进方向，为该领域研究学者的进一步探索提供借鉴和参考。

第一节　研究设计

一、数据来源与筛选

囿于机构数据库的容量和时间限制，选取中国知网CNKI和英文WOS数据库作为文献源。首先，将中国知网CNKI数据库的期刊来源类别设置为"中文社会科学引文索引（Chinese Social Sciences Citation Index，CSSCI）"和"核心期刊"，选择"社会企业"作为主题词进行全文检索，检索年限设置为1986—2018年，获得文献319篇，全文下载并人工——筛查，剔除简讯、书评、无作者文献、征稿启事及其他不相关内容，剩余163篇中文文献；而后，选择WOS数据库，以"social enterprise"为主题词，设置文献类型为article，精炼范围为WOS核心合集，检索年限设置为1986—2018年，剔除重复类文献，并通过梳理摘要删除医疗类、护理类等几无相关的文献，获得398篇英文文献。将上述获得的中英文社会企业研究文献共计561篇构成分析样本，检索结果显示国内外数据库收录关于社会企业的文献均开始于2002年，故使用文献年份为2002—2018年。

二、研究工具

CiteSpace 是华人学者陈超美基于Java语言开发的用于文献计量的可视化分析软件，能对特定领域的文献进行计量，以探寻出学科领域演化的关键路径及其知识拐点，并通过一系列可视化图谱的绘制来形成对学科演化潜在动力机制的分析和学科发展前沿的探测（陈悦、陈超美、刘则渊等，2015）。本文以2002—2018年CNKI核心数据库和WOS核心合集收录的561篇社会企业研究文献为对象，运用CiteSpace5.3 R3计量分析软件，力图对社会企业领域的研究进行系统分析，找出其潜在的规律及未来发展的趋势。

第二节　研究现况及总体分布

一、数量分布

图3-1显示的是CNKI和WOS历年发文数量。总体而言，2002—2018年，国内外社会企业研究的文献数量均呈上升趋势，其中CNKI发文最多的年份为2016年（23篇），WOS发文最多的年份为2017年（73篇）；2002—2010年，国内发文数量较国外多，但相差不大，总量仅差12篇，但2010年后，随着社会各界对社会企业重要性认识的逐渐加深及大量社会创新实践的蓬勃出现，相关

研究迅速兴起，国内外社会企业成果数量均呈现快速增长的趋势，且国外学者发文量明显高于国内学者，2017年相差最大，达53篇。

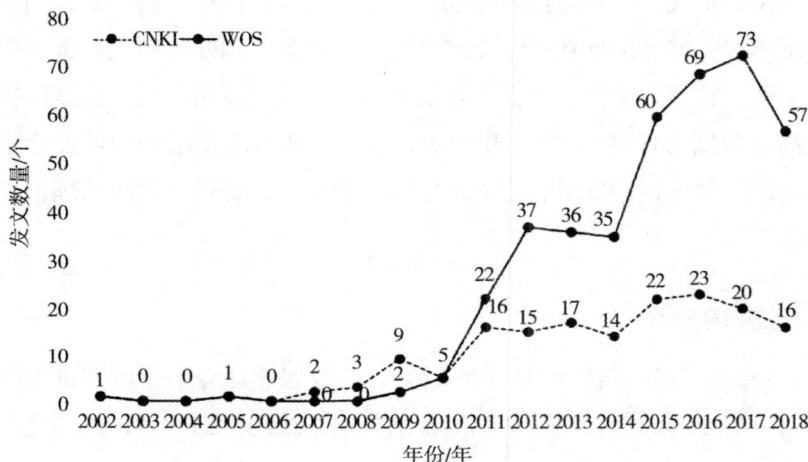

图3-1　CNKI和WOS历年发文数量

"社会企业"作为术语虽然最早由欧洲经济与合作组织于1994年提出（刘小霞，2012），但学术研究的正式开启则始于2002年。WOS核心合集文献显示，2002—2010年发文量较低，2003年、2004年、2006年、2007年、2008年这五年均为空白，2002年、2005年各1篇，2009年2篇，2010年5篇，共计9篇，属于探索的初级阶段。在此期间，英、美政府相继出台了社会企业国家战略，芬兰也颁布了《社会企业法》，这些政策和法律为社会企业的后续发展提供了初步的指引（金锦萍，2009）。2010年后，社会企业成果数量大幅增长，尤其是2011年比2010年增长了3.4倍，在2012年达到第一次高峰（37篇），此后至2014年，发文量有小幅度下降，但2014—2017年再次大幅增长，于2017年达到新的高峰（73篇）。

2002年北京大学刘继同教授在《就业与福利：欧美国家的社区就业理论与政策模式》一文中首次提到了"社会企业"这一概念，他认为欧美国家的社会企业和政策模式对我国的再就业和社区服务发展具有重要的借鉴意义（刘继同，2002）。该文开启了我国社会企业研究的先河，此后2002—2010年间，与国外社会企业研究发展相似，我国社会企业研究进入探索初期，成果数量较少，共发文21篇，2002年、2003年、2006年空白，其余年份1~9篇不等，2010年后，研究成果数量开始增长，但增幅远远小于国外，发文数量在14~23篇不等，相对波动不大，最高峰出现在2016年（23篇）。值得一提的是，国内文献虽然数量不多，但《国外社会企业理论研究综述》《国际比较视野下的中国社会企业》和《转型与整合：社会企业的性质、构成与发展》三篇文章的被引频次则较高，分别为101次、98次和78次，表明这些核心文献为我国社会企业在内涵解读、差异比较及发展趋势等维度的初步探索，提供了重要的理论借鉴和学术基础。

二、机构分布

图3-2和图3-3分别显示的是WOS和CNKI数据库社会企业研究机构的合作图谱。图中节点的大小表明发文数量，结点间连线的粗细代表了机构之间的合作密切程度。

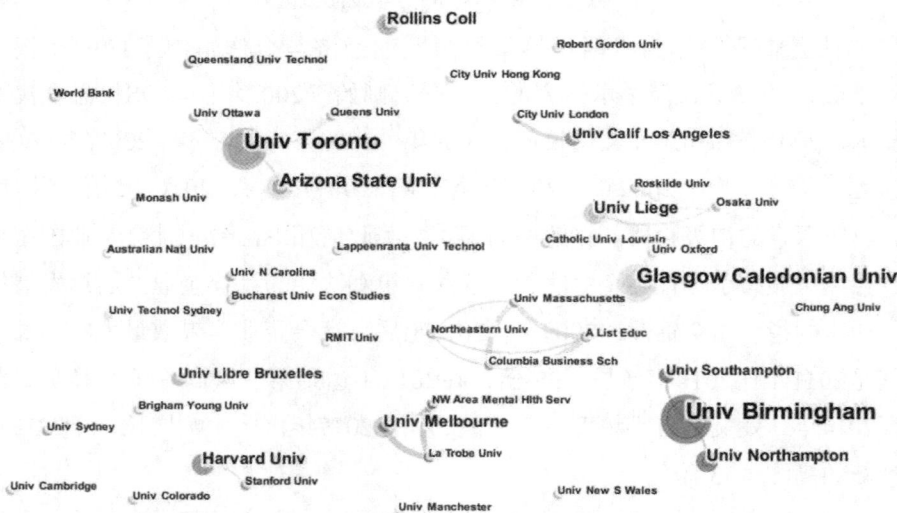

图3-2　WOS社会企业研究机构合作网络

WOS数据库显示的国外社会企业研究机构数量较多，有44个，发文数量排名前三的机构依次是伯明翰大学、多伦多大学和格拉斯哥卡利多尼亚大学。高中度意味着研究机构在结构上占有重要位置，换言之，它们在连接其他节点或几个不同的聚类上发挥着重要作用。图3-2研究机构合作网络图谱中，中心度最高的是比利时列日国立大学，表示其在社会企业研究领域中占据着核心的、重要的位置，取得了较好的研究进展和丰硕的研究成果。从机构合作情况来看，列日国立大学与比利时鲁汶大学、日本大阪大学和英国牛津大学形成了最为紧密的合作研究团体；紧随其后的是，澳大利亚的墨尔本大学、拉筹伯大学和西北精神健康服务中心这三个机构形成的较紧密的研究网络；第三个合作网络由美国的马萨诸塞大学、哥伦比亚大学商学院和东北大学三个机构构成；此外，还有如多伦多大学、亚利桑那州立大学和皇后大学等关联度相对较弱的机构组成的合作研究团体有8个。由此可见，国外社会企业合作研究机构数量较多，且合作较为紧密，存在跨国合作，具体如图3-2所示。

相对而言，CNKI数据库显示的国内社会企业研究机构数量较少，仅有16个，发文数量位列前三的机构依次是上海财经大学国际工商管理学院、湖南大学工商管理学院、南京大学社会学院；仅形成一个研究合作群体，即上海财经大学、上海对外经贸大学和山东财经大学，这三所高校联络较为密切，形成了一定规模的研究网络，取得了相对较多的研究成果；其中，中心度最高的是上海财经大学国际工商管理学院，表明上海财经大学国际工商管理学院在国内社会企业研究领域中发挥重要作用，其他机构均呈现"单打独斗"的研究态势，具体如图3-3所示。

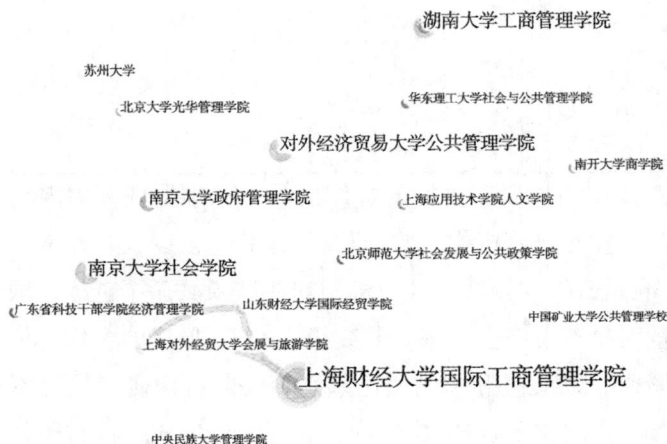

图3-3　CNKI社会企业研究机构合作网络

　　将发文数量大于等于4的机构视为核心研究机构，整理结果如表3-1所示。国外社会企业核心研究机构有9个，英国和美国均有3个，加拿大、比利时、澳大利亚各有1个，但各核心机构发文量差异不大，介于4～9篇之间，其中排名前三的依次是伯明翰大学9篇、多伦多大学发文8篇、格拉斯哥卡利多尼亚大学7篇；国内有5个社会企业核心研究机构，相对较少，其中上海财经大学国际工商管理学院排名第一，发表8篇文章，主要得益于上海财经大学国际工商管理学院近年来对创新创业发展的高度关注，积极成立创业学院，多方构建科研团队，在社会创业、社会企业发展等领域取得了较好的研究成果，学术影响力日益提升，而其他四个机构其发文量均为4篇。总体而言，国外社会企业核心研究机构数量明显多于国内，但发文量和国内相比差别不大，简言之，国外机构在该领域的研究相对国内有一定优势，但优势不够明显。

表3-1　2002—2018年 WOS和CNKI核心研究机构及其发文数量

机构名称（WOS）	文献数量（篇）	机构名称（CNKI）	文献数量（篇）
Univ Birmingham	9	上海财经大学国际工商管理学院	8
Univ Toronto	8	湖南大学工商管理学院	4
Glasgow Caledonian Univ	7	对外经济贸易大学公共管理学院	4
Arizona State Univ	5	南京大学社会学院	4
Univ Liege	4	南京大学政府管理学院	4
Rollins Coll	4		
Univ Melbourne	4		
Univ Northampton	4		
Harvard Univ	4		

　　综上，对比国内外研究机构的合作情况，不难发现，国内社会企业的研究机构有16个，核心研究机构5个，研究机构数量较少，合作网络更少，仅有1个，且合作的紧密程度较低，其他机构均在该领域孤军奋战；国外研究机构有44个，数量明显多于国内，核心研究机构9个，形成的合作群体多达11个，且合作更为紧密，发文量和国内相比差别不大，机构研究优势不够明显；此外，CNKI收录的社会企业研究成果均为我国学者完成，没有国外学者参与，而WOS收录的社会企业文章存在跨国合作的现象。

三、作者分布

图3-4显示的是WOS研究社会企业的学者合作网络，按照中心度排列，排在前三位的依次是Alcock P、Hall K和Ferguson KM，其中最核心作者是Alcock P，其在结构上占据着重要位置，Alcock P连接着Hall K、Millar R、Smith G、Teasdale S四位作者。由连线粗细程度可知，英国伯明翰大学的Hall、Millar等学者是合作度较高的研究团体。Hall、Millar等于2012年开始探索英国推行"right to request"政策背景下社会企业提供的卫生和健康服务的研究。而后，Hall等探讨了寻求将公共服务从公有制转移出来的未来方案，并提出了经验与教训（Robin Miller et al., 2012）。2013年，Hall等又针对英国工党政府推出社会企业投资基金这一举措，考察了社会企业投资基金的有效性。他们发现，公共投资在这类市场交易中的作用是有限的（Hall Kelly et al., 2012）。社会投资回报（Social Return on Investment, SROI）是目前被鼓励用来衡量社会企业在卫生和社会保健方面绩效的一种方法。Millar等利用访谈数据分析了SROI的使用情况，发现尽管SROI是国际公认的社会企业衡量工具，但由于现实情况和意识形态的障碍，SROI的作用被低估且仍未得到充分的使用（Ross Millar et al., 2013）。2016年，Hall等对一个组织脱离公共部门却继续提供公共资助服务时，其公共性会发生何种变化进行了剖析（Hall Kelly et al., 2016）。另外，有一部分核心作者是单独进行研究的，例如与Hall发文数量相同的作者Ferguson KM、Mook L等。Ferguson KM最初于2012年做了社会企业干预无家可归青少年的精神健康的研究（Ferguson et al., 2012），对如何将社会企业与心理健康治疗相结合，以及如何评估其对心理健康结果的影响提出了建议（Ferguson, 2012）。2018年，Ferguson KM进一步对社会企业干预无家可归青少年就业情况进行了剖析（Ferguson, 2018）。2015年，Mook利用社会投资回报（SROI）对提供就业服务给残疾人的效用进行了相关评价（Mook et al., 2015），而后他又以Furniture Bank为研究案例，运用投资的社会回报框架将传统会计和社会会计结合，衡量带给利益相关者的价值（Mook et al., 2015）。

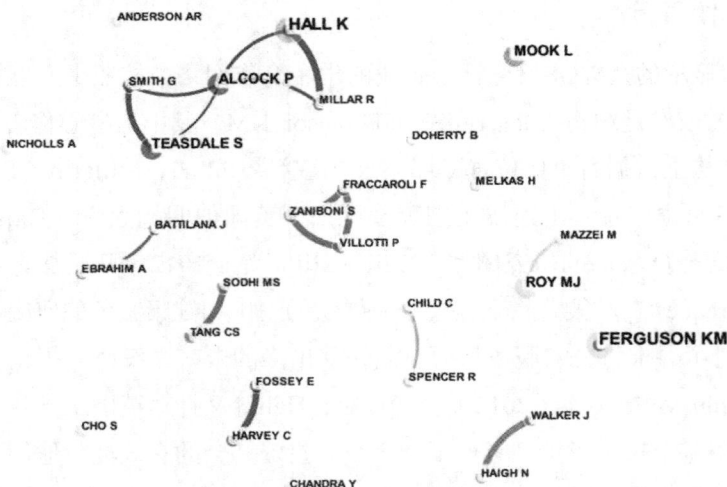

图3-4　WOS作者合作网络

图3-5显示了国内社会企业研究的学者合作网络，图中显示连接节点为三个或三个以上的合作团体有两个，但其合作只限于本研究机构内部。上海财经大学国际工商管理学院谢家平、刘鲁浩、梁玲、张忠伦等学者合作最为紧密。该合作群体的研究成果中引用数量最高、下载次数最多的是2016年发表的《社会企业：发展异质性、现状定位及商业模式创新》一文，该文从发展异质性视角分析了中国社会企业所面临的外部环境和自身模式的问题（谢家平、刘鲁浩、梁玲，2016）；而后，刘鲁浩等首次将社会企业兼顾经济效益和社会效益的双重性运用到"企业+农户"的运作模式中，探索服务创新来实现社会企业与农业经济金字塔底层（Bottom of the pyramind, BOP）群体共同发展的路径（刘鲁浩、梁玲、葛夫财等，2016）；在此基础上，谢家平等又指出农业社会企业的加入可以提高农户生产积极性和绩效，基于高度的关系嵌入和结构嵌入能将农户利益和企业利益紧密相连，从而更好地促进农业的可持续发展（谢家平、刘鲁浩、梁玲等，2017）。另一个合作较为紧密的研究群体是湖南大学工商管理学院汪忠、胡兰、袁丹等学者，他们主要运用BP神经网络、数据包络分析（Data envelopment analysis, DEA）、模糊综合评价法等定量手段对社会企业的动态能力、绩效评价和合作伙伴的选择进行了初步的探索（汪忠、

袁丹、江资斌等，2016；汪忠、吴倩、胡兰，2013；汪忠、吴琳、张乾梅等，2013）。

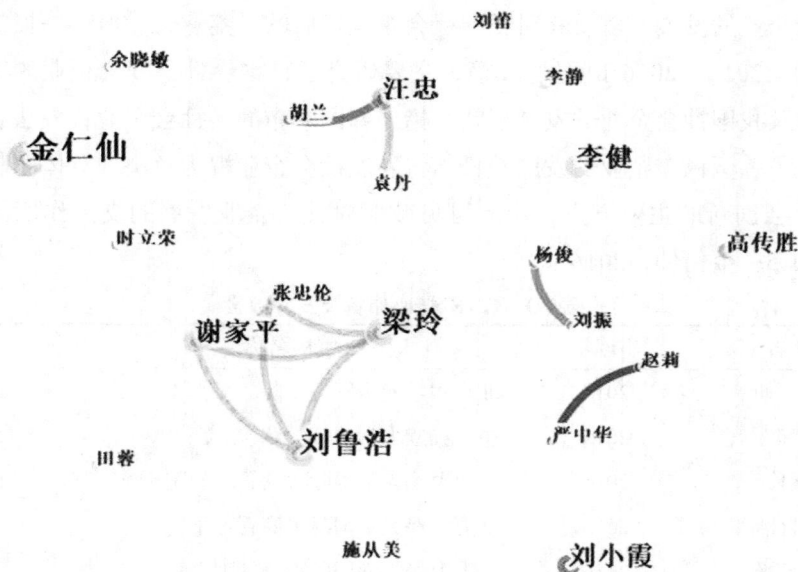

图3-5　CNKI作者合作网络

将发文数量大于或等于3的作者视为核心作者，表3-2所示为WOS核心作者发文数量及其所属机构。排名第一的是英国伯明翰大学的HALL K和美国亚利桑那州大学的FERGUSON KM，分别发文4篇。结合表3-2可知，所有核心作者均来自美国或英国，说明英、美两国学者在社会企业研究领域中占据重要地位，但所有核心作者发文量均不高，为3～4篇，均非高产作者。

表3-2　WOS核心作者及发文数量

作者	出现年	机构名称	发文数量（篇）
HALL K	2012	Univ Birmingham	4
FERGUSON KM	2012	Arizona State Univ	4
MOOK L	2015	Arizona State Univ	3
TEASDALE S	2012	Univ Birmingham	3
ROY MJ	2017	Glasgow Caledonian Univ	3
ALCOCK P	2012	Univ Birmingham	3

表3-3所示为CNKI核心作者发文数量及机构，8位核心作者中有5位是来自核心研究机构。金仁仙和李健都以国外社会企业发展的案例来研究政府如何促进社会企业的发展，以及其对我国社会企业发展的借鉴意义。值得一提的是，金仁仙于2015—2016年间发文6篇，主要研究了日本、韩国社会企业的发展经验，以及我国社会企业的发展现状，指出韩国颁布的《社会企业育成法》极大地促进了韩国社会企业的发展，日本将发展社会企业视为解决现有体制弊病、推动社会创新的主要方案，由此可见政府对社会企业发展的支持作用（金仁仙，2015；金仁仙，2016）。

表3-3　CNKI核心作者及发文数量

作者	出现年	机构名称	发文数量
金仁仙	2015	北京大学光华管理学院	6
李健	2015	中央民族大学管理学院	6
梁玲	2015	上海财经大学国际工商管理学院	6
刘鲁浩	2015	上海财经大学国际工商管理学院	5
谢家平	2016	上海财经大学国际工商管理学院	4
刘小霞	2012	华东理工大学社会与公共管理学院	4
汪忠	2013	湖南大学工商管理学院	4
高传胜	2015	南京大学政府管理学院	4

综上，WOS和CNKI关于社会企业作者合作图谱的网络整体密度分别为0.039 7、0.046 7，表明作者间的合作较少，多是独自探索，研究力量较为分散，还未形成研究能力较强的科研合作群体。另外，国内核心作者数量和发文数量都高于国外，但差距甚微。由此不难看出，有关社会企业的研究在国内和国外均处于初级阶段，合作研究急需加强。

第三节　研究热点及核心文献

一、研究热点

以关键词为节点类型，设置阈值为Top N=50，运行CiteSpace生成关键词共现分析图谱。图3-6显示的是WOS社会企业文献关键词共现图谱，图谱中有214个节点，796条连线，网络密度为0.034 9，节点反应关键词的出现频次，连线代表关键词间的共现关系（叶楠、张潇，2018）。WOS关键词共现网络结构交错庞杂、密度较大，表明WOS数据库文献中社会企业的研究主题较为集中。按关键词出现的频次整理，排在前十位的关键词分别为：social enterprise、entrepreneurship、social entrepreneurship、performance、organization、model、innovation、hybrid organization、policy、perspective、management、enterprise，这些高频关键词在一定程度上反映出国外社会企业的研究热点，亦即国外学者对于社会企业的研究主要集中于社会企业、创业、社会创业、绩效、组织、模型、创新、混合组织、政策、视角与管理等方面，他们分别从个人、组织、制度等多层面多视角探索了社会企业的发展。

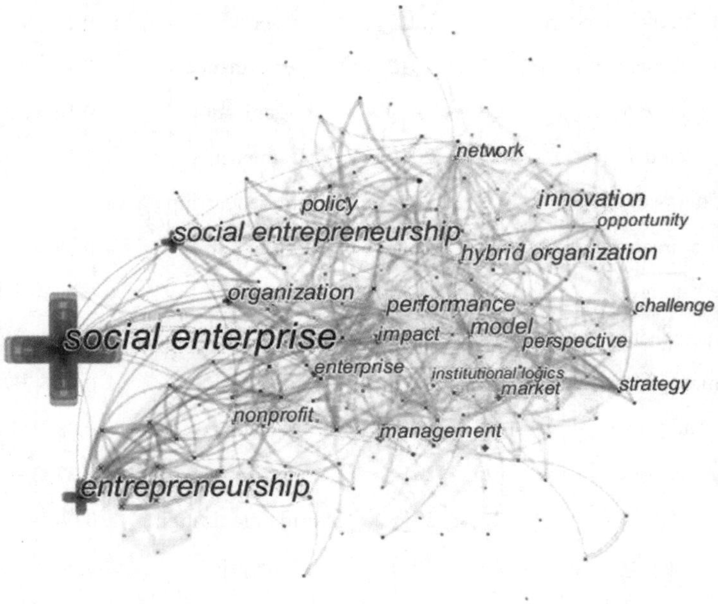

图3-6　WOS关键词共现知识图谱

关键词的中心度反映了其在整个关键词共现网络中的重要性，中心度高的节点与其他节点联系较为紧密，代表了一定时期内核心的研究主题，也是连接不同研究主题的关键节点。取频次最高的前17个关键词及其中心度情况整理在表3-3中。可以看出，除了研究领域"社会企业"本身的关键词以外，"创业""社会创业""绩效""组织"出现的频次较高，在2010年后成为最受学界关注的研究焦点；中心度大于0.10的有8个，它们在连接其他节点上发挥着重要的作用，这些高中心度的关键词可以看作是具有里程碑意义的研究热点，表3-3中除了研究领域"社会企业"本身的中心度为0.44外，"网络"关键词中心度最高为0.22，可以看出从网络视角探讨社会企业最为集中，它的地位和关注度在社会企业研究中最高，其后按照中心度大小排列，研究依次集中在"服务""绩效""组织""影响"等层面。

表3-3　国外社会企业研究热点词汇

排名	高频关键词	频次	出现年	高中心性关键词	中心度	出现年
1	social enterprise	238	2009	social enterprise	0.44	2007
2	entrepreneurship	80	2012	network	0.22	2014
3	social entrepreneurship	57	2011	service	0.19	2012
4	performance	27	2012	performance	0.17	2012
5	organization	27	2012	organization	0.16	2012
6	model	26	2013	impact	0.15	2014
7	innovation	23	2015	entrepreneurship	0.14	2012
8	hybrid organization	23	2013	health	0.14	2012
9	policy	19	2014	strategy	0.09	2013
10	perspective	18	2015	market	0.09	2014
11	management	18	2016	social value	0.08	2012
12	enterprise	16	2014	civil society	0.08	2012
13	network	16	2014	nonprofit sector	0.07	2014
14	UK	16	2012	hybrid organization	0.06	2013
15	sector	15	2012	enterprise	0.06	2014
16	impact	15	2014	UK	0.06	2012
17	strategy	15	2013	community	0.06	2016

上述分析可见，2002—2010年间国外社会企业研究尚处于萌芽阶段，并未形成研究热点。2010年之后文献量急剧增长，研究热点开始集聚在社会企业、社会创业、绩效、组织等方面。基于这些研究热点不断拓展，相继引发了对社会企业影响、创新、政策等问题的探讨。

　　图3-7为CNKI数据库社会企业文献关键词共现图谱。其中，社会企业与第三部门关键词的连线最粗、颜色最深，表明国内学者以社会企业为研究中心。首先，研究成果集中在非营利组织发展、与企业的关系及第三部门的转型研究；其次，探讨较多的是社会企业与企业及管理的关联和差异的研究；最后，一部分学者将目光聚焦在韩国、日本这些同被亚洲文化所影响的国家，重点研究了日、韩等国政府对社会企业发展的作用及社会企业制度和创新，为促进我国社会企业发展提供借鉴。

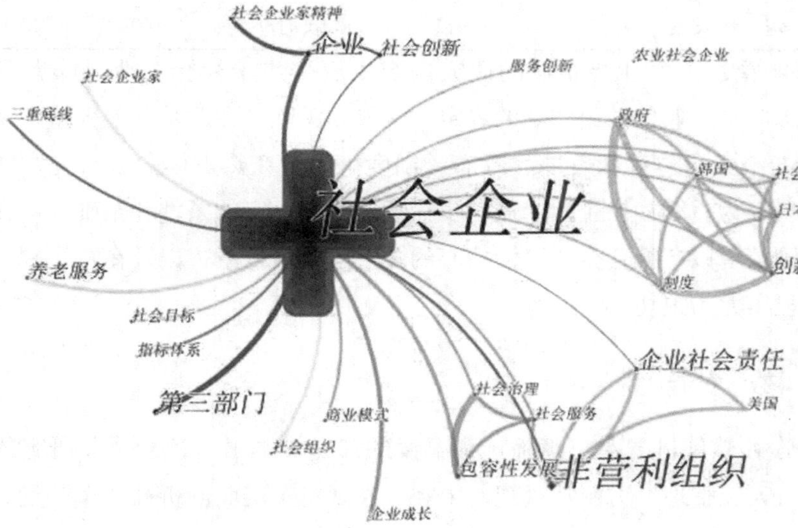

图3-7　CNKI关键词共现知识图谱

　　按关键词出现的频次和中心性高低对其进行整理，结果如表3-4所示。"社会企业"一词以132次的出现频率占据第一位，第二位"非营利组织"出现频次明显减少（13次）、其后依次是"企业""第三部门""创新""养老服务"和"包容性发展"，但它们出现频次极少，均介于3～6次之间；中心度除"社会企业"和"企业"分别为1.67和0.31外，其他均为0.03。

表3-4 国内社会企业研究热点词汇

排名	高频关键词	频次	出现年	高中心性关键词	中心度	出现年
1	社会企业	132	2007	社会企业	1.67	2007
2	非营利组织	13	2011	企业	0.31	2009
3	企业	6	2009	创新	0.03	2016
4	第三部门	5	2009	制度	0.03	2016
5	创新	3	2016	社会经济	0.03	2016
6	养老服务	3	2017	日本	0.03	2016
7	包容性发展	3	2015	政府	0.03	2016

综合来看，国内社会企业的研究内容主要聚焦于社会企业、非营利组织、第三部门和企业几种组织间的界定、区隔和关联，在此基础上少量涉及了创新、养老服务、包容性发展、政府、制度等，研究热点极少，研究主题分散。这些研究为后续社会企业的进一步探索提供了一定的条件和基础，但在未来立足中国情境以"社会企业"为中心的多主题辐射探索，以及在特定领域的深度挖掘显得尤为迫切。

二、核心文献

为了弥补软件自身对文献筛选和解读的疏漏，本书对社会企业研究的核心文献进行人工整理，力图从微观、中观、宏观三个层面剖析社会企业发展的研究热点，具体如表3-5所示。

表3-5 社会企业研究内容及其代表文献

分析层次	研究的主要内容	代表性文献
微观层面个人	心理因素	Miller等（2012）；Arend（2013）；Renko（2013）；Wood（2012）；Grimes等（2013）；Ruebottom（2013）；Hockerts（2017）；McMullen等（2017）
	个体特质	Katre和Salipante（2012）；Datta和Gailey（2012）；肖建忠（2010）
	社会环境影响	Dees等（2012）；Wood等（2012）；Gibbons等（2017）；Wry等（2017）；汪忠（2017）

分析层次	研究的主要内容	代表性文献
中观层面组织	商业模式创新	丁敏（2010）；刘志阳等（2015）；谢家平（2016）；余晓敏等（2017）；Bocken等（2014）；Santos等（2015）；Olofsson等（2018）；Dobson等（2018）；Wilson等（2013）；Shrimali等（2011）；Cooney等（2011）
	绩效测量	孙世敏等（2010、2011）；汪忠等（2013，2016）；Hynes（2009）；Bagnoli等（2011）；Millar等（2013）；Davies等（2018）；刘振（2015）；Liu等（2015）；Battilana等（2015）；Andre等（2018）；Cordes等（2017）
	创业导向	张秀娥和张坤（2018）；盛南等（2008）
	资源调动与拼凑能力	李华晶等（2010）；彭伟等（2018）；Desa和Basu（2013）
宏观层面制度	国际比较	余晓敏等（2011，2012）；金仁仙（2016）；涂智苹（2018）
	政策设计	Park等（2013）；Sepulveda等（2013）；Nicholles等（2017）；王世强（2013）；李健（2018）；Mason等（2018）
	国家制度支持和监管	金锦萍（2009）；金仁仙（2015）；李健（2016，2017）；Estrin等（2013）；Autio和Fu（2015）；Mendoza-Abarca等（2015）；Bhatt等（2019）

从微观层面来看，学者们主要从个人自身特征、心理因素和社会环境影响三方面探讨社会创业者或社会企业家的创业动机。其中个人特质维度：Katre和Salipante（2012）对个体社会创业动机进行了再细分，指出除了心理原因，社会创业者的年龄、种族、收入等也可能成为其潜在推动因素；肖建忠（2010）认为社会企业家必定有坚强的意志和决心、永恒的创造力和甘愿默默无闻、低调的行事风格。心理因素维度：Corner和Ho（2010）、Miller等（2012）、Arend（2013）和Renko（2013）等认为社会企业创业者大多都具有利他主义心理、同情心、共情能力，早年苦难经历也是使其产生利他心理并创办企业的重要动因；Hockerts（2017）对Mair和Noboa提出的模型进行了实证检验，发现先前经验可以预测社会创业者的意图，社会企业家自我效能感对意图的影响最大，对先前经验的反应也最灵敏。社会环境维度：Dess（2012）

指出社会创业的成功需要社会创业家将传统的慈善文化，和现代的企业问题解决文化融合起来；Gibbons（2017）通过分析Goodwill（DSE类型的企业）的组织管理和其平衡经济效益与社会目标的手段，发现Goodwill持久的成功取决于领导文化的力量；汪忠（2017）则认为社会资本、创业警觉性和创业机会维度的丰富程度会影响到个体对创业机会的识别。

从中观层面来看，国内外学者更关注社会企业组织的商业模式创新、绩效测量、创业导向、资源调动与拼凑能力等研究主题。商业模式创新方面：丁敏（2010）阐述了社会企业商业模式创新过程和演进机制；刘志阳等（2015）将社会企业商业模式划分为四类，并推演了四种商业模式演进的路径；谢家平等（2016）从目标定位、运营创新和理念更新三个方面重构了社会企业商业模式；Bocken等（2014）利用可持续商业模式（Sustainable Business Models）来验证创新方法是否有助于业务模型实现可持续性；Olofsson等（2018）运用个案研究探讨了可持续问题驱动的商业模式创新问题。绩效测量方面：在社会企业目标达成的双重逻辑下，国内外学术界对社会企业成长绩效的研究基本趋于一致，认为社会企业的成长包含经济与社会两个层面，但对具体特征指标的选取和测度存在差异。社会企业经济层面成长与商业企业类似，通常基于经济指标来定量测度；但社会层面成长目前只能采取主观评价，客观性与说服力均存在不足（孙世敏、张兰、贾建锋，2011）。创业导向方面：盛南等（2008）认为社会创业导向是反映企业社会型创业核心内涵的构思，发现社会创业导向由企业社会匹配、共赢规则创新和边缘资源整合三个两两相关的维度构成；张秀娥等（2018）发现创业导向通过正向影响资源拼凑来提高新创社会企业的社会绩效和经济绩效。资源拼凑和调动能力方面：李华晶等（2010）探讨了社会创业的内在机理，并认为资源获取和整合是社会创业三个基本环节之一；Desa和Basu（2013）引入社会资源基础观，发现在社会创业过程中，企业往往会因为资源限制而舍弃最优配置，并通过资源拼凑整合使其获得成长，但并未阐述资源拼凑的作用机制；彭伟等（2018）基于扎根理论的多案例研究，发现不同类型的资源拼凑可以帮助社会创业企业获得不同的组织合法性，进而促进其成长。

从宏观层面来看，国内外社会企业研究的焦点都集中在国际社会企业发展比较、政策设计和国家制度支持和监管。国际比较方面：余晓敏等（2011，2012）通过比较欧美、东亚等地区的社会企业实践情况，探讨了社会企业在中国发展的特殊性；金仁仙（2016）从文化整合的角度，对中、日、韩社会企业发展进行了比较研究；涂智苹（2018）在前人研究的基础上对英、美、日、韩社会企业进行了全面梳理和横向比较。政策设计维度方面：王世强（2013）认为我国社会企业发展存在结构性约束，从而从发展战略、法律规制、财政支持、税收政策支持等方面设计了一系列政策措施；Park（2013）探讨了英国和韩国的政府政策对社会企业发展的影响；Mason等（2018）通过解读英国和澳大利亚的社会企业政策，比较了两国决策者所采用的不同理念策略；李健（2018）对全球30个国家促进社会企业发展的政策展开了比较分析，探讨政策设计要素之间的匹配关系及对促进社会企业发展的作用路径。国家制度支持和监管维度：学者们的研究大都表明，明晰的产权制度和较低的政府规制（Estrin、Mickiewicz、Stephan，2013），完善的规范（normative）、调控（regulative）和认知合法性的制度（Desa，2012），健全的政治与经济制度（Autio、Fu，2015；Bhatt、Qureshi、Riaz，2019）都能促进社会企业发展；学者金仁仙（2015，2016）和李健（2016，2017）运用国外社会企案例来探究政府如何促进其发展及对我国的借鉴意义。

第四节　研究前沿及演进趋势

一、研究前沿

CiteSpace软件中的文献共被引分析功能，通过分析共被引网络中的聚类和关键节点，能够揭示出某个研究领域的知识结构，掌握学科领域的研究前沿、知识基础和研究前沿演变，并统计出演变过程中起重要作用的文献（马海群、吕红，2012）。因CNKI数据库中的引文数据未全部开放，CiteSpace无法对其进行引文处理，故只对WOS数据库收录的文献进行共被引分析。

以Top N=30设置阈值，选择"Reference"功能运行CiteSpace，对运行结果进行聚类，用标题词标记聚类，显示节点数大于等于5的聚类，黑色字体标注共被引文献，红色字体标注聚类标签，聚类标签显示研究前沿主题，轮廓值反映轮廓内部节点的紧密程度（王梓懿、沈正平、杜明伟，2017）。图3-8显示了获得的8个聚类标签，聚类#0为advancing research（前沿探索），包含节点数为36个，轮廓值是0.642；聚类#1为social enterprise investment fund（社会企业投资基金），包含节点个数为30个，轮廓值是0.779；聚类#2为social enterprise（社会企业），包含节点数为30个，轮廓值是0.606；聚类#3为medium social enterprises（中型社会企业），包含23个节点个数，轮廓值为0.847；聚类#4为conceptual framework（概念框架），节点个数为16个，轮廓值为0.742；聚类#5为biographical antecedent（前因后果），包含13个节点，轮廓值为0.798；聚类#7为sustainable entrepreneurship（可持续创业），包含8个节点，轮廓值为0.938；聚类#9为turning social return（转变社会回报），包含5个节点，轮廓值为0.972。由此可见，社会企业研究前沿主要体现在社会企业的前沿探索、社会企业投资基金、社会企业、中型社会企业、概念框架、前因后果、可持续创业、转变社会回报等方面。

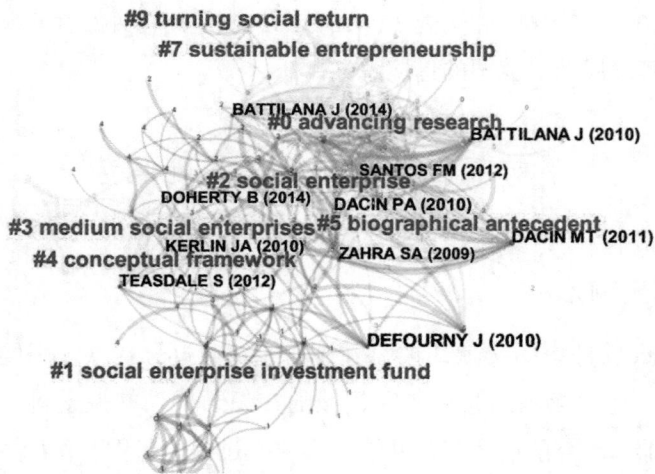

图3-8　WOS文献共被引网络

二、演进趋势

时间线图谱可以展示聚类之间的关系和聚类中文献的历史跨度。选择

Timeline之后，同一聚类的节点会按照时间顺序排列在时间线上，展示该聚类的历史成果，节点越大表示被引频次越多（王梓懿、沈正平、杜明伟，2017）。因CiteSpace无法对CNKI数据库进行引文处理，故只对WOS数据库收录的文献绘制共引聚类的时间线图谱，如图3-9所示。

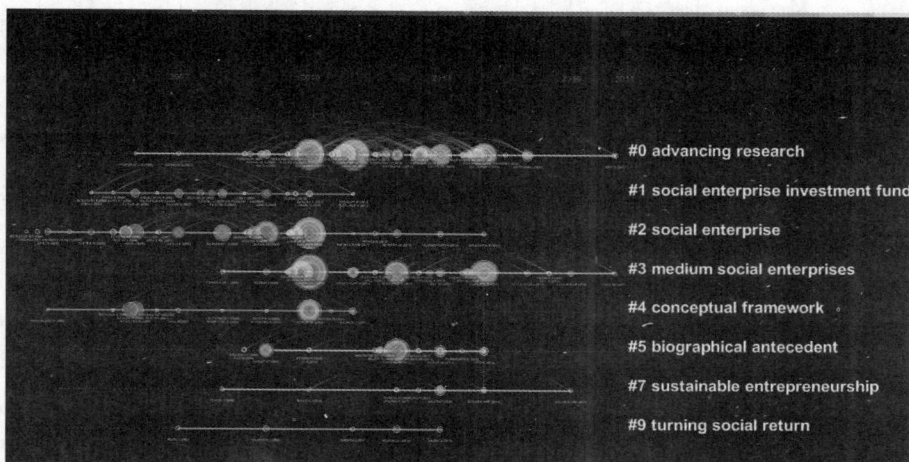

图3-9 WOS共引聚类的时间线图谱

对每个聚类进行详细解读，聚类#0中第一篇参考文献出现在2006年，一直到2017年持续受到学者们的关注，2010年、2011年出现了高被引频次的标志性文献，2015年后研究热度趋冷；聚类#1时间线上被引频次高的文献并不多，但包含的节点数量较多，说明该聚类中的文献对其他聚类的影响较小，只有"Amin-2009"和"Carmel-2008"两篇文献与其他聚类或该聚类文献有较密集的联系；聚类#2从时间线上的节点看，2010年之后该聚类的研究热度开始降低，其中被引次数最多的文献为"Dacin-2010"；聚类#3时间线上也出现了较多的大节点，其中被引频次最高的文献为"Defourny-2010"，被引34次，也是所有文献中被引频次最高的；聚类#4中较大节点只有三个，其中最关键的节点为"Kerlin-2010"，查看其引用历史可知2015—2016年该文献的被引次数直线上升，且这之后该文献每年的被引次数都大于或等于3次；聚类#5在2012—2014年间出现了最大节点"Santos-2012"；聚类#7文献的数量不多，也没有高频节点出现；聚类#9的文献量更少，一直都未有较大的研究热度，具体释义如表3-6所示。

表3-6　聚类释义

序号	聚类名称	时间跨度	解释
#0	advancing research（前沿研究）	2006—2017	2009年开始节点密集，成果开始变多，2010年出现大节点。2015年后研究热度趋冷
#1	social enterprise investment fund（社会企业投资基金）	2001—2011	最早出现的聚类之一，节点数量多，高被引文献不多，有一定研究热度
#2	social enterprise（社会企业）	2004—2014	2010年以前节点很多，2010年出现此聚类最高频被引文献，2010年之后研究热度降低，且有最多高突现性文献
#3	medium social enterprises（中型社会企业）	2008—2017	研究开始后在较短时间内就出现了高被引文献，研究热度趋于平稳
#4	conceptual framework（概念框架）	2004—2011	关键节点不多，只有三个，研究热度一直比较低
#5	biographical antecedent（前因后果）	2009—2014	2012—2014年间研究热度比较大，且出现最大节点
#7	sustainable entrepreneurship（可持续创业）	2008—2016	节点数量不多，无高被引文献和突现性文献
#9	turning social return（转向社会回报）	2007—2013	文献数量最少，无高被引文献和突现性文献

　　总之，关键文献主要集中在聚类#0、聚类#2和聚类#3中，其中聚类#2中包含了大量高突现性文献和高被引文献。从时间图谱来看，2010年是社会企业研究的分水岭，2010年以前属于研究初期，节点量少且稀疏，几乎无标志性文献，2010年后，节点数量大幅增加，且节点附近的连线越发密集，出现了许多研究进程中的标志性文献。从时间跨度梳理演进趋势，大体可以排列为：2001—2009年，节点较大的关键词为"社会企业"，其间也出现"概念框架""转向社会回报""社会企业投资基金"等研究主题，但热度较低；2010—2013年，除"社会企业"外，节点较大的关键词激增，"前沿研究""中型社会企业""概念模型"均大量出现；2012—2014年间，社会企业产生发展的"前因后果"研究达到最高热度；2015至今，"前沿研究""中型

社会企业"研究节点较大,热度依旧较高,而"可持续创业"方面研究虽然热度不高,但一直有所涉猎。

第五节 研究述评

基于对国内外社会企业研究知识图谱的归纳和梳理,给出主要研究评述如下。

(1)时间分布图谱表明,2002—2018年,国内外社会企业研究的文献数量均呈上升趋势。2010年以前国内发文数量较国外多,但相差不大。2010年后,国内外研究成果数量均快速增长,且国外学者发文量明显高于国内学者。但总体看来,与蓬勃发展的社会创新创业相比,社会企业理论研究基础薄弱,成果数量少,质量低。因此,社会企业研究深度和广度均有待加强。

(2)从机构分布来看,国外研究社会企业的核心机构数量多于国内,但发文量和国内相比差别不大,国外社会企业核心研究机构有9个,以英国和美国为主,国内有5个核心研究机构,相对较少,但各核心机构发文量差异不大,介于4~9篇之间,总体而言,国外机构在该领域的研究相对国内有一定优势,但优势不够明显;国内合作研究网络极少,仅有1个,且合作的紧密程度较低,其他机构均在该领域孤军奋战,而国外研究机构数量明显多于国内,形成的合作研究群体多达11个,且合作紧密程度较高,此外,中文研究成果均由我国学者完成,没有国外学者参与,而外文成果存在跨国合作的现象。

(3)从作者分布可知,国内核心作者数量和发文数量都高于国外,但差距极其微小。国内外学者间的合作均较少,一般限于本机构内部,研究力量较为分散,还未形成研究能力较强的科研合作群体。可见,社会企业相关研究在国内外均处于起步阶段,缺乏学术团队和学术合作,急需加强机构及作者之间的合作交流,以推动社会企业研究的快速发展。

(4)从研究热点来看,国外关键词共现图谱中网络结构比较集中、密度较大,表明国外社会企业研究主题较多且较为集中,2002—2010年间社会企业研究处于萌芽阶段并未形成研究热点,2010年之后社会企业研究成果数量急剧增长,研究热点开始集聚在社会企业、社会创业、绩效、组织等方面,对这些热点的拓展性探索进一步蔓延到社会企业的影响、创新、政策等方面；国内研究内容主要聚焦于社会企业、非营利组织、第三部门和企业几种组织间的界定、区隔和关联，在此基础上少量涉及了创新、养老服务、包容性发展、政府、制度等，研究热点极少且主题分散，后续研究需进一步拓展和深入。

（5）基于人工整理的核心文献显示，社会企业研究热点可以从微观、中观和宏观三个层面予以归纳：其一，从个人自身特征、心理因素和社会环境影响三维度的微观层面来解读社会创业者或社会企业家的创业动机；其二，立足中观的组织视角关注社会企业组织的商业模式创新、绩效测量、创业导向、资源调动与拼凑能力；其三，从宏观制度层面探究国际社会企业发展比较、政策设计和国家制度支持和监管等研究主题。

（6）从WOS文献共被引网络图谱可知，研究前沿主要体现在社会企业的前沿探索、社会企业投资基金、社会企业、中型社会企业、概念框架、前因后果、可持续创业、转变社会回报等方面。从WOS文献共被引时间线图谱梳理演进趋势如下：2001—2009年，节点较大的关键词是"社会企业"，其间也出现"概念框架""转向社会回报""社会企业投资基金"等研究主题，但热度较低；2010—2013年，除"社会企业"外，节点较大的关键词激增，"前沿研究""中型社会企业""概念模型"均大量出现；此后，2012—2014年间，社会企业产生发展的"前因后果"研究达到最高热度；2015至今，"前沿研究""中型社会企业"研究节点较大，热度依旧较高。

第四章　社会企业发展的国际比较

　　近年来国内学术界关注国外社会企业发展，关于相关研究取得了一定的成果。但大部分研究都围绕单一国家或地区展开，只有少量针对多个国家来探讨社会企业的概念、法律制定、政府扶持等单一主题。于晓静（2011）从概念界定、产生背景与发展现状、政策支持等维度简要分析了英国与美国社会企业的发展。顾慧芳等（2013）对英国和美国社会企业治理机制进行对比，从公司性质、企业决策机制、产权归属、融资渠道，以及税收制度探究英美社会企业的治理特征，发现英美两国社会企业在治理模式上存在一定差异。崔雁（2013）考察了西欧与美国社会企业的发展背景，比较不同发展背景下社会企业概念与内涵的差异，得出美国社会企业形式具有多样性，以英国为代表的西欧社会企业注重社会经济传统下的民主参与的结论。金仁仙（2018）在对比中、日、韩三国社会企业发展现状、驱动因素及发展瓶颈的基础上，预测各国社会企业的发展趋势，认为加强民间力量、摆脱政府依赖是韩国社会企业发展的主要趋向；日本政府更注重社区组织和非营利组织向社会企业的过渡；中国社会企业未来发展趋势是现有社会组织与工商企业协同发展，打造特色鲜明的社会企业标杆，解决国家发展中面临的重要问题。韩文琰（2018）从立法认证视角出发，对意大利、比利时、葡萄牙、法国、英国、美国、韩国、日本等14个国家关于社会企业的立法进行梳理和比较，认为法律制度对社会企业融资的影响主要体现在组织形式、组织目标、收入来源、利润分配、资产处置及治理结构等方面。李健（2018）关注政策设计对社会企业发展的影响，从政策环境、政策资源、目标群体、执行机构、执行策略和监督管理六个方面对全球范围30个国家促进社会企业发展的政策进行对比分析，认为政府要为社会企业发展创造使能的外部环境，建立专责的主管部门或部会层面的沟通协调平台，重视政策工具内部的选择和组合，以及采取相对宽松的监管措施，以促进社会企业的发展。

通过对现有研究的梳理与总结，发现关于社会企业国际比较的文献呈现出以下特征：第一，由于英国和美国是最早践行社会企业发展的国家，因此现有文献多以英、美两国为研究对象；第二，诸多文献仅针对社会企业的概念与内涵、法律制度、政策设计等单一维度进行对比，鲜有对社会企业发展进行多维度、宽领域、深层次的比较分析；第三，现有文献多以国外社会企业为研究对象，试图通过借鉴国外社会企业的经验指导我国社会企业的发展，但并未对我国社会企业的发展现状进行系统的梳理总结，其建议在一定程度上缺乏指导意义与实践价值。就社会企业发展状况而言，以英、美为代表的西方发达国家社会企业发展水平处于世界领先地位，英国社会企业经过长期发展现已具备完善的融资渠道，美国多元化的社会企业组织类型体现了其发展的生机与活力。作为最先引入社会企业的亚洲国家，日本和韩国的社会企业近年发展迅速，数量不断增长，部分社会企业的规模和影响力逐年增大。因此，选取了英国、美国、日本和韩国社会企业，从其产生背景、驱动因素、法律制度、融资渠道、政策支持和公众认知等角度进行对比分析。

第一节　产生背景

由于不同国家在政治、经济、文化及社会发展阶段存在差异，所以促成各国社会企业产生的因素也有所不同。就英国而言，20世纪90年代，世界经济处于低迷状态，福利支出愈发成为国家的负担。加之英国政府宏观调控政策失灵及市场失灵，住房和就业成为亟待解决的社会问题。在此背景下社会企业应运而生，为政府解决社会问题提供了新思路和新途径。美国的情况与英国不同，美国营利性组织传统的经营模式产生了一系列环境问题，经济危机周期性地发生也引发了社会对于传统经营模式不足之处的思考，人们在探求一种新的组织形式来解决传统经营模式所带来的问题。政府对非营利组织支持力的弱化也使得非营利组织尝试运用新的思路和模式，以维持自身的运营并实现社会价值，社会企业由此在美国发展起来。

2000年左右，社会企业的概念由西方国家传入亚洲，并在亚洲得到发展。日本地震频发，与政府的救援相比，社区居民自发组织的救援效率更高，从而社会组织逐渐被公众认可和接受（金仁仙，2016）。韩国社会企业的产生源于1997年亚洲金融危机导致的严重失业问题，政府支持发展社会企业，社会企业的出现为公众提供了新的就业岗位，就业压力得到缓解。政府的有效推动使得社会企业数量在短时间内迅速增加，在解决社会问题方面发挥了积极作用。

第二节　驱动因素

英国政府的支持是推动其社会企业发展的主要因素。2001年英国贸易与工业部专门成立社会企业工作小组，谋划社会企业的发展。次年7月又发起了为期三年的社会企业发展计划。英国政府意在为社会企业的发展营造良好的环境，帮助社会企业适应市场经济环境。与英国的情况不同，私人组织推动了美国社会企业的发展。美国私人基金会提供社会企业家培训，为社会企业的发展提供资金支持。私人基金会出资成立的社会创新加速器（Social Innovation Accelerator）无偿向社会企业提供资源，究其原因，这与美国在长期发展中形成的崇尚创新的商业文化有很大的关系。有学者指出，推动日本社会企业兴起的根本原因并不在于已有研究所指出的诸如福利国家危机等负面因素，而在于那些能够将负面因素转化为可以付诸行动的积极因素，日本社会企业是在市民社会、政府部门，以及市场部门的联合驱动下发展起来的（俞祖成，2017）。韩国社会企业的发展亦是主要靠政府推动，政府重视社会企业在解决就业问题方面存在的潜力，成立社会企业振兴院为社会企业提供必要的支持，同时中央政府积极引导地方政府推动本地区社会企业的发展。这种由中央到地方的推动模式提高了社会企业发展的效率。

第三节　法律制度

目前英国、美国各州和韩国均制定了与社会企业相关的法律制度，确定了社会企业的法律地位，有助于为社会企业的发展营造稳定的制度环境。

英国先后于2004年和2005年通过了《公司（审计、调查和社区企业）法案》和《社区利益公司规定》。

美国属于联邦制国家，因此并没有在国家层面出台与社会企业相关的法律制度，而是由各个州结合本地区的实际情况出台了法案保障社会企业的发展。例如马里兰、新泽西和佛蒙特州以立法的形式创建了"受益公司（Benefit Corporation）"，受益公司作为社会企业的一种新的存在形式，与传统营利性企业相比，受益公司考虑利益相关者的利益，每年向公众披露社会和环境绩效，并以第三方标准评估；佛蒙特州以立法的形式创设了"低利润有限责任公司"（low-profit limited liability company,以下简称"L3C"）。L3C作为社会企业的一种新的存在形式，允许向投资者分配利润，但强调企业必须以慈善为使命，利润不是企业最主要的追求——这是其与传统营利性企业的不同之处（徐君，2012）。这种社会企业的新形式可以激发投资者提供社会服务的积极性，但私人利益和社会利益的冲突也会影响社会企业的发展。

韩国作为目前亚洲地区唯一一个制定社会企业相关法律的国家，加之社会文化与我国差异不大，其社会企业的发展经验值得我国借鉴。2007年生效的《社会企业育成法》定义了社会企业及认定标准，旨在为社会企业提供制度保障，支持社会企业的发展，创造就业岗位，促进社会和谐和国民生活质量的提高。韩国又于2012年颁布了《社会企业育成法部分修正案》，为社会企业的发展提供了稳定的制度环境。

与英国、美国和韩国不同，日本并没有为社会企业制定专门的法律，但其发展速度不容小觑。有学者认为日本特有的法人制度赋予日本社会企业合法且高效的行动框架，促进了日本社会企业的飞速发展（俞祖成，2017）。

第四节　融资渠道

资金是否充裕及其来源是否稳定关系着企业发展的质量和可持续性。经过长期发展，英国现已形成比较完善的社会企业融资体系。英国社会企业有不同的组织形式，就社区利益公司而言，股权融资和债务融资是其常用的融资方式。股权融资与债务融资相比财务风险更低，社会企业不会面临到期还本付息的资金压力，且股权资本更具有稳定性，有利于社会企业的可持续发展。英国还成立了全球首家社会证券交易所，社会企业上市募集资本，在提高资金筹集效率的同时也提高了社会企业的知名度。美国社会企业发展需要的资金主要来源于私人基金会，基金会成立的社会创新加速器（Social Innovation Accelerator）为初创的社会企业提供咨询、培训等服务，加速社会企业的发展。在融资方面韩国社会公众的捐赠所占比重不大，社会企业主要的融资来源是政府的财政支持。相较于英国社会企业多渠道的融资方式，韩国社会企业融资来源有限，且政府财政支持的力度要根据当年财政收支情况及国家发展规划来决定，在一定程度上不具备稳定性，影响社会企业的可持续发展。日本的情况与韩国相似，社会企业主要依靠政府的财政拨款实现自身的发展。

第五节　政策支持和公众认知

英国是社会企业大阵营中的重要成员，政府对社会企业的扶持是多方面的：在政策与法律方面，政府制定了一系列支持社会企业发展的政策并出台了法律；在公共采购方面，政府在公平公正的基础上优先考虑社会企业，并为社会企业提供培训服务；在融资方面，政府不仅提供专项基金用于社会企业的发展，而且帮助社会企业拓宽融资渠道。贸易与工业部不仅为社会企业提供培训以提高其产品或服务的质量，而且致力于提高地方政府对社会企业的认知水平，促进地方政府和社会企业的合作。

美国非营利组织发展的起步很早，20世纪60年代联邦政府投资大量资金于非营利组织，社会企业的概念也随之产生。

但在20世纪80年代，经济呈现衰退趋势，联邦政府随即缩减对非营利组织的财政支持，保守派认为非营利组织的商业化运作是解决社会问题的有效途径（徐君，2012），这一创新性的模式迅速在国内推广开来。社会公众认可社会企业，私人基金会对其提供资金支持，社会企业依靠商业运作取得了成功，联邦政府也通过实施税收优惠政策支持社会企业的发展。

日本政府在社会企业发展的初期对社会企业扶持力度较大，政府财政支持社会企业的运营。随后政府积极引导社会力量支持社会企业的发展，从而缓和政府的财政压力。

正如前文所言，韩国发展社会企业的初衷是解决严峻的就业问题，政府是推动社会企业发展的主要力量，也促进了公众对社会企业的认知。

在提高社会企业认知程度方面，其他社会力量也积极发挥作用，如英国的社会企业联盟、美国的社会企业协会、日本的经济产业省及韩国的社会企业振兴会。当然，公众认知程度的提高也离不开社会企业自身的努力。总体而言，英国和美国公众对社会企业的认知程度高于日本和韩国。

第六节　对比总结

一、各国社会企业产生的背景差别不大

从前文中我们不难看出各国社会企业产生的背景差别不大，尽管存在政治、经济及环境等因素的差异，但总体而言各国社会企业的产生都源于社会发展中出现的问题：英国政府宏观调控政策失灵及市场失灵，使得住房和就业问题难以通过传统方式解决；美国企业传统的经营模式引发了日益严重的环境问题；韩国受亚洲金融危机的影响社会失业问题严重，政府和社会积极探寻解决社会问题的新途径，相较于传统的解决社会问题的思路和方式，社会企业通过商业运营解决社会问题、提供社会福利。这种兼具营利性与社会性的企业类型值得我们借鉴和推广。

二、立法是各国保障社会企业发展的普遍选择

英国和韩国为社会企业制定了专门的法律；美国属于联邦制国家，因此在国家层面没有法律出台，但各州根据本地区实际状况出台法案，并且产生了多种社会企业的形式；日本虽然没有为社会企业制定专门的法律，但日本在法人制度上的创新为社会企业的发展提供了保障。法律制度的制定在一定程度上表明国家对社会企业发展的重视，确立社会企业的地位，为社会企业在本国的发展营造稳定的制度环境。

三、各国社会企业融资渠道有所不同，多元化的融资渠道有利于促进社会企业的发展

相比较而言，英国社会企业的融资渠道最为丰富，美国虽然没有形成像英国一样发达的社会企业融资市场，但私人基金会的支持使社会企业如鱼得水。日本和韩国社会企业的融资渠道略显单一，主要依靠政府支持。兼具社会目标和商业目标的社会企业要在市场上与营利性企业竞争，资金问题的解决显得尤为重要。政府财政拨款按照当年预算情况列支，可能存在专款专用的情形，如果社会企业将财政拨款作为主要的融资渠道，容易形成对政府的依赖，不利于社会企业的长远发展及商业性价值的体现。

四、政府和社会都是推动社会企业发展的重要力量，但在各国发挥作用的大小有差异

相比较而言，英国社会企业发展的进程较早，政府是推动社会企业发展的主要力量。日本和韩国是最先引进社会企业概念的亚洲国家，政府在推动社会企业发展的过程中发挥着重要作用。尤其是韩国，政府大力扶持社会企业的发展，使得社会企业对政府的依赖性很强。美国社会企业的发展主要依靠社会力量推动，尤其是私人基金会为美国社会企业的发展作出了很大的贡献。20世纪80年代初，经济不景气，联邦政府对非营利组织的资金支持力度有所减少，非营利组织进而转向社会，通过商业化运营获取资金。公众认知程度的提高是多方面因素共同努力的结果，政府对社会企业的扶持有助于提高公众的认知程

度，同时其他社会力量及社会企业自身也在积极发挥作用。

各国社会企业发展状况具体总结如表4-1所示。

表4-1 英、美、日、韩社会企业发展状况对比

维度 \ 国别	英国	美国	日本	韩国
产生背景	20世纪90年代经济低迷，福利支出成为负担，政府宏观调控失灵、市场失灵	传统经营模式引发环境问题，经济危机周期性发生，引发社会对传统经营模式的思考	社区居民在震后救援中比政府救援效率更高，从而社会组织逐渐被公众认可和接受	1997年亚洲金融危机导致严重失业问题
驱动因素	政府驱动	私人组织驱动	市民社会、政府部门以及市场部门联合驱动	政府驱动
法律制度	《公司（审计、调查和社区企业）法案》《社区利益公司规定》	国家层面未出台法律，由各州出台法案	未专门立法	《社会企业育成法》《社会企业育成法部分修正案》
外部融资渠道	融资体系完善	主要依靠私人基金会	主要依靠政府	主要依靠政府
政府政策和公众认知	政府多方面扶持，公众认知程度高	政府支持力度较小，公众认知程度高	政府引导社会力量支持社会企业发展，公众认知程度较高	政府大力支持社会企业发展，公众认知程度较高

资料来源：作者整理。

第五章　社会企业在中国的实践

社会企业概念虽然属于舶来品，但在我国却有着悠久的历史，且存续形式多样。西方社会企业的产生更多地体现为客观环境影响下的被动变革，其所强调的经济价值与社会价值的统一，大多是基于组织可持续发展的物质需要（刘志阳、王陆峰，2019），因此在一定程度上可以看作组织转型以谋求发展，是对客观环境的妥协。而我国社会企业的产生具有主动性与自发性，与文化背景的关系密切。"义利观"作为先秦儒家文化的核心思想之一，对我国社会的发展产生了广泛而深远的影响。中国社会企业家深受文化熏陶，社会企业是其家国情怀的外化结果，"义利统一"这种内嵌的社会企业核心理念是秉承具有传统儒家文化的中国社会企业家的主动精神结晶，因此认为儒家"义利兼顾"思想是中国社会企业产生的思想根基（刘志阳、王陆峰，2019）。以大生企业集团、民生实业股份有限公司为代表的近代民族企业，并不以营利为首要目的，而是将帮助社会、振兴民族作为企业的定位，可以看作是我国社会企业的雏形。1949年中华人民共和国成立以来，我国同样产生并存在较为丰富的社会企业组织形式：从中华人民共和国成立初期的"以工代赈"组织、烈军属和贫民生产单位，计划经济时期的社会福利企业到改革开放后的街道、企事业单位办社会福利企业、为应对下岗失业问题而出现的灵活就业企业、非正规就业组织、民办非企业单位、城市住宅合作社及创业型社会企业等。虽然在不同的经济社会发展时期表现出不同形式，但这些企业共同具有社会企业属性（时立荣、徐美美、贾效伟，2011）。尤其是在20世纪80年代福利体制改革、社会服务民营化的背景下，我国社会企业的发展得到更多的关注，90年代部分非营利组织开始尝试市场化的运作模式来摆脱资金不足的困境（金仁仙，2016；余晓敏、张强、赖佐夫，2011）。总而言之，我国社会企业的产生受传统文化影响，是国家、市场和社会三方互动的历史结果（刘志阳、王陆峰，2019）。

社会企业在我国的出现源于政府、市场与学界等跨部门多重力量的驱动（时立荣、王安岩，2019）。在公共服务领域，社会企业与政府优势互补，通过商业模式创新以有效地解决社会问题，目前我国的社会创新实践已从养老、扶贫、卫生及教育等向更广泛的领域延伸。社会企业能够提供市场和政府都不愿或不能提供的服务，帮助政府实现公共服务的政策目标，推进公共服务的改革进程（王世强，2013）。政府积极为社会企业提供多方位的支持，成为社会企业发展的主要驱动力。早在党的十七大就提出"健全党委领导、政府负责、社会协同、公众参与的社会管理格局，健全基层社会管理体制，最大限度激发社会创造活力"的要求，上海市民政局立足社会实际需求，启动了社会创新孵化园项目的建设，计划在三年内孵化30个公益服务项目，为社会企业提供资金、空间和运营等方面的支持。在社会企业的发展过程中，政府逐渐认识到其在社会治理中发挥的作用，继续为社会企业的发展提供了有利条件，推动了社会企业的发展。党的十九大报告中指出，打造共建共治共享的社会治理格局，发挥社会组织的作用，实现政府治理和社会调节、居民自治的良性互动。地方政府积极扶持社会企业的发展，北京、成都等地社会企业的发展如火如荼。此外，诸多具有社会责任感的企业积极通过公益创投等形式进行社会投资，成为社会企业发展的重要驱动力。如联想集团启动了"联想公益创投计划"，为初创和中小型公益组织提供包括资金、技术在内的全方位资助，首期公益创投计划支持了"多背一公斤""山水生态伙伴自然保护中心"等五家公益组织，助力其自身能力建设，实现可持续发展。国内学术界对社会企业概念的探讨与传播，对社会企业在我国的发展起到了一定的推动作用。2003年，《非营利组织运行机制的转变与社会性企业的公益效率》一文中首次出现了"社会性企业"概念，标志着我国社会企业研究的正式开始（时立荣、王安岩，2019）。国内学者研究西方发达国家社会企业的发展状况，对社会企业在我国的发展建言献策。此外，公民社会、市民社会，以及市民企业理念在我国的传播与普及，对于最初社会企业概念进入我国后的推广作出了很大贡献。

但相较于欧美发达国家，中国的社会企业发展还很不成熟。定位不清、发展路径不明确、商业模式落后、缺乏配套政策和税收优惠等激励性措施，这些都使得社会企业在发展初期很难吸引社会企业家的参与和社会资金的支持，导致其发展动力不足。而在解决上述问题之前，提高政府、基金会、企业、社会组织及公众对社会企业的认知，明确中国情境下社会企业的内涵，解决社会企业的合法性困境，则显得较为重要。基于此，社会企业认证应运而生。

第一节　中国社会企业认证的发展

社会企业认证是国际通行做法。自1991年意大利《社会合作社法》出台，社会企业认证已有近30年历史、覆盖全球30多个国家。目前，国际上已有22个国家具备较完整的社会企业认证体系。部分欧洲北美国家则有多个认证模式，在民间，美国共益实验室（B-Lab）推行的B型企业（共益公司）认证模式在世界上也得到了广泛的应用。在亚洲，新加坡、日本、韩国、印度均有着实践多年的社会企业认证体系。

社会企业认证在中国的"破冰"，始于顺德。2014年，广东顺德社会创新中心发起了全国首个地方性的社会企业认证。此后，顺德于2015年、2016年、2018年及2020年，先后开展了四届社会企业认证工作，经过专家评审共认定30家社会企业，服务领域涵盖助残、环保、公共安全、文化教育、社区营造、国际交流等。2020年11月，顺德出台了《顺德区社会企业发展支持计划》，阐述了支持计划的作用和目标，明确了社会企业的认证工作、支持措施、监督与评估，以深化社会企业支持体系建设，更好地发挥社会企业在创新社会治理、参与乡村振兴、改善公共服务、增进社会福利等方面的作用。社会企业认证在中国变成全国性的认证，始于深圳。2015年，第四届中国慈展会期间，7家社会企业在深圳获得主办方颁出的"民间执照"，至今已开展四届认证。截至2018年年底，中国慈展会共接收到1 352份社会企业认证申请，共有227家组织先后通过审核成为认证社会企业。中国慈展会社会企业认证已经成为标准详细、流程规范、影响广泛的中国首个全国性的民间社会企业认证机制。中国慈展会认证历经四年，为社会企业概念在我国的普及和厘清起到了重要作用。它不仅在一定程度上解决了当前我国社会企业所面临的合法性困境，其认证实践也加速了行业标准和更广泛的社会企业生态系统的构建。自2019年开始，由各民间机构发起成立的"社会企业认证服务平台"（CSECC）正式接棒中国慈展会认证。CSESC继续秉持其作为我国第一个全国性、行业民间性认证体系的定位，持续为社会企业提供行业标准、展示行业标杆，推广社会企业理念，提供各类支持和资源对接，形成顶层设计、认证、服务、培育、监督、信息透明的生态闭环。

2018年6月，成都市出台了《成都市人民政府办公厅关于培育社会企业促进社区发展治理的意见》（成办函〔2018〕61号）），成都市工商局又陆续出台了《成都市社会企业评审认定管理工作试行办法》《成都市工商行政管理局关于发挥工商行政管理职能培育社会企业发展的实施意见》等系列配套文件，对社会企业的性质进行了界定，明确了认定范围、申请条件和申请材料等。成都市社会企业评审认定于2018年启动，是首个出台关于社会企业的专项评审认定办法的省会城市。2018年8月11日在北京举行的"新时代新事业新发展——中国社会企业论坛北京峰会北京社会企业联盟成立仪式"上，北京社会企业发展促进会发布了《北京市社会企业认证办法（试行）》（简称《办法》）。峰会为北京市社会企业12家试点单位、示范点单位进行授牌，还举办了北京社会企业联盟成立仪式，发布了《北京社会企业联盟章程（试行）》。至此，国内社会企业认证办法主要包括：社会企业认证服务平台社会企业认证办法、成都社会企业认证办法、北京社会企业认证办法及顺德社会企业认证办法。以下对各认证办法从认证目标、定义、认定范围、社会企业分级、认证标准、退出机制和认证机构等维度予以介绍和区分。

一、认证目标（价值）

1. 中国慈展会

"倡导社会创新理念、推动品牌体系建设、提升专业赋能服务、构建跨界合作网络、优化社会投资环境"。

通过创新、专业和可持续发展的方式解决社会问题，提升广大民众的社会和经济福祉，构建共建共治共享的社会治理新格局，满足人们对美好生活的追求。

2. 成都

培育发展一批具有一定规模、一定影响力和辐射力的社会企业，基本形成鼓励社会企业有效参与社会治理的支持体系。社会企业在创新社会管理、服务社区发展治理方面发挥了积极作用，成为有效提升城市治理能力和治理水平的重要力量。

3. 北京

培育和发展社会企业，引导社会资本参与社会问题的解决，加强和创新社会治理，促进社会和谐稳定；完善公共服务体系，提高保障和改善民生水平，不断满足人民日益增长的美好生活需要；树立行业标杆，提升行业规范化程度。

4. 顺德

突出多方联动，提升发展能力。在党委政府支持下，突出法定机构联结政府与社会的枢纽作用，发挥顺德社会调节能力强、企业家回馈家乡意愿强的地区优势，促进社会企业的产品服务与社会治理、社区发展、公益创新需求的对接。鼓励和支持社会企业的社会价值与创新商业模式并举，提升其核心竞争力和可持续发展能力。

聚焦重点领域，强化梯队培育。围绕顺德的实际需求，重点培育扶持养老、助残、社区就业、教育和文化、乡村振兴，以及文旅融合发展等领域的社会企业。鼓励各类主体以新视角、新模式、新手法提供更有效的问题解决方案，以市场机制驱动民生服务改善和社会治理创新，更好地满足人民群众对美好生活的追求。

5. 社会企业认证服务平台

识别社会企业的身份、厘清社会企业的形象、引导社会企业自我监督。

对社会企业而言，可以构建独特的品牌价值和提高建设能力；从行业角度解析，社会企业认证是建立行业标杆、提高行业规范的重要方式，能够提升公众对这一新型组织形态的认知和支持度；从消费者角度来看，消费者可以享受到更高质量、更丰富的产品与服务；对整个社会而言，社会企业认证能够在社会使命完成方面，引导社会资本朝社会性方向流动，激励民间力量积极解决社会问题。

二、社会企业定义

1. 中国慈展会

社会企业是指在中国经合法登记注册成立一年及以上，全职受薪团队不少于三人，具有健全的财务制度、实行独立核算的企业或社会组织。该机构以解决社会问题、改善社会治理、服务于弱势和特殊群体或社区利益、开展环境保护等为宗旨或首要目标，并有机制保证其社会目标稳定。同时通过市场化运作创新解决社会问题，其社会影响力与市场成果是清晰、可测量的。

2. 成都

依据《关于培育社会企业促进社区发展治理的意见》（成办函〔2018〕61号）、《成都市社会企业评审认定管理工作试行办法》（成工商发〔2018〕26号）定义，成都市社会企业指经企业登记机关登记注册，以协助解决社会问题、改善社会治理、服务于弱势和特殊群体或社区利益为宗旨和首要目标，以创新商业模式、市场化运作为主要手段，所得盈利按照其社会目标再投入自身业务、所在社区或公益事业，且社会目标持续稳定的特定企业类型。

3. 北京

以优先追求社会效益为根本目标，持续用商业手段提供产品或服务，解决社会问题、创新公共服务供给，并取得可测量的社会成果的企业或社会组织。

4. 顺德

社会企业是指以协助解决社会问题、改进社会治理、服务于弱势及特殊群体或者社区利益为宗旨和首要目标，以创新商业模式、市场化运作为主要手段，所得盈余主要用于或逐步加大用于再投入其社会目标、所在社区、公益事业的特定法人单位。

5. 社会企业认证服务平台

社会企业是以解决社会问题为首要目标，且不漂移、以符合社会企业家精神的方式创新性解决社会问题的企业或社会组织，同时成果是清晰的、可测量的。

三、认证机构

1. 中国慈展会

专家委员会：专家委员会由各发起单位、执行机构与特别邀请的学者、专家及社会企业家组成，共设20个席位。专家任期2年，任期到达后，需要经过认证日常办公室投票，获得超过2/3的票数可连选连任。

专家评审小组：中国慈展会社会企业专家评审小组是中国慈展会社会企业认证的专家评审部门。专家评审小组由6家发起单位代表，以及从专家委员会中随机抽取的3名评审专家组成9人专家评审小组，对认证公示有异议的申报社会企业开展复议工作。

2. 成都

成都市社会企业评审认定由成都市市场监督管理局组织开展，社会第三方机构作为执行机构负责评审认定工作的技术支持和执行。

3. 北京

北京社会企业发展促进会在业务主管单位北京市社会建设工作办公室的指导下，组织开展北京市社会企业认证等相关工作。

（1）建立北京市社会企业认证评审委员会，共设50个席位，包括：主管单位负责人、政府部门、行业专家学者、企业或社会组织代表、相关新闻媒介等。

（2）每批社会企业认证评审，是从评审委员会中随机挑选9人组成评审小组进行评审，获得7人以上同意的企业或社会组织，就可获得本批次社会企业资格。

北京社会企业发展促进会认证工作小组初评后，进行面试和材料审核，确认中审名单。社会企业促进会认证工作小组召集专家或第三方评估企业或社会组织，对通过评审的企业或社会组织进行尽职调查。社会企业促进会认证工作小组根据尽职调查结果，正式公示名单。

4. 顺德

顺德区社会创新中心每两年就会开展顺德区社会企业认证工作，组织由专家代表、区政府聘任的法定机构企业家理事代表及专业理事代表、政府代表等组成的社会企业认定委员会，对申请主体的社会目标、经营管理、社会效益等进行分级认证。

5. 社会企业认证服务平台

社会企业服务平台每年组织两次专家评审会对认证企业进行分级评定，社会企业随时申报、及时认证、定时评估、每时服务 。全年将安排两次集中认证发布与授牌仪式。

四、认定范围

1. 中国慈展会

根据定义，中国慈展会社会企业认证针对社会组织和企业，这两类注册主体均可申请，即各类企业、社会团体、民办非企业单位和其他社会组织（基金会不在认证范围内）均可报名参与。但企业和社会组织将采取不同的认证标准和认证程序。是否可以参与认证需要具体从机构资质，社会目标优先，通过市场化运作创新解决社会问题，其社会影响力与市场成果是清晰的、可测量的四项判定性标准来评判。

2. 成都

经成都市各级企业登记机关登记且完成了社会企业章程备案的企业。其经营项目包括但不限于社区环境保护、食品安全、家庭服务、康养服务等居民生活服务项目，社区文化、卫生、教育、科普、体育健身等公共服务项目，就业援助、扶贫帮困、养老助老、助残救孤等基本民生服务项目，以及面向农民的小额信贷、农业经济合作服务等服务农村经济发展的项目。

3. 北京

北京地区依法登记注册的符合认证条件的企业或社会组织。

4. 顺德

申报主体须合法登记注册: 在中国范围内，依照《中华人民共和国公司法》及其有关规定，发起设立的包括股份有限公司、有限责任公司、个人独资企业、合伙企业和个体工商户；依照《中华人民共和国农民专业合作社法》及《农民专业合作社登记管理条例》登记注册，取得法人资格的农民专业合作社。截至申报日期前，申报企业、农民专业合作社等主体，应成立并运营时间满 1 年。由社会组织转型或发起的社会企业，其企业的成立时间截至申报日期前应满6个月，并独立运作且符合认证标准要求。

5. 社会企业认证服务平台

在中国境内，依照《中华人民共和国公司法》及其有关规定发起设立的有限责任公司；

经依法登记注册的社会团体、民办非企业单位；

按照《中华人民共和国农民专业合作社法》依法设立的互助性经济组织。

上述机构应登记注册成立并运营满一年及以上，认同社会企业理念，具有健全的财务制度、实行独立核算。

五、社会企业分级

1. 中国慈展会

对机构资质、社会目标优先、市场化运作解决社会问题、成果清晰可测量与社会影响四项标准采用百分制进行量化。其中，满足四项判定性标准的申报机构即认证为社会企业，满足评分达到60分及以上的认证为"中国好社企"，满足评分达到80分及以上的认证为"中国金牌社企"。具体如表5-1所示。

表5-1　中国慈展会社会企业分级

分级	机构资质	社会目标优先	市场化运作解决社会问题	成果清晰可测量与社会影响
中国金牌社企 ★★★	√	√	√	√
	满分100分，认证得分80分及以上 有效期自认证通过之日起3年内有效			
中国好社企 ★★	√	√	√	√
	满分100分，认证得分60分及以上 有效期自认证通过之日起2年内有效			
社会企业 ★	√	√	√	√
	同时满足4项标准的申报机构 有效期自认证通过之日起2年内有效			

数据来源：《中国慈展会社会企业认证手册（2018）》。

2. 成都

无分级

3. 北京

对收入来源、社会效益、服务覆盖面三个维度予以测量，按照业绩表现分别划分为一星级、二星级和三星级社会企业。

北京社会企业分级

分级	收入来源	社会效益	服务覆盖面
三星级社企 ★★★	50%来自商业收入（包含竞争性政府采购部分）	通过政策倡导和社会倡导，在服务模式探索上形成规模化的社会问题解决方案与实践，在本行业领域发挥良好的示范引领作用	社会企业开展市场经营活动、实现社会使命或创造社会价值的地域范围覆盖到本市及其他省市
二星级社企 ★★	50%来自商业收入（包含竞争性政府采购部分）	有证据显示改变了该类人群的生活工作质量。能够有效整合配置资源，创新性地解决社会问题或提供公共服务	社会企业开展市场经营活动、实现社会使命或创造社会价值的地域范围覆盖到本市
一星级社企 ★	30%来自商业收入（包含竞争性政府采购部分）	有可测量的证据显示其创造的社会价值。社会企业应能够明确阐释其项目年度受益人数、资源节约、环境友好、员工保障、社会影响等方面的数据	社会企业开展市场经营活动、实现社会使命或创造社会价值的地域范围覆盖到本市区级层面

4. 顺德

社会企业认证实行分级管理。结合实际可分别申请 A 级、AA 级、AAA 级社会企业等级认证。

顺德社会企业分级

分级	收入比例	服务区域	利润分配及资产锁定比例	其他
A级社企	收入来源的20%至30%来自于商业收入	服务受益群体的覆盖范围以顺德区为主，或全年在顺德区服务不少5 000人次	在利润分配上，每年经营利润投入到支持顺德社区发展、慈善公益事业、公司发展（不含个人激励性分配）或其社会目标的比例不低于30%，且当年提取的利润须于3年内分配完毕。顺德的社区发展、慈善公益事业包括但不限于《中华人民共和国慈善法》第三条描述内容；在资产处置上，企业在清算或解散时将不少于30%的剩余财产，赠与或转让给其他与本公司目标相似的社会企业、慈善组织	有一定的社会效益、创新性及影响力

分级	收入比例	服务区域	利润分配及资产锁定比例	其他
AA级社企	收入来源的30%至50%来自于商业收入	服务受益群体的覆盖范围以顺德区为主，或全年在顺德区服务不少10 000人次	在利润分配上，每年经营利润投入到支持顺德社区发展、慈善公益事业、公司发展（不含个人激励性分配）或其社会目标的比例不低于50%，且当年提取的利润须于3年内分配完毕。顺德的社区发展、慈善公益事业包括但不限于《中华人民共和国慈善法》第三条描述内容；在资产处置上，企业在清算或解散时将不少于50%的剩余财产，赠与或转让给其他与本公司目标相似的社会企业、慈善组织	有较好的社会效益、创新性及影响力
AAA级社企	收入来源的50%以上来自于商业收入	服务受益群体的覆盖范围以顺德区为主，或全年在顺德区服务不少20 000人次	在利润分配上，每年经营利润投入到支持顺德的社区发展、慈善公益事业、公司发展（不含个人激励性分配）或其社会目标的比例不低于80%，且当年提取的利润须于3年内分配完毕。顺德社区发展、慈善公益事业包括但不限于《中华人民共和国慈善法》第三条描述内容；在资产处置上，企业在清算或解散时将不少于80%的剩余财产，赠与或转让给其他与本公司目标相似的社会企业、慈善组织	有优秀的社会效益、创新性及影响力

5.社会企业认证服务平台

中国社会企业分为四个等级：金牌社企、中国好社企、社会企业、观察社企。社会企业认证的流程共分为自评调查、四维认证、专业审核及反馈四个步骤。完成并通过注册及自评可成为观察社企；完成并通过四维认证后可成为社会企业；通过申请评级并经专家评审会审议后可获取社会企业等级——金牌社企/中国好社企/社会企业。

六、认证标准

1.中国慈展会

（1）在中国经合法登记注册成立一年及以上，全职受薪团队不少于三人，具有健全财务制度、实行独立核算的企业或社会组织。

（2）企业或社会组织以解决社会问题、改善社会治理、服务于弱势或特殊群体、促进社区利益、开展环境保护等为首要目标或宗旨，同时有机制保证其社会目标的稳定。

（3）通过市场化运作创新解决社会问题。

（4）其社会影响力与市场成果是清晰的、可测量的。

2. 成都

（1）必备项

申报资质：成都市社会企业认证仅面向工商登记类企业。申报机构应当依法规范登记为有限责任公司、股份有限公司，并自愿提交经全体股东共同制定并经企业登记机关备案的社会企业章程，且开展经营活动不低于一年。

社会企业章程备案：为保障公司社会目标不发生漂移，已在区（市）县工商或市场监督管理局指导下办理了社会企业章程备案。

信用状况：应当守法诚信经营，按规定报送企业年报、无环保、税务、社保等重大失信行为，企业无从事违法行为和异常名录。

（2）专业项

社区服务：有开展针对社区居民生活服务、公共服务、民生服务等的社区服务，以解决社区发展、改善社区治理、服务于弱势或特殊群体、促进社区利益为首要目标或宗旨。运用市场机制、信息技术等创新手段，解决社区社会治理"最后一公里"问题，提高保障和改善社区民生水平。

可持续发展：有一定的商业模式，有清晰的有价值的产品与服务，市场竞争能力明显，财务资料规范，收入相对稳定并有可持续性，团队稳定并具有专业能力或经验。

高效解决社会问题：机构所解决的社会问题的成果产出证明清晰，可测量。通过对其投入情况、产出情况、社会问题改善数据，年度受益人数、资源节约、环境友好、员工保障、社会影响等，可充分证明企业可以高效解决相关社会问题。

社会影响力：机构通过对社会问题的创新解决来改变外部环境，通过政策倡导和社会倡导，推动政策改变、开展大量社会教育、研发制定行业标准、构建网络联盟等工作对本领域、本行业和社会产生一定的正面影响，具有一定的规模效应和典范效应，得到行业认可并发挥其良好示范引领作用。

3.北京

（1）使命任务：有具体明确的社会目标，以社会问题和民生需求为导向，以解决社会问题、创新社会治理、提升公共服务水平为首要目标或宗旨，包括但不限于养老服务、公益慈善、社区服务、物业管理、环境保护、精准扶贫、文化体育、生态农业、食品安全等。

（2）注册信息：在北京依法登记注册成立两年以上的企业或社会组织，并有相应的合格纳税记录。

（3）信用状况：有良好的信用，企业高管或社会组织负责人近三年没有被登记管理机关通报的失信行为。

（4）经营管理：有不少于3人的全职受薪团队，具有健全的财务制度、实行独立核算，企业或社会组织内部经营管理科学规范。

（5）社会参与：以企业或社会组织自身力量为基础，积极整合社会资源，广泛动员各类社会力量参与解决社会问题，形成社会合力。

（6）社会效益：有可测量的证据显示其创造的市场成果及社会价值。

（7）可持续发展能力：有清晰的商业模式、能实现财务可持续性和盈利性的商业计划，以及有价值的产品或服务，有机制保证其社会目标的稳定。

（8）创新性：运用市场机制、现代信息技术等创新手段和方法，有效推动社会痛点、堵点、难点，以及基层社会治理"最后一公里"问题的解决，提高保障和改善民生水平。

（9）行业影响：对本领域产生一定的社会影响，得到行业认可。

4.顺德

（1）具备团队经营管理能力：申报主体具备3人或以上的全职受薪团队，具有健全的财务制度、实行独立核算，内部经营管理科学规范。

（2）有明确的社会使命和社会目标，能够创造出普通商业企业社会责任之外的附加社会价值，本计划认可的社会使命和社会目标需满足以下两个条件的其中一个。

其一，企业或主体的章程载明清晰的社会使命和社会目标，包括但不限于养老服务、残疾人保障、社区教育、乡村文化振兴及文旅融合发展等特定社会问题的解决；

其二，企业作为普通商业企业存在，但其经营生产是以赚取利润回馈社会为首要目标，并且在章程或社会目标承诺书中约定，企业在弥补经营成本、债务后的税后利润用于投入社会效益的比例不得低于30％。

（3）可持续发展的创新与商业能力：企业有合理、清晰的商业模式，能实现财务可持续性和盈利性的商业计划，具备有价值的产品和服务，有稳定的收入来源，可保障其社会目标的实现。

5. 社会企业认证服务平台

通过社会企业在创造经济价值、社会价值、环境价值的过程中与各个维度链接产生的数据，更客观、清晰、多角度、多领域、多维地刻画社会企业在行业、地域、国家、国际的价值贡献。

中国社会企业认证的四维指标。四维认证体系包括了社会使命、社会企业利益相关方、价值创造与利润分配、环境与可持续发展四个维度的指标。四维指标把作为社会企业相关维度评价和标准通过定性定量的问题完成企业认证的自评过程；让企业清晰知道认证的内容和评价标准。

七、退出（摘牌）制度

1. 中国慈展会

（1）在申请认证过程中提供虚假信息和徇私舞弊的；

（2）在规定时间内未及时提供备案资料，并在30日内向其提出要求并且未获进一步解释与补送件的；

（3）对不配合提供其他相关信息、测评不达标的；

（4）发生较大安全、质量事故的；

（5）有较大违法、违规行为，受到有关部门行政处罚的；

（6）被取消社会企业资格的企业，三年内不再受理该机构的认证申请。

2. 成都

认定的社会企业有下述情况之一，取消其社会企业资格并在企业名录中除名，同时在"成都信用网"上进行公示。

（1）在申请认定过程中提供虚假信息或徇私舞弊的；

（2）不按章程规定主动公示相关信息达一定次数的；

（3）发生较大安全、质量事故的；

（4）有较大违法、违规行为，受到有关部门行政处罚的；

（5）被纳入异常经营名录或者违法经营黑名单的；

（6）未按照规定提交复审资料或在规定时间内未按要求作进一步解释和补送件的。

（7）社会企业在经营过程中出现以下情况，并未按照规定在15个工作日内向市工商局社会企业培育发展处提交相关证明材料进行备案的。情况如下：企业名称、法定代表人、住所（经营场所）、投资人、经营期限、增减分支机构等变更的；进行并购、重组、经营范围发生重大变化的；企业法人资格被吊销、撤销和注销的；自愿放弃社会企业资格的；其他有可能影响到社会企业资格的情况。

3. 北京

（1）在申请认证过程中提供虚假信息和徇私舞弊的；

（2）在规定时间内未及时提供备案资料，并在30日内向其提出要求并且未获进一步解释与补送件的；

（3）不配合提供其他相关信息、测评不达标的；

（4）发生较大安全、质量事故的；

（5）有较大违法、违规行为，受到有关部门行政处罚的；

（6）被取消社会企业资格的企业，三年内不得再申请认证。

4. 顺德

认证的社会企业有下述情况之一的，取消其认定资格并在社会企业名录中将其除名，不再享受本计划所列的扶持措施，同时向社会公告，且四年内不再受理该主体的认定申请：

（1）在申请认证过程中提供虚假信息的；

（2）在规定时间内未及时提供备案资料的；

（3）对不配合提供其他相关信息、测评不达标的；

（4）发生重大安全、质量事故的；

（5）有失信行为，或重大违法、违规行为，受到有关部门行政处罚的。

社会企业经营业务、生产活动发生并购、重组、转业等重大变化的，应在发生变化之日起 10 个工作日内向顺德区社会创新中心报告；由顺德区社会创新中心组织审查，变化后不符合本计划所规定条件的，终止其社会企业资格，收回《社会企业证书》或声明《社会企业证书》作废，并向社会公示。

5. 社会企业认证服务平台

开展年度影响力评估，不合格企业将面临降级、摘牌的可能。

第二节　中国社会企业总体发展现况

如前文所述，中国慈展会社会企业认证在过去4年间已经成为标准详细、流程规范、影响广泛的全国性社会企业认证。鉴于中国慈展会的社会企业认证起步较早，涉及范围广，行业影响大，因此选取中国慈展会2015—2018年认证的社会企业进行解读，在厘清我国社会企业的发展实际的基础上，深入剖析特定经济社会背景下的社会企业特征和存在障碍，从而有助于正确审视我国社会企业的现状及定位，以此探讨实现社会企业成长壮大的发展路径和创新策略。

一、社会企业数量

2015年，我国有67家机构申报认证社会企业，最终7家机构获得首批社会企业认证，通过率为10.45％。此后申报数量逐年上升，2016年申报数量为154家，通过认证16家，通过率为10.39％。2017年申报数量比2016年增加了2.31倍，跃升为510家，通过认证106家，通过率为历年最高，达到了20.78％。2018年，除了中国慈展会外，成都作为省会城市第一个出台社会企业认证办法，此举也促使中国慈展会在原有基础上更加规范严格地修正了其认证办法，2018年申报数量621家，比2017年增长了21.76％，通过认证109家，比2017年绝对数量略高，通过率为17.55％，低于2017年。（如图5-1所示）

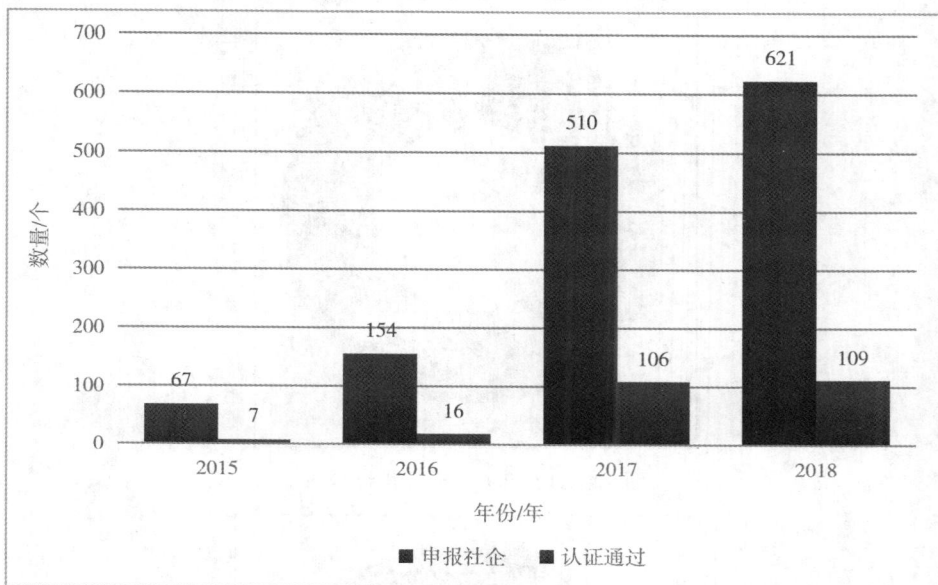

图5-1　2015—2018年中国慈展会认证通过的社会企业数量

此外，分析通过认证社企的注册类型显示，2017年，106家通过认证的社会企业中，企业类型较多共 60 家，占比 57 %，社会组织类型 46 家，占比 43 %；2018年，认证通过的109家社会企业中，企业类型80家，社会组织类型29家。

二、地域分布

2015年和2016年社会企业数量较少，主要来自少数省份的个别城市，其中，2015年通过认证的7家社会企业，分别来自上海（2家，占比29 %）、深圳（2家，占比29 %）、大连（1家，占比14 %）、兰州（1家，占比14 %）、江门（1家，占比14 %）；2016年通过认证的16家社会企业，分别分布在广东（8家，占比50 %，其中深圳5家）、北京（4家，占比25 %）、浙江（2家，占比13 %）、福建（1家，占比6 %）、四川（1家，占比 6%）"修改为"2016年通过认证的16家社会企业，分别分布在广东（8家，占比50 %，其中深圳5家）、北京（4家，占比25 %）、浙江（2家，占比12.5 %）、福建（1家，占比6.25 %）、四川（1家，占比 6.25%）。（如图5-2和图5-3所示）

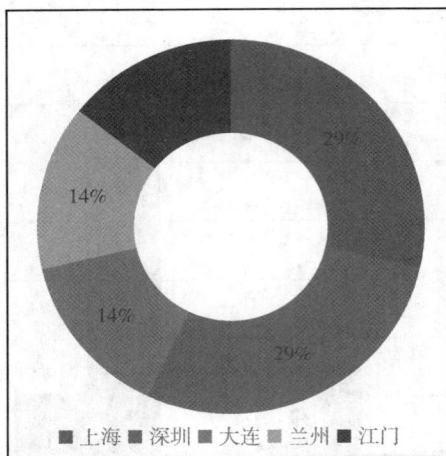

图5-2 2015年社会企业地域分布

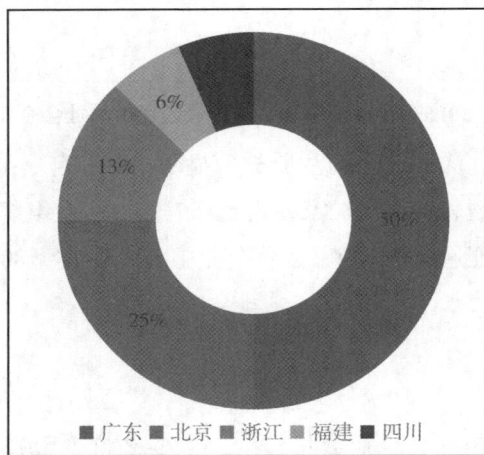

图5-3 2016年社会企业地域分布

　　2017年社会企业申报数量快速增长，106家通过认证的社会企业地域分布扩展到18个省、市、自治区。按照数量排序，依次是广东省（34家，占比32％）、北京市（13家，占比12％）、江苏省（8家，占比7％）和四川省（8家，占比7％）、浙江省（8家，占比7％），上海市（6家，占比6％）排在前六位；2018年，通过认证的109家社会企业来自17个省、市、自治区，广东省（37家，占比34％）、四川省（31家，占比28％）、北京市（9家，占比8％）、上海市（6家，占比5％）、浙江省（6家，占比5％）、江苏省（5

家，占比5％）依次排在前六位。显见，与2017年相比，排在前六位的省份没有变化，改变的只是排名顺序。由此可知，目前我国社会企业主要集中在经济较为发达的地区，且社会企业数量与各地区经济发展状况基本吻合，即经济相对落后的地区，社会企业数量偏少，反之，经济较为发达的地区，社会企业发展活跃，数量较多。（具体如图5-4和图5-5所示）

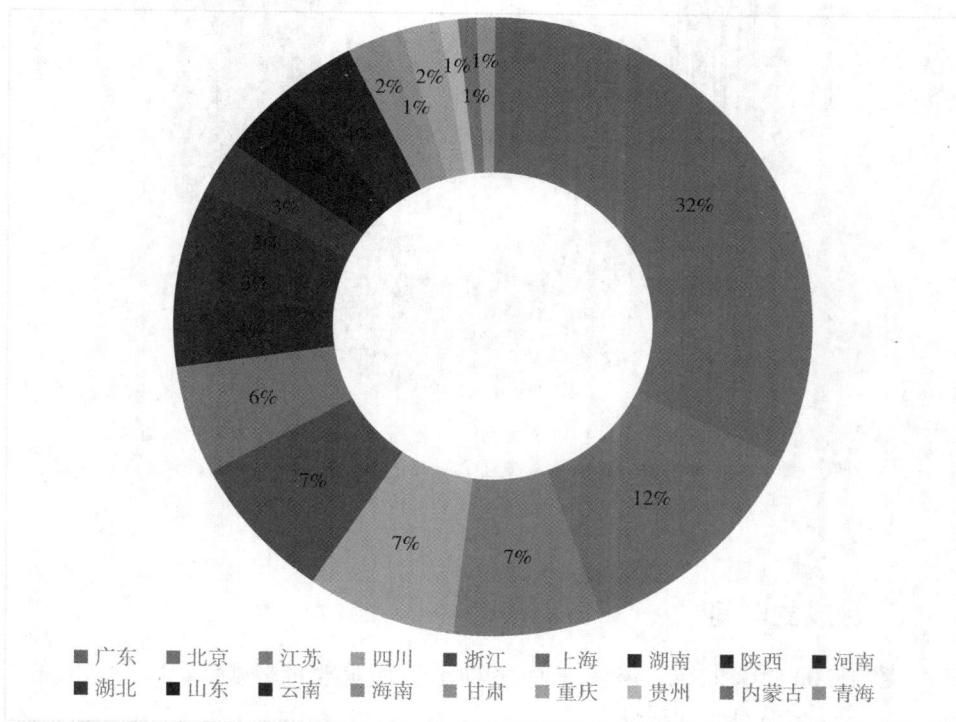

图5-4 2017年通过认证的社会企业地域分布

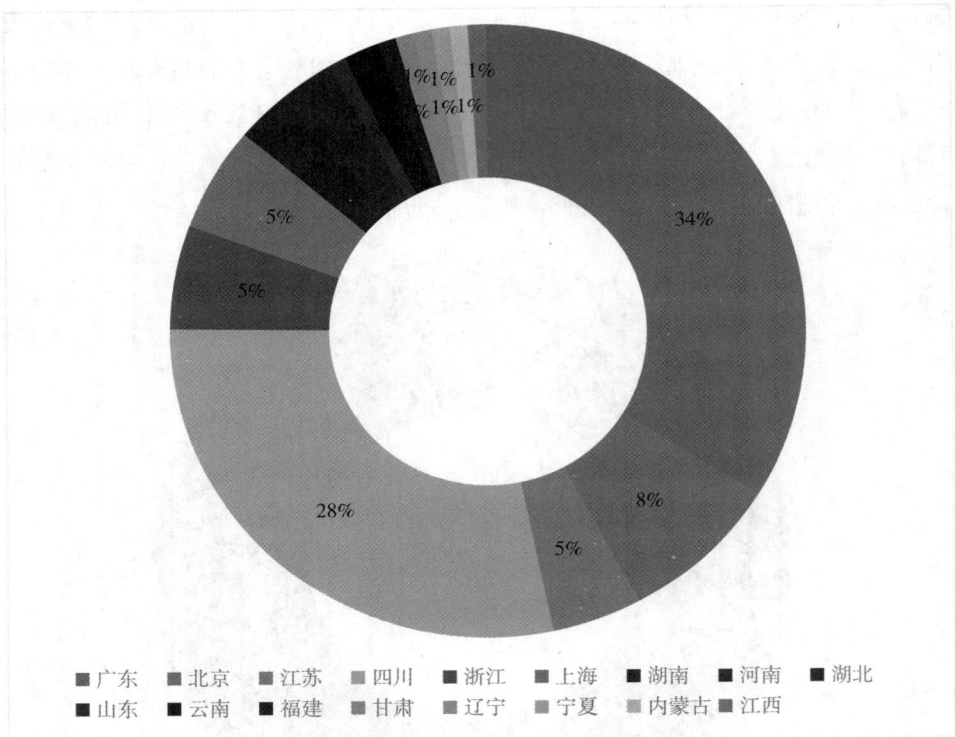

图5-5　2018年通过认证的社会企业地域分布

三、成立时间

　　鉴于2015年和2016年认证通过的社会企业数量较少，因而主要统计2017—2018年通过认证的社会企业成立时间。2017年通过认证的106家社会企业中，成立1~3年（50家，占比47%）和成立4~6年（28家，占比26%）的社会企业数量较多，成立7~10年的机构数量为19家（占比18%），成立10年以上的机构仅有9家（占比9%），如图5-6所示；2018年，认证通过的109家认证社会企业中，成立1~3年的机构为58家（占比53%），成立4~6年的机构为27家（占比25%），成立7~10年的社会企业16家（占比17%），成立10年以上的社会企业仅8家（占比5%），如图5-7所示。总体而言，这些与中国公益行业息息相关的社会企业大部分创立于近6年，占比70%以上，成立年限较短。由此可见，我国社会企业发展还处于初创阶段。

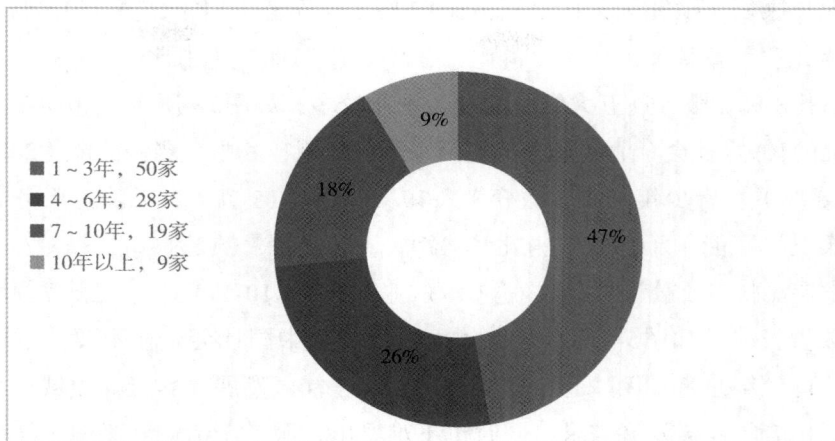

图5-6　2017年通过认证社会企业的成立年限

1～3年，50家
4～6年，28家
7～10年，19家
10年以上，9家

9%
18%
47%
26%

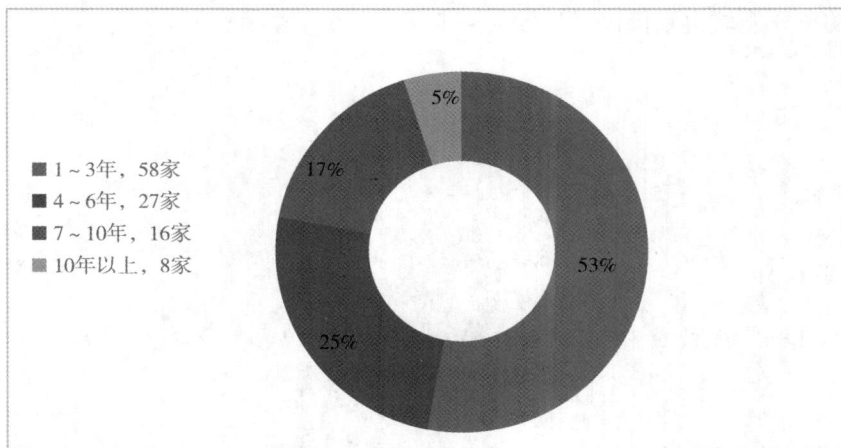

图5-7　2018年通过认证社会企业的成立年限

1～3年，58家
4～6年，27家
7～10年，16家
10年以上，8家

5%
17%
53%
25%

四、服务领域

中国慈展会将社会企业的服务领域划分为14个，分别是弱势群体、无障碍服务（就业、康复、赋能）、青少年儿童（教育）、养老、生态保护、公益支持、医疗卫生、农村发展（扶贫、公平贸易、农业）、文化保育与艺术发展、社区发展、互联网、公益金融、妇幼家庭和其他。2017年，106家通过认证的社会企业涉及除医疗卫生之外的13个服务领域，其中，无障碍服务

（就业、康复、赋能）（18家，占比17％）、养老（14家，占比 13％）、青少年儿童（教育）（13家，占比12％）、生态保护（占比9％）、公益支持（占比8％）服务这五大领域的社会企业较多，如图5-8所示。2018年，通过认证的109家社会企业涉及全部的14个服务领域，其中，弱势群体（20家，占比18％）、青少年儿童（教育）（17家，占比15％）、无障碍服务（就业、康复、赋能）（14家，占比13％）、社区发展（12家，占比11％）、农村发展（扶贫、公平贸易、农业）（11家，占比10％）这五大服务领域的申报数量较多，如图5-9所示。总体而言，目前中国社会企业主要涉及弱势群体、青少年儿童、无障碍服务、农村发展、社区发展、养老等领域，积极回应了相应的社会发展需求，同时也不难看出，服务于诸如互联网、文化保育、公益金融、医疗卫生等领域的社会企业数量较少，这些中国社会与经济发展的重要领域也亟待优秀的社会企业进入。

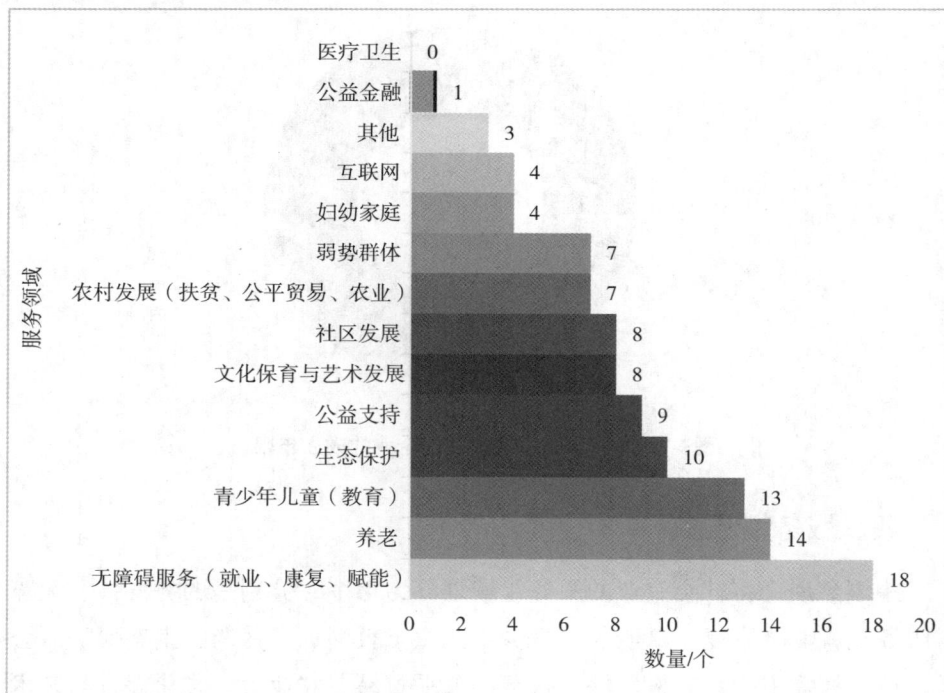

图5-8　2017年通过认证社会企业的服务领域

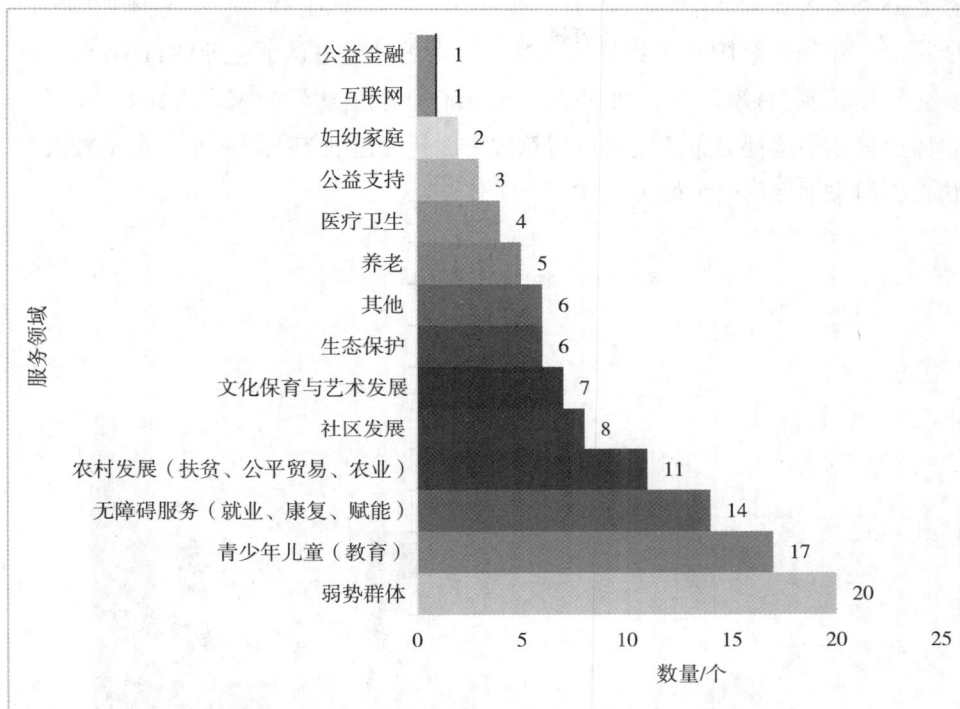

图5-9　2018年通过认证社会企业的服务领域

五、社会企业分级

中国慈展会按照机构资质、社会目标优先、市场化运作解决社会问题、成果清晰可测量与社会影响四项标准对社会企业采用百分制量化。其中，满足四项判定性标准的申报机构即认证为"社会企业"，满足评分达到60分及以上的认证为"中国好社企"，满足评分达到80分及以上的认证为"中国金牌社企"。

2016年中国慈展会开始设立社会企业分级。因此，在2016年通过认证的16家社会企业中，金牌社企有1家（占比6.25%），有好社企15家（占比93.75%）；在2017年通过认证的106家社会企业中，有金牌社企10家（占比9.43%），有好社企58家（占比54.72%），有社会企业38家（占比35.85%）；在2018年通过认证的109家社会企业中，有金牌社企15家（占比13.76%），有好社企38家（占比34.86％），有社会企业56家（占比51.38％），具体如图5-10所示。三年间，金牌社企数量达到26家，占总体通过认证企业的11.26％；好社企数量达到111家，占比48.05％；社会企业数量达到94家，占比40.69％。总体而言，中国社会企业发展目前总体发展状况还处于规模较小、水平较低的状态，但未来发展潜力较大。

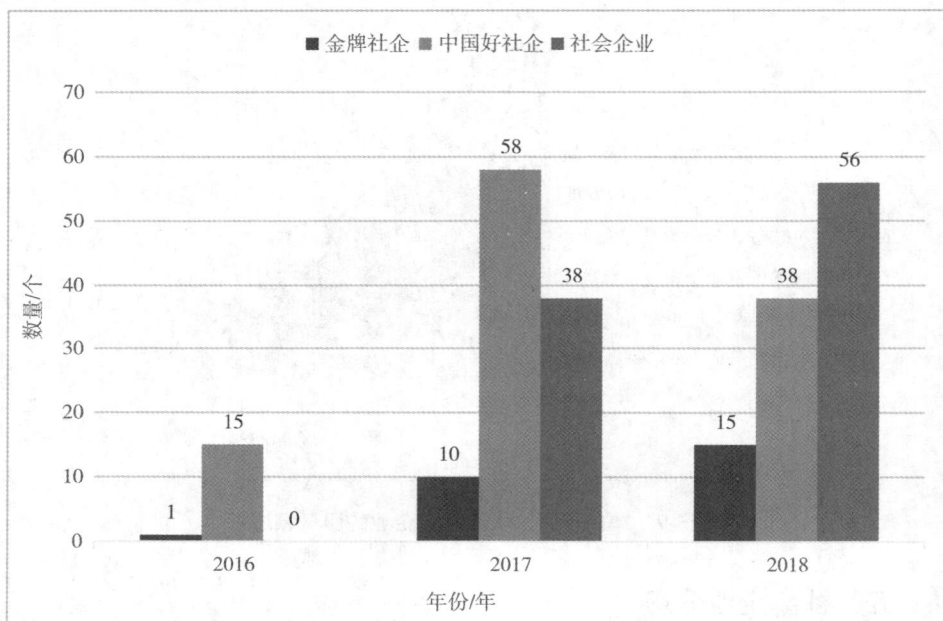

图5-10　通过认证的社会企业分级

第三节　主要城市社会企业对比分析

综合前文，在概览全国社会企业发展状况的基础上，我们发现上海、北京、深圳、成都、杭州这5个城市在2017年和2018年通过认证的社会企业数量为120家，占全部社会企业的55.8％。因此，选取上海、北京、深圳、成都、杭州这5个国内主要城市，在归纳其发展趋势的基础上，对社会企业成长状况进行对比研究，为后续社会企业健康成长、优化社会企业发展环境提供决策参考。

一、社会企业数量

2015—2018年，深圳共通过中国慈展会认证社会企业46家，成都通过认证37家，北京26家，上海14家，杭州12家。可以看出，所有城市社会企业的数量均在2017年后迅速增长。深圳由2016年的5家，增加到2017年的24家；北京由2016年的4家，增加到2017年的13家；而成都社会企业的发展得益于政府的大力支持和推动，在2018年社会企业数量猛增到31家，是当年通过认证社会企业数量最多的城市；上海则从2015年2家，2016年0家，增加到2017和2018年各6家，数量不多，波动不大；杭州在社会企业数量年度分布上和上海较为相似。（如图5-11所示）

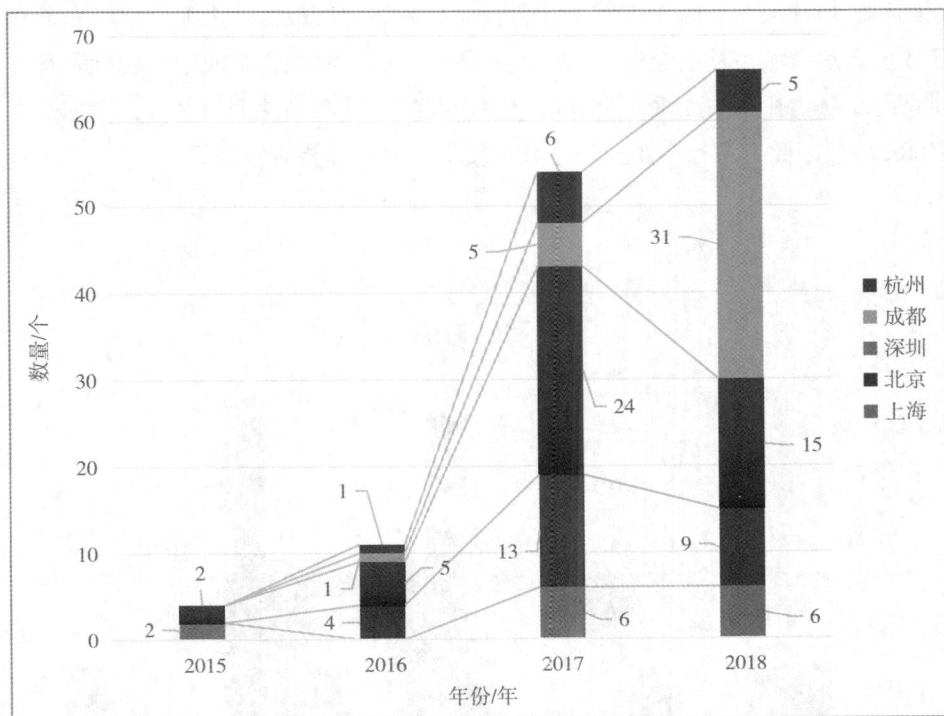

图5-11　主要城市通过认证的社会企业数量

二、社会企业分级

社会企业分级在一定程度上能够反映社会企业发展的质量。考察2017—2018年主要城市社会企业分级状况，总体来看，金牌社企中，北京5家（占城市社会企业总数的22.7％），上海5家（占城市社会企业总数的41.7％），成都5家（占城市社会企业总数的13.9％），深圳4家（占城市社会企业总数的10.3％），杭州2家（占城市社会企业总数的18.2％）；好社企中，深圳24家（占城市社会企业总数的61.5％），成都11家（占城市社会企业总数的30.6％），北京10家（占城市社会企业总数的45.5％），上海6家（占城市社会企业总数的50％），杭州4家（占城市社会企业总数的36.4％），如图5-12所示。不难看出，成都和杭州社会企业级别占城市社会企业总数的比例最大，上海、深圳、北京好社企级别占城市社会企业总数的比例最高，而上海社会企业中金牌社企和好社企的总量占比达91.7％，是五城市中最高的，其次是深圳71.8％，第三是北京68.2％，因此上海社会企业虽然数量较少，但质量相对较好。

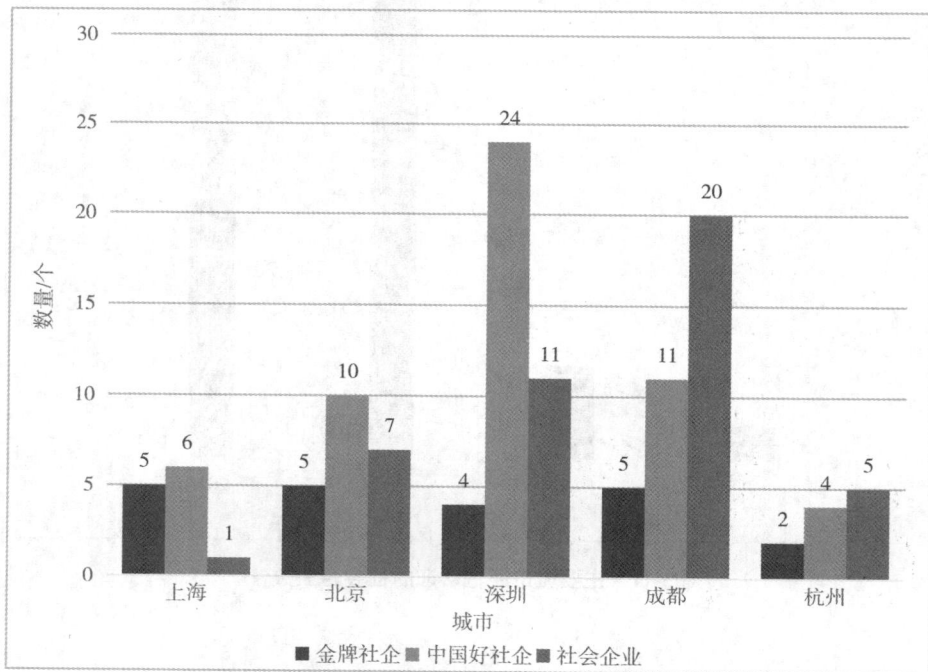

图5-12　2017—2018年主要城市社会企业分级

三、服务领域

2017年，主要城市中社会企业服务于11个领域，数量较多的六项依次是无障碍服务（就业、康复、赋能）、弱势群体、文化保育与艺术发展、青少年儿童（教育）、生态保护、公益支持。上海社会企业服务于青少年儿童、无障碍服务、农村发展（扶贫、公平贸易、农业）、养老、公益支持和互联网6个领域，每个领域均为1家企业，深圳社会企业服务于10个领域，北京社会企业服务于8个领域，成都社会企业服务于4个领域，杭州社会企业服务于6个领域。（如表5-2所示）

表5-2 2017年主要城市社会企业服务领域

领域	城市					
	上海	深圳	北京	成都	杭州	总计
弱势群体	0	7	0	0	0	7
青少年儿童（教育）	1	1	0	2	1	5
无障碍服务（就业、康复、赋能）	1	4	5	0	0	10
社区发展	0	3	0	0	0	3
农村发展（扶贫、公平贸易、农业）	1	1	1	0	0	3
文化保育与艺术发展	0	3	2	0	1	6
生态保护	0	2	1	0	1	5
养老	1	1	1	1	0	4
医疗卫生	0	0	1	0	1	2
公益支持	1	1	1	1	1	5
互联网	1	1	1	0	1	4
总计	6	24	13	5	6	54

2018年，主要城市中社会企业服务于12个领域中，数量较多的五项依次是弱势群体、无障碍服务（就业、康复、赋能）、青少年儿童（教育）、社区发展、农村发展（扶贫、公平贸易、农业）。上海社会企业服务于青少年儿童、无障碍服务、文化保育与艺术发展、养老、医疗卫生和公益金融6个领域，每个领域均为1家企业，深圳社会企业服务领域于7个领域，北京社会企业服务于6个领域，成都社会企业服务于8个领域，杭州社会企业服务于5个领

域。主要城市社会企业总体服务领域较广，但单个城市社会企业服务领域较窄且密度较小。（如表5-2所示）

表5-3　2018年主要城市社会企业服务领域

领域	城市					
	上海	深圳	北京	成都	杭州	总计
弱势群体	0	3	3	4	0	10
青少年儿童（教育）	1	2	0	4	1	8
无障碍服务（就业、康复、赋能）	1	3	1	4	0	9
社区发展	0	0	0	6	0	7
农村发展（扶贫、公平贸易、农业）	0	0	0	6	1	7
文化保育与艺术发展	1	0	2	2	1	6
生态保护	0	3	1	2	1	7
养老	1	1	0	3	0	5
医疗卫生	1	2	0	0	0	3
公益支持	0	0	1	0	1	2
互联网	0	1	0	0	0	1
公益金融	1	0	0	0	0	1
总计	6	15	9	31	5	66

第四节　中国社会企业的特征与问题

一、发展特征

1. 我国社会企业数量逐渐增多，虽然实力不强，但发展潜力大。2015—2018年，总计1352家机构申报认证社会企业，238家机构获得社会企业认证，通过认证的社会企业数量逐年增加，其中，2015年7家机构获得首批社会企业认证，2016年通过认证16家，2017年通过认证106家，2018年申报数量增长了21.76%，通过认证109家。根据前文数据，从分级来看，2016年金牌社企1家（占比6.25%），好社企15家（占比93.75%）；2017年金牌社企10家（占比9.43%），好社企58家（占比54.72%），社会企业38家（占比35.85%）；2018年金牌社企15家（占比13.76%），好社企38家（占比34.86%），社会企业56家（占比51.38%）。2016—2018三年间，金牌社企数量达到26家，占总体通过认证企业的11.26%，好社企数量111家，占比48.05%，社会企业数量94家，占比40.69%。可见，我国社会企业在迅速发展，但大部分发展水平较低，实力较弱，但未来成长潜力较大。

2. 我国社会企业多数处于初创和成长阶段，总体规模偏小。数据显示，2017年成立1～3年和4～6年的社会企业占通过认证的106家社会企业的73%，成立7～10年的社会企业占通过认证的106家社会企业的18%，成立10年以上的仅占比9%，2018年成立1～3年和4～6年的社会企业占通过认证的106家社会企业的78%，仅有5%的机构成立10年以上。总体而言，我国大部分社会企业都是2000年以后成立，通过认证的社会企业则大部分创立于近6年，占通过认证的社会企业总数的75.81%，16.28%的社会企业成立年限为7～10年，7.91%的社会企业成立年限为10年以上，可见发展历史短暂，总体处于初创和成长阶段。

3. 我国社会企业地域分布逐渐扩大，但主要集中于经济发达地区。2015年和2016年社会企业数量较少，主要来自少数省份的个别城市；2017年社会企业数量快速增长，地域分布扩展到18个省、市、自治区；2018年社会企业地域分布涉及17个省、市、自治区，其中，2017年和2018年，数量排在前六位的省份和直辖市分别是广东省、四川省、北京市、上海市、浙江省、江苏省。由此可见，我国社会企业主要集中在经济较为发达的地区，且社会企业数量与各地区经济发展水平相辅相成。

4. 我国社会企业服务领域分布较广，社会民生领域比重较高。我国社会企业主要分布于弱势群体、青少年儿童、无障碍服务、农村发展、社区发展、养老等领域，总体上积极回应了相应的社会发展需求。这些领域大多属于社会民生领域，也是中国社会问题较为凸显和复杂的领域。同时也可以看出，诸如服务于互联网、文化保育、公益金融、医疗卫生等领域的社会企业数量较少，这些中国社会与经济发展的重要领域也亟待优秀的社会企业进入。

5. 主要城市总体社会企业数量相对占比较高，质量较好，服务领域较广，但单个城市社会企业数量少，服务领域较窄且密度较小。上海、北京、深圳、成都、杭州这5个城市在2017年和2018年通过认证的社会企业数量为120家，占全部社会企业的55.8%，可以看出，社会企业在经济较发达的地区较为集中，且发展迅速。2015—2018年，深圳共通过中国慈展会认证的社会企业有46家，成都通过认证37家，北京26家，上海14家，杭州12家。从总体数量上对比，城市社会企业绝对数量均较少，但所有城市社会企业数量均在2017年后迅速增长。

2017—2018年主要城市社会企业分级，金牌社企中，北京5家（占比22.7%），上海5家（占比41.7%），成都5家（占比13.9%），深圳4家（占比10.3%），杭州2家（占比18.2%）；好社企中，深圳24家（占比61.5%），成都11家（占比30.6%），北京10家（占比45.5%），上海6家（占比50%），杭州4家（占比36.4%）。可以看出，成都和杭州社会企业级别占比最大，上海、深圳、北京好社企级别占比最高。而上海社会企业中金牌社企和好社企的总量占比达91.7%，是五城市中最高的，其次是深圳71.8%，第三是北京68.2%。因此，主要城市中上海社会企业虽然数量较少，但质量相对较好。

2017—2018年，主要城市中社会企业服务于10多个领域，数量较多的是无障碍服务（就业、康复、赋能）、弱势群体、文化保育与艺术发展、青少年儿童（教育）、社区发展、农村发展（扶贫、公平贸易、农业）。总体而言，社会企业总体服务领域较广，但单个城市服务领域较窄且密度较小。

四、面临问题

1. 认知合法性缺失。中国社会企业作为新型社会组织，在发展过程中，普遍面临难以被社会公众等利益相关者认同与接纳的认知合法性障碍。尽管我国已经存在很多社会企业，但当前政府、公众等对社会企业、社会投资的认知还非常有限，对这种特殊的组织形式不理解，甚至持怀疑态度的仍然较多。认知合法性的缺失同时反映在社会企业的招聘上，大部分社会企业表示在招人方面存在困难（朱健刚、严国威，2020）。究其原因，社会企业作为一种新型组织模式，被公众接受并得到认同还需要一定的时间；更重要的是，由于社会企业主要以公益组织和商业公司两种身份存在，注册的组织形式无法与社会企业的组织目标完全契合，致使受众在认知上容易形成偏差。

2. 融资生态尚未建立。与传统商业不同，社会企业通常会集合公、私各种不同类型的资本，对应商业创业融资不同阶段的天使投资、风险投资和私募股权。目前，社会企业创建阶段融资约束最为突出，大部分社会企业的创业资金主要来源于自身储蓄，少部分社会企业创业资金主要来源于亲朋好友，仅有不到1/5的社会企业创业资金来源于外部投资（刘志阳、李斌，2018），这说明中国社会企业的发展急需投资支持。一方面社会企业、社会企业支持型机构缺乏资金，融资规模小、融资渠道单一，期望获得社会投资；另一方面，社会投资机构又找不到符合条件的投资对象。结果导致中国社会企业及支持型机构的融资水平整体偏低，而社会投资机构投资规模也较低。这主要源于目前我国社会企业融资生态建设还不完善，社会企业、社会企业支持型机构、社会投资机构均处于起步阶段，相互之间还不了解、不熟悉，缺乏高效的对接平台。

3. 组织管理不完善。中国社会企业普遍未建立起完善的治理结构。"董事会、股东会、监事会"三会都建立的社会企业仅有不到10%，仅一半的社会企业无正式决策机构，重要事务的决策或者是由机构负责人决定，或者是由全体成员协商决定，这在很大程度上降低了社会企业决策的科学性和高效性（刘志阳、李斌，2018）。中国社会企业组织管理不完善主要源于：一是社会企业家对企业治理机构重视度低，绝大部分社会企业家都认为目前没有必要关注内部治理结构；二是缺乏行业规范，目前我国还缺少对社会企业的统一规范，使得社会企业治理结构的完善缺少外部动力；三是商业模式落后，在创造社会价值和经济价值的能力上比较孱弱，且存在价值趋向的偏误；四是专业管理人才缺乏，绝大部分社会企业受薪员工规模普遍较低、专业人才匮乏、能力不足。

4. 规制引导欠缺，政策扶持力度较小。目前我国社会企业注册形式主要有六类：民办非企业单位（社会服务机构）法人、公司法人、社会团体法人、公司法人和民办非企业单位（社会服务机构）法人两者兼有、基金会法人、事业单位法人，此外，还有少量社会企业尚未注册。我国法律目前对社会企业还没有明确的定位，尽管个别地方出台了相关行政法规和扶持政策，但对于社会企业的规制和引导作用仍然欠缺。教育、医疗、养老、扶贫与"三农"、环保、助残、文体、科技与"互联网+"等领域均出台了大量政策，积极鼓励社会力量参与或鼓励社会投资，但所有这些行业领域的政策均没有明确指明针对社会企业。北京、成都、深圳福田区等地方政府出台了社会企业、社会投资方面的政策，赋予了社会企业或社会投资的合法身份，但毕竟只是少数个别地方的创新探索，尚未得到更大范围的推广。总的来说，一方面社会企业希望获得更多的政策扶持，而另一方面，相关政策的扶持力度有限，政策环境有待进一步完善。

第六章 社会企业绩效的转化机制

第一节 问题提出与概念界定

一、问题提出

社会企业实践表明，资源匮乏可以直接导致中国社会企业在市场拓展能力和商业模式设计上的先天不足，合法性缺失又会加重其资源困境。资源拼凑是对约束条件的回应，现有实证文献表明，资源拼凑是化解技术、人员、物质材料等要素的资源约束难题，帮助企业进行产品创新、服务创新、技术创新及商业模式创新的重要方式（Wu et al.，2017；Salunke，2013；Senyard，2014；Guo，2016）。资源约束条件下社会企业要获得成长，必须对资源进行评价、重组，通过有效的资源整合和流程创新，重塑商业模式，以达成社会使命并提升自身价值。而社会企业这种混合形式的实体缺乏合法性，导致资源筹措难度加大，进一步制约了企业成长。故合法性机制的构建和完善，能够在一定程度上缓解因资源短缺而带来的成长瓶颈问题。

鉴此，基于资源拼凑理论、组织理论和制度理论，选取商业模式创新为中介变量，构建社会企业"资源拼凑—商业模式创新—成长绩效"的整合分析模型，能够揭示资源拼凑通过商业模式创新转化为成长绩效的内在机制。在此基础上，进一步探索了合法性机制调节资源拼凑对社会企业成长绩效的作用程度及其差别。本研究揭示资源约束下社会企业成长绩效转化机制，在理论层面，既能够丰富当前社会企业成长文献，又能够拓展资源拼凑理论、组织理论、制度理论和社会治理研究的理论创新空间；实践层面，不仅对社会企业突破资源限制、实现自我造血功能、获得健康发展具有重要的实践价值，而且对转型时期的中国社会企业解决社会问题、参与社会治理、探索社会创新，具有重要的现实意义。

二、概念界定

1. 资源拼凑

根据资源基础观，稀有的、有价值的、独特及不可替代的资源是企业竞争优势的来源，它能够帮助企业产生隔离机制，确保经济租。因企业的技术、人才及资金等桎梏，且所处环境瞬息万变，多数新创甚至一些成长期的社会企业处于局面困窘的尴尬境地，难以获得上述资源，形成自身竞争优势。Lévi-Strauss（1968）首次在人类学研究中提出"资源拼凑（bricolage）"的概念，他认为这是应对资源短缺的一种新机制。Baker等（2005）最早将"拼凑"概念引入创业研究领域，并提出资源拼凑是组织的一种资源创造活动，即企业为应对机遇和威胁，即刻行动，对手边资源进行重组，以实现资源建构的过程，形成"凑合利用""突破资源约束"和"即兴创作"三个核心概念。这三个核心概念从不同角度阐述创业过程中的资源拼凑特点，得到大多数学者的认同（祝振铎、李新春，2016）。

学者们依据资源形态、拼凑对象、拼凑动机等标准对其进行了划分（刘露、郭海，2017）。Baker和Nelson（2005）将资源拼凑分为平行拼凑（parallel bricolage）和选择性拼凑（selective bricolage），拼凑的内容分为实物、人力、技能、市场及制度，平行拼凑指对这五种内容同时进行拼凑，选择性拼凑则是在这五种领域中有所取舍从而进行拼凑。Desa和Basu（2013）从拼凑动机的角度将资源拼凑分为需求拼凑和构想拼凑，前者以满足资源需求为动机，后者则以满足资源价值为动机。Rönkkö 等（2013）依据投入、顾客、市场三个角度，对拼凑构想开发了语义差别量表。赵兴庐等（2016）在此基础上，将资源拼凑分成要素拼凑、顾客拼凑和制度拼凑三个维度。要素拼凑是指利用被废弃的、非标准化的生产要素，或者改变资源原有使用方式的过程；顾客拼凑是企业整合手头资源来开发新兴市场，或者被原有市场忽视的市场区域的过程；制度拼凑是企业利用手头资源形成企业自己独有的做事方式的过程。

借鉴Baker和Nelson（2005）、Rönkkö 等（2013）、赵兴庐等（2016）及

彭伟等（2018）的观点，将资源拼凑定义为创业者或企业为了应对新机会或新挑战，创造性地利用手头资源的行为，并划分为三个维度：投入拼凑、顾客拼凑和制度拼凑。投入拼凑指对那些在原材料、劳动和技能领域没有被充分利用或被低估的手头资源加以利用，包括将那些破旧的，废弃的，被视为单一用途的原材料转化为生产要素，免费使用顾客、供应商等利益相关者的劳动，将业余爱好和自学技能运用在工作中；顾客拼凑指对那些行业中不被重视或忽视的市场的开发，这种市场上的顾客可能因为贫穷或节俭而对企业缺少吸引力；制度拼凑则是面向未知或既有规则阻碍的领域，利用手头上的资源另辟蹊径，创新解决方法。

2. 社会企业绩效

社会企业处于商业企业和传统非营利组织的中间地带，兼具商业企业和非营利组织的双重特征。基于此，一些学者提出了"双重绩效"或"双重底线"的观点，认为社会企业的运营既能够创造经济价值，又能够创造社会价值，是一种经济与社会相结合的行为。由此，社会企业的经济绩效体现为社会企业引入商业企业运营模式，参与市场竞争，通过销售产品或提供服务获取收入，创造经济效益，这也是社会企业与纯公益慈善组织、传统非营利组织的区别所在。彼得·F.德鲁克（Peter F.Drucker）曾预言其有可能成为后资本主义时代发达经济体中真正的"增长部门"。英国总领事馆文化教育处援引全球创业观察的调查指出，英国社会企业兴起速度已快于传统企业，且由其提供的就业机会数量已超过传统企业。由此可见，社会企业所产生的经济效益不容小视。社会企业的社会绩效主要指社会企业关注并解决政府和市场容易忽视的社会问题，如教育文化、环境保护、扶贫开发、老人和残障等领域的社会问题，并以社会使命为宗旨。同时，社会企业也是政府公共服务的一种补充形式。社会企业以解决社会问题为使命，有效结合商业企业运营模式，在创造社会资本、提离员工技能、提供就业岗位等方面发挥着独特优势，创造了社会效益。需要明确的是，社会企业的经济绩效和社会绩效不是此消彼长的关系，而是一种融合的价值理念。社会企业双重绩效追求经济目标和社会目标的有效融合，共同服务社会，促进社会福利的整体增加。据此，本研究从社会绩效和经济绩效双重视角出发探讨社会企业绩效。

3. 商业模式创新

虽然有学者将商业模式创新看作是企业应对环境高度不确定性的关键组织能力，但目前还没有出现关于商业模式创新的精确定义（Schneider、Spieth，2013）。Markides（2006）认为商业模式创新是在现存商业中发现完全不同的商业模式。Johnson等（2008）认为商业模式创新是对现存商业模式四要素（顾客价值主张、利润公式、关键资源、关键流程）的显著改变。Zott和Amit（2007）指出商业模式创新是界定并实施处理经济交易的新方式。此后，Zott等（2011）对此概念进行丰富，即商业模式创新是组织为了实现更高的价值获取而对涉及价值创造、价值传递，以及价值获取的一系列组织活动和架构进行的创新和变革。Bucherer等（2012）指出商业模式创新是一个审慎地改变企业核心要素和商业逻辑的过程，并对商业模式开发和商业模式创新进行了区分。Schneider和Spieth（2013）认为商业模式开发强调企业当前商业模式的现状，并且强调在现有的商业模式框架内调整和增量创新，以改善现存的商业模式或者弥补企业现状中的缺点。商业模式创新不包括现状，而是强调企业对环境中产生的机会的探索和潜力开发。郭海和沈睿（2014）提出商业模式创新是企业通过改变或重组活动系统的要素或主题，对创业机会进行开发进而完成价值创造的活动。罗兴武等（2017）认为企业商业模式创新过程是一个显著的"破坏性创新"过程，本质在于变革原有的商业经营模式以创造更多价值，获取企业竞争优势。

目前关于商业企业商业模式创新的研究较为丰富，社会企业商业模式创新的研究较少。Bocken（2014）等利用可持续商业模式（Sustainable Business Models）来验证创新方法是否有助于业务模型实现可持续性。Olofsson（2018）等运用个案研究探讨了可持续问题驱动的商业模式创新问题。丁敏（2010）阐述了社会企业商业模式创新过程和演进机制。袁征（2012）对社会企业和商业模式分别进行了阐述，以旭平兔业为案例，对其商业模式的形成动力、构成要素进行分析，从中得出对我国社会企业商业模式构建的启示。林海等（2013）详细表述了商业模式构成要素及商业模式创新的概念，选取格莱珉银行为例，分别从产品与服务、客户需求、内部结构、供应链组织形式、网络协同效应等方面，对社会企业商业模式创新的路径展开了探讨，最终商业模式创新的路径模型得以构建。刘志阳等（2015）认为社会企业商业模式体现为，基于必要经济价值获取能力和更多价值创造能力的多种价值要素的组合配置，总结出社会企业商业模式的三种演进路径：经济价值获取先行型、社会价值创造先行型和经济社会价值并重型。谢家平等（2016）立足于社会企业的异质性，从目标定位、运营创新和理念更新三个方面重构了社会企业商业模式。

借鉴Zott和Amit（2007）在商业模式创新类型维度的研究成果，将商业模式创新类型划分为效率型创新和新颖型创新。效率型创新是指通过提高交易效率的方式改进或创新商业模式，其中在于以交易机制或结构的设计来降低交易参与者之间的交易成本（Zott、Amit，2007），包括降低信息不对称程度、提高交易稳定性和成功率等；新颖型创新是指通过创新使企业能够采用全新的交易方式或交易结构，替代已有的利益相关者，构建新的价值网络，为顾客提供新的价值，其本质是企业基于自身能够利用的资源和能力，通过塑造与价值创造参与者之间的关系，重塑或重新定位价值的提供方式，设计全新的价值网络或交易机制，实现商业模式创新。

4.合法性

合法性最早起源于政治学领域，主要用于分析权力统治者、政府机构、管理体制和权威的有效性（田志龙、高海涛，2005）。随后，社会学、组织学领域的学者开始引入合法性，来研究组织价值观与所嵌入社会情境间的一致性问题，并从不同视角给出了相关定义（Bitektine，2011）。制度学者认为，合法性是组织行为与权利结构、文化体系或认知系统的一致性（Pfeffer、Salancik，1978；Weber，1978），同时也是组织向同行或更高层次体制正当化其存在的过程（Maurer，1971）。Suchman（1995）将合法性定义为企业利益相关者基于现有制度环境中的价值观念、行为规范、思想信仰等作为衡量标准，不断感知企业行为的适当性、正确性和合意性的假设。组织能否被社会体系所接受或依赖，是组织获得生存的重要因素，只有获得社会承认及服从的组织才能拥有合法性及持久发展。可见，合法性包括了对组织存在的社会化整体判断，是既有社会体系对组织及活动提供可接受的解释程度（Meyer、Scott，1983），并有利于组织获取生存及发展所需的各类资源（Zimmerman、Zeitz，2002）。

　　一些学者对合法性类型的界定做了相关研究。Singh等（1986）从来源机制将合法性划分为内部合法性与外部合法性，分别强调组织内部成员和外部成员对组织结构的承认、支持和服从。Scott（1995）基于制度三支柱将合法性划分为规制合法性、规范合法性和认知合法性，这也是目前最广为接受的一种合法性分类。其中，规制合法性指来源于政府、行业协会、专业机构等制定的各类政策、法律和规范；规范合法性指源于社会价值观和道德规范的行为一致性；认知合法性指利益相关者对企业所从事活动的接受、支持和关系程度，强调企业行为与普遍社会认知间的重合度。Suchman（1995）基于理性和工具性视角提出实用合法性，用来描述组织对关键利益者的利益需求与期望的满足程度。同时，为弥补实用合法性过于重视市场机制所产生的道德背离问题，又提出了道德合法性，用来反应组织的行为活动与社会信仰、社会福利的一致性程度。Suchman（1995）认为实用合法性、道德合法性与认知合法性共同构成组织整体合法性。Dacin等（2007）基于组织合法性对战略联盟绩效的作用，将组织合法性划分为市场合法性、关系合法性、社会合法性、投资合法性和联盟合法性。合法性的不同类别反映出合法性的多重作用机制，组织对合法性的类型选择往往取决于组织目标的设定与发展。

　　合法性测量是对企业所获得合法性程度的判断，表现为外部环境、各利益相关者在多大程上已接受了企业的组织行为。现有研究对合法性的测量主要采用量表方式，通过组织规范性感知和组织受众对组织的认可度来加以测量。前者反映的是组织规范或行为与现有制度环境或社会期望的一致性；后者反映的是组织规范或行为与制度环境中各利益相关者或参与主体的期望一致性，一致性越高，合法性越高。大量研究已采用组织受众对组织的认可度评价来测量组织合法性，并根据评价主体的不同存在差异，常用的评价主体包括顾客、供应商、竞争者、政府部门、投资者、社会公众等（刘振等，2015；魏泽龙、谷盟，2015；彭伟等，2013；乐琦、蓝海林，2012；杜运周等，2012）。

　　借鉴Busenitz（2000）、杜运周（2012）、厉杰（2018）和张秀娥（2018）的研究，将社会企业合法性划分为规制合法性和认知合法性两个维度。其中，规制合法性指组织对政府机构所制定的律例法规的依从程度；认知合法性体现社会公众对组织的接纳与认同程度。

第二节 理论基础和研究假设

一、资源拼凑与社会企业绩效

目前，资源拼凑领域的研究更多集中在理论探讨，少量学者实证剖析了资源拼凑对企业绩效的直接影响。Senyard等（2009）探索拼凑、创新强度与初创企业绩效之间的关系，结果表明拼凑促进了初创企业绩效，但创新强度调节作用并不明显。随后，Senyard（2010）通过检验拼凑、战略变化、创新与新企业绩效的关系，发现高强度的创新环境调节作用减弱了拼凑的积极功效。2011年，Senyard证明资源约束环境下拼凑对新企业创新绩效具有显著的促进作用（Senyard，2011）。祝振铎（2015）研究发现拼凑对新企业的财务、成长绩效均具有显著的正向影响，同时创业导向对拼凑与新企业财务、成长绩效之间的关系具有正向调节作用。赵兴庐等（2016）从能力建构视角，证明顾客拼凑和制度拼凑对机会识别能力有正向影响，并能为企业带来良好绩效。林艳等（2018）运用扎根理论对初创企业进行案例研究，构建了机会创新性与资源拼凑模式相匹配以获取高绩效的理论框架。需要指出的是，虽然资源拼凑对企业绩效的研究取得了一定进展，但不同类型的资源拼凑具有不同的特点。明确不同类型的资源拼凑与企业绩效相匹配如何产生影响，以及产生何种影响至关重要。

社会企业在成长过程中面临严重的资源困境，强调利用资源拼凑的解决方案有利于社会企业各项功能正常运转。Kannampuzha和Suorant（2016）研究发现资源拼凑有利于社会企业在资源短缺的情境下顺利实施营销策略从而实现成长。Sunduramurthy等（2016）指出成功的社会创业者在突破资源束缚时都会采用资源拼凑战略，充分说明了资源拼凑对新创社会企业成长的重要性。但不同类型的资源拼凑与绩效的关系、影响强度取决于手头资源和绩效的界定（方世建等，2013）。投入拼凑是指对企业权益利用那些可以便宜的，或者免费获取的未被充分利用或被低估的资源。通过投入拼凑，社会企业一方面可以提高资源的有效利用率，另外一方面让志愿者、客户等充分参与企业活动，当其意识到自身的能力和情感得到提升时，很容易扮演支持性角色以提高对社会企业的认知（Sarpong、Davies，2014；厉杰等，2018），由此降低用工成本，产生"口碑效应"。同时，对闲置人力的拼凑既可以缓解企业人力资源的缺乏，又可以提供给其工作机会，提高对弱势群体的可持续性支持，对企业的社会和经济绩效产生良性的效应。顾客拼凑是企业动用手头资源来满足新兴的、小众的或边缘的顾客需求的过程（Baker、Nelson，2005；赵兴庐等，2016）。社会企业在运营方面与商业企业一致，需要凭借一定的技术、服务和产品获取收益，但针对特定市场的投入和经营可能效果会更好。社会企业家使用顾客拼凑的方式创造性地利用和配置资源，发掘未被覆盖的细分市场，能提供更好的产品和服务（张秀娥，2018）。制度拼凑则是面向未知或既有规则阻碍的领域，利用手头上的资源另辟蹊径，创新解决方法，是企业拒绝现有制度或规范，积极尝试新的或不明确的领域以形成流程和惯例的过程，重点在于打破常规和引领新的认知（Baker、Nelson，2005）。这种根据实际情况选择忽视行规或传统方式的做法，往往产生实用性制度，如新的组织结构或者新的社会文化（赵兴庐等，2016）。对于处于中间地带的社会企业而言，与之相关的政策规范均较少，这在一定程度上也给其提供了拓展的空间，它可以尝试新的领域以形成流程，打破常规建构新的惯例，可能引发价值网络内利益相关者的连锁效应，由此带来整个商业模式的创新，进而促进社会企业的可持续成长。有经验的社会企业家会策略性地利用这种方式来处理由于缺乏绩效记录而导致的低水平信誉和合法性问题，让其聚焦于社会企业创造社会价值的过程，进而调动社会资源主动参与的积极性，推动社会企业社会价值的实现（Molecke、Pinkse，2017）。综上所述，较强的资源拼凑能力有助于社会企业获得良好的经济绩效，促使组织的创新能力提升，进而完成社会使命。由此，提出如下假设。

H11a：投入拼凑对社会企业成长的社会绩效具有显著的正向影响；

H11b：投入拼凑对社会企业成长的经济绩效具有显著的正向影响；

H12a：顾客拼凑对社会企业成长的社会绩效具有显著的正向影响；

H12b：顾客拼凑对社会企业成长的经济绩效具有显著的正向影响；

H13a：制度拼凑对社会企业成长的社会绩效具有显著的正向影响；

H13b：制度拼凑对社会企业成长的经济绩效具有显著的正向影响。

二、资源拼凑与商业模式创新

资源拼凑是企业整合内外部资源并改变用途进行创新的新兴战略途径，通过更弹性地、有效地解决资源限制问题，以及创造性地组合手边资源，建立更高效率或更新颖的资源整合方式，进而能够带来商业模式的变革或创新。其一，资源拼凑的对象往往是商业模式创新所亟须的重要内容。资源的主观建构主义认为拼凑是以人为中心，对物质资源和创意资源进行的学习和改造行为，而无论是物质资源拼凑，还是创意资源拼凑，各种资源的有效拼凑会实现不同的功效。因此，利用拼凑策略，重视转瞬即逝的商业机会，开展兼具选择性与"破坏性"的资源开发活动，会为商业模式创新提供无可替代的商业资源。其二，资源拼凑在本质上就是一种资源利用上的过程创新，往往驱使企业在运营流程和商业模式方面产生较大的创新。为了更好地实施资源拼凑，企业需要尽可能地调用企业内所有资源，并进行优化整合，且资源拼凑的过程往往是伴随着组织即兴能力的"实践思考"，需要充分展现组织的敏捷性及充分的吸收能力（Baker，2003）。企业仅仅拥有资源是不足以促进成长的，只有对自身拥有的资源加以利用，才能使其充分发挥作用（Rubin，1973）。张玉利等（2009）指出对冗余资源的创业拼凑可以促进商业模式创新。张建琦等（2015）的多案例分析证明，创业拼凑能够促进中小企业创新，而且创新具有"非标准、低成本和快速"的特点，但在创新程度上有"新颖"和"凑合"等不同程度的划分。Guo等（2016）运用186家中国企业的数据分析表明，探索导向、机会识别和创业拼凑都对商业模式创新有正向影响。赵兴庐和张建琦（2016）调研245家新创企业，发现创业拼凑对新创企业的技术新颖性和市场新颖性有正向影响。An等（2017）通过定量研究指出拼凑有利于企业识别创业机会，而新机会的识别和开发能够改变企业的商业模式。

目前，社会企业在全社会范围内仍处于初创发展阶段，其组织结构往往是有机式的，相较于大企业机械式的组织结构而言，管理层次少、规章制度的约束不多、决策速度快、在对资源的使用上更具灵活性，有利于开展投入拼凑。当企业将被遗忘的、废弃的、破旧的，假定单一用途的原材料用于新的使用时，由于出现了资源的新组合，发现了资源的新价值，所以对商业模式创新起到了促进作用。企业商业模式中的原材料、技术、工具等核心资源的方便易得，有助于商业模式的复制与扩张（邢小强等，2011）。企业通过开展活动吸引和招募顾客成为志愿者，在此过程中会促进组织内外人员的相互交流，形成知识互补和交叉融合，在新知识形成的基础上与顾客共同创造新价值或新产品，促进商业模式创新（Sang等，2012）。此外，企业允许或者鼓励员工使用自学的技能进行工作，会增加员工学习的积极性，促进其灵活思考问题，有助于商业模式创新。而当企业把金字塔底层群体视为生产者而不是消费者，尝试对其现有的物质资源和人力资源进行重新设计与整合时，也会促进资源开发型商业模式创新（赵晶，2010）。顾客拼凑是企业动用手头资源来满足新兴的、小众的或边缘的顾客需求的过程（Baker、Nelson，2005；赵兴庐等，2016）。商品价格昂贵、使用复杂，或顾客本身群体的特殊性等原因，使得部分顾客被排斥在市场之外，企业若能针对这些顾客进行市场开发，则会引发商业模式创新（Johnson et al.，2008）。邢小强等（2011，2016）指出金字塔底层市场中存在可支配收入较低、价格弹性较大、分销渠道不足、基础设施薄弱、受教育程度低下等特殊性，这些特征要求企业采用区别于金字塔顶层市场的新颖的商业模式才能取得竞争优势，因此，面向小众的、边缘的用户创新有助于企业整体商业模式的创新。Hart与Sharma（2004）明确指出，从作为边缘利益相关者的人群那里，企业可以获得对预见潜在创新机会及商业模式的关键知识与观点。制度拼凑则是面向未知或既有规则阻碍的领域，利用手头上的资源另辟蹊径，创新解决方法。当拼凑者突破业界常规、假设和规范，用自己的特有方式工作时，可能引发价值网络内利益相关者的连锁效应，有利于产生新的业务模式、运作流程和盈利模式，提高企业的动态创新能力，进而导致价值的重新分配，由此带来整个商业模式的创新。

综上，资源拼凑本身就是一种过程创新战略，必然带来有效的资源整合和流程创新。运用拼凑来重新整合资源，既可以通过提高交易效率的方式改进商业模式，又能够构建新的价值网络，重塑或重新定位价值的提供方式，设计全新的价值网络或交易机制，实现商业模式创新。基于此，提出以下假设。

H21a：投入拼凑对社会企业效率型商业模式创新具有显著的正向影响；

H21b：投入拼凑对社会企业新颖型商业模式创新具有显著的正向影响；

H22a：顾客拼凑对社会企业效率型商业模式创新具有显著的正向影响；

H22b：顾客拼凑对社会企业新颖型商业模式创新具有显著的正向影响；

H23a：制度拼凑对社会企业效率型商业模式创新具有显著的正向影响；

H23b：制度拼凑对社会企业新颖型商业模式创新具有显著的正向影响。

三、商业模式创新与社会企业绩效

商业企业商业模式创新对企业绩效的正向影响机制结论较为丰富，社会企业因其利用商业方法解决社会问题，因此，其稳定成长也必须依赖于合力建构和持续实施的商业模式。Zott和Amit（2007）的研究发现，新颖、效率、锁定和互补是商业模式设计的四要素，并对企业绩效产生不同程度的影响。其中，效率型商业模式和新颖型商业模式能够对企业绩效产生显著的正向影响，当效率和创新增大时，商业模式核心企业的市场价值就更高，但是互补型和锁定型商业模式对核心企业的市场价值的影响却不显著。Brettel等（2012）学者研究发现，效率型商业模式创新和新颖型商业模式创新都显著影响企业绩效。

具体而言，效率型创新是通过提高交易效率的方式改进或创新商业模式，其中在于以交易机制或结构的设计来降低交易参与者之间的交易成本（Zott、Amit，2007）。效率型商业模式强调信息的充分共享，尤其对新创社会企业而言，大量的交易活动能增加可查的交易记录，减少交易双方信息不对称的问题，使信息流动更为顺畅，减少社会企业与所有交易参与者之间的直接或间接交易成本，进而有利于社会企业在更大范围开展不同类型的社会服务，使更多群体从中受益，促进其经济社会双重价值的实现。同时，基于交易成本理论，效率型商业模式通过高效、简洁的交易方式来进行交易，加快交易处理速度，提高合作伙伴的运营效率，降低了整个价值网络内主体间的协调成本，以及其他利益相关者的搜索成本，增加合作伙伴对企业的依赖程度，增强企业在交易过程中的议价能力，使其能专注于增加客户满意度而付出努力，进而有利于企业价值的实现和盈利能力的提升。新颖型创新是通过创新使企业能够采用全新的交易方式或交易结构，替代已有的利益相关者，构建新的价值网络，为顾客提供新的价值。当企业在交易机制上进行创新时，通过价值链可以为企业提供发展所需的外界信息，可以接触到更多的潜在交易伙伴，从而创造出更多的经济和社会价值。新颖型商业模式有助于企业开拓新的市场或者在已有的市场上进行新的交易内容，对现有市场内的资源进行升级，实现价值的增值获取，进而吸引新的利益相关者积极进行引入，使得企业获得网络外部性，如获得更多的公共服务合同，为更多受益人服务，进而提高企业的绩效。此外，通过向客户提供新的产品或者服务，新颖型商业模式能够为社会企业创造一个新的市场空间，提高企业的创新能力，从而促进社会企业绩效的提升（洪进，2018）。综上，基于商业模式创新可以促进社会企业双重绩效的提升，提出如下假设。

H31a：效率型商业模式创新对社会企业社会绩效具有显著的正向影响；

H31b：效率型商业模式创新对社会企业经济绩效具有显著的正向影响；

H32a：新颖型商业模式创新对社会企业社会绩效具有显著的正向影响；

H32b：新颖型商业模式创新对社会企业经济绩效具有显著的正向影响。

四、合法性的调节作用

从制度角度看，合法性已成为组织获取与维持资源的手段。与普通组织活动相比，创业行为具有风险性、非确定性等特征，合法性对创业企业的影响尤为显著。人们对企业行为所体现的标准、规范、原则及行事方式的理解、认可与接纳程度，以及相应作出的反应构成了合法性，直接影响着企业的生存与发展（Aldrich，1994）。与商业企业相似，社会企业在实践中也不可避免地受到合法性的约束。社会企业合法性用来描述组织的行为方式与现有标准、规范、文化的符合程度。社会企业的双重身份属性需要其具有足够的市场合法性，从而使经济绩效和社会绩效共同成长（刘振等，2016），而社会企业合法性的获得则需要完善的制度逻辑（刘振等，2015）。例如，社会企业由于自身资源有限，需要外部提供各种资源使其渡过生存期，而合法性则体现在外部环境对社会企业能力、效率、价值观与规范性等的判断，在此基础上决定是否投入资源。社会创业不仅在产品或服务上有所创新，在组织形式上亦有其独特性，这些独特性同样受制于合法性的约束。总的来说，现有关于组织合法性的研究已取得较大进展，但主要集中于商业企业领域，对社会企业合法性的获取机制研究相对较少。在市场信息不对称、制度标准不匹配、先验知识不对等，以及需求偏好未形成的情境下，社会创业企业的经营活动与理念可能超越现有公众的认知水平，引起同行业不满、投资者质疑和顾客不信任问题，其成长过程必然会受到合法性的约束，并且不同类型的合法性在社会创业企业成长阶段的作用可能不同（厉杰等，2018）。因而，企业如何配置现有资源进行合法化战略的选择有待深入研究。

组织对政府机构所制定的律例法规的依从程度被称为规制合法性。由于社会创业者面临的规制水平不同，需要采取的资源战略也有所不同。有研究发现，东道国环境包容性与社会企业采取资源拼凑方法之间呈U型关系，即高和低的环境包容性均有利于社会企业进行资源拼凑，从制度缺失视角看，低活跃性政府能够为社会创业活动的出现创造可能。Desa（2012）对45个国家的202家社会企业的调查结果显示，相较于嵌入在高规制环境中的社会企业，低规制制度下的社会企业更有可能采取拼凑方式配置资源并创造出高绩效。Bhatt等（2019）对中国社会企业的发展现状进行研究并指出，缺少支持性规则与政策是导致中国社会企业数量较少的原因之一。因此，从资源获取角度出发，我国当前社会创业活动的低规制水平，使得企业资源拼凑能力的重要性更加突出。亦即，在政府关注度较低、政策支持力度较小的情况下，社会企业在尝试获取资源时会面临诸多阻碍，不得不寻找其他渠道以搜集和运用那些没有被充分利用或被低估的手头资源、尽力开发那些不被重视或忽视的市场、打破既有的制度阻碍，由此拥有更强的边缘生存能力，获得较好的企业绩效。反之，当政府的规制和扶持力度较大时，社会企业面临的资源条件较好，资源拼凑能力对自身获得良好成长绩效的重要性则会下降。综上，本研究提出如下假设。

H411a：规制合法性在投入拼凑影响社会企业成长的社会绩效过程中起反向调节作用；

H411b：规制合法性在投入拼凑影响社会企业成长的经济绩效过程中起反向调节作用；

H412a：规制合法性在顾客拼凑影响社会企业成长的社会绩效过程中起反向调节作用；

H412b：规制合法性在顾客拼凑影响社会企业成长的经济绩效过程中起反向调节作用；

H413a：规制合法性在制度拼凑影响社会企业成长的社会绩效过程中起反

向调节作用；

H413b：规制合法性在制度拼凑影响社会企业成长的经济绩效过程中起反向调节作用。

认知合法性体现社会公众对组织的接纳与认同程度。企业生存于社会之中，其生产经营活动必然会受到各利益相关者的制约和影响。社会企业因兼具经济和社会双重使命，其从事的业务活动会受到利益相关者的更多关注。利益相关者认知水平的高低会影响社会企业资源拼凑对其成长绩效的作用程度。当公众认知水平较低时，社会企业资源拼凑能力的重要性较为突出。当公众对社会企业的关注、接纳和支持程度较低时，社会企业的声誉和影响力难以建构，必然会减少其获得资源的机会，其成长因而会面临更大的阻力。因此，社会企业不得不寻求其他获得资源的方法，诸如多渠道搜寻和更充分地运用那些没有被充分利用或被低估的手头资源、尽力开发那些不被重视或忽视的市场、突破认知障碍，以此获得经济绩效和社会绩效的提升。相反，当公众对社会企业的支持程度、对企业价值创造的认可程度较高时，社会企业更易凭借其良好的声誉和影响力，获得发展所需的资源，自然无需花费过多精力去开拓那些被忽视的市场，以及打破障碍和壁垒，由此，资源拼凑能力对其成长发展的重要性会减弱。基于此，本研究提出如下假设。

H421a：认知合法性在投入拼凑影响社会企业成长的社会绩效过程中起反向调节作用；

H421b：认知合法性在投入拼凑影响社会企业成长的经济绩效过程中起反向调节作用；

H422a：认知合法性在顾客拼凑影响社会企业成长的社会绩效过程中起反向调节作用；

H422b：认知合法性在顾客拼凑影响社会企业成长的经济绩效过程中起反向调节作用；

H423a：认知合法性在制度拼凑影响社会企业成长的社会绩效过程中起反向调节作用；

H423b：认知合法性在制度拼凑影响社会企业成长的经济绩效过程中起反向调节作用。

第三节 模型建构与研究设计

一、概念模型建构

本研究将商业模式创新作为中介变量，搭建社会企业资源拼凑和成长绩效之间关系的桥梁，引入合法性调节机制，构建社会企业成长绩效转化的理论概念模型，如图6-1所示。

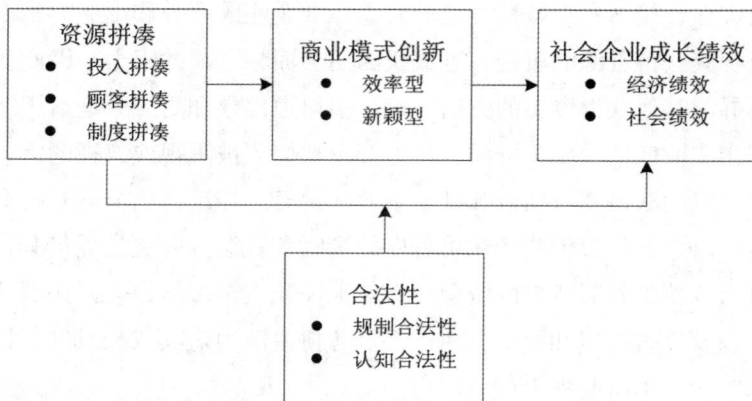

图6-1 研究的概念模型

二、样本选择和数据收集

目前，社会企业在我国还处于初级发展阶段，相较于其他城市，北京、上海、深圳、杭州、成都、苏州等城市较早成立并发展了社会企业，其企业数量较多，且涉及领域较广，包括教育、就业、环保、医疗卫生、养老健康、产业扶贫等。因此，研究团队自2019年3月至8月，历经5个月时间，选取了上述地区的社会企业进行调查和走访，以探求社会企业的成长机制。问卷调查分两阶段：第一阶段进行探索性调研，先后向社会企业管理人员和高校师生发放第一版问卷进行预测试，在反馈意见基础上修改，最终形成社会企业成长调查问卷终稿（见附录1）；第二阶段无记名发放现场问卷和电子问卷共150份，回收137份问卷，剔除有缺失值、前后矛盾及答案明显雷同的14份不合格问卷，最终得到123份问卷。问卷发放和回收情况如表6-1所示。

表6-1　问卷发收情况

发放方式	发放数量/份	回收数量/份	回收率	有效数量/份	有效率
现场发放	60	53	88.3 %	44	83.0 %
电子问卷	90	84	93.3 %	79	94.0 %
合计	150	137	91.3 %	123	89.8 %

三、变量的定义与测度

问卷内容主要包括五部分：社会企业背景信息、资源拼凑、商业模式创新、社会企业成长绩效及合法性。除社会企业背景信息外，其他问题的设置均采用里克特五级量表形式，1至5分别表示完全不同意、比较不同意、不确定、比较同意、完全同意。

1. 资源拼凑测度

借鉴Baker和Nelson（2005）、Rönkkö 等（2013）、赵兴庐等（2016）及彭伟等（2018）的研究，将企业资源拼凑划分为三个维度：投入拼凑、顾客拼凑和制度拼凑，具体问项设计如表6-2所示。

表6-2　社会企业资源拼凑的题项设计

变量	题项序号	题项内容
投入拼凑	A_{11}	本企业能利用现有的有限的技能或资源，而不是不断投资于提高技能和其他资源，以追求竞争力
	A_{12}	本企业的技术和其他资源大多是长期积累的结果，而非自身开发和获取的结果
	A_{13}	如果不进行充分指导，新员工很难迅速利用企业资源（技术和其他资源）开展工作
顾客拼凑	A_{21}	本企业与顾客之间有非正式关系，且经常让他们参与到企业日常工作中，而非用一些正式的、专业的方法来维护顾客关系
	A_{22}	本企业经常帮助顾客解决其他企业没有或不会帮助他们解决的问题
	A_{23}	相较于精心挑选顾客市场的企业，本企业也服务那些竞争者认为没什么吸引力的顾客

续表

变量	题项序号	题项内容
制度拼凑	A_{31}	在运营中，本企业通常用自己独特的方式而非行业传统方法做事
	A_{32}	在运营中，如果能取得更好的结果，本企业将放弃传统行业方法做事，而不是"照章办事"
	A_{33}	在运营中，本企业用非正统的方式组合资源，而不是与行业中其他企业一样

2. 商业模式创新及其测度

借鉴Zott和Amit（2007）在商业模式创新类型维度方面的研究成果，将商业模式创新类型划分为效率型商业模式创新和新颖型商业模式创新，具体问项设计如表6-3所示。

表6-3　商业模式创新的题项设计

变量	题项序号	题项内容
效率型商业模式创新	B_{11}	本企业致力于提高企业现有资源的使用效率
	B_{12}	致力于通过与合作伙伴的信息沟通降低各种成本
	B_{13}	交易信息透明，并尽可能与合作伙伴共享
	B_{14}	一直了解产品、服务及合作伙伴的信息
	B_{15}	一直在降低沟通成本，减少交易流程，提升效率
	B_{16}	尽可能把企业的现有资源多用途使用
新颖型商业模式创新	B_{21}	以全新的方式实现了产品、信息和服务的协同
	B_{22}	新的方式能够为我们带来新的合作伙伴
	B_{23}	在交易中能够用新颖的方式为合作伙伴带来价值
	B_{24}	善于与合作伙伴用全新的方式满足顾客的需求
	B_{25}	通过商业模式不断地创新，提升交易量
	B_{26}	新的合作方式能够使我们为顾客提供全新的产品或服务

3. 社会企业成长绩效及其测度

社会企业社会绩效和经济绩效的测量，参考Liu等（2015）的研究，分别从社会价值创造和经济价值创造的角度衡量企业过去12个月（成立未满一年的企业，按照成立起至被调研时为止）的绩效情况，具体问项设计如表6-4所示。

表6-4　社会企业成长绩效的题项设计

变量	题项序号	题项内容
社会绩效	C_{11}	获得了公共服务合同
	C_{12}	招标政府（或其资助机构）为企业活动提供补助
	C_{13}	在社区中为更多受益人服务
	C_{14}	提供更多不同类型的社会服务
经济绩效	C_{21}	企业业务的盈利能力有很大提升
	C_{22}	实现了企业财务目标
	C_{23}	企业客户满意度增加
	C_{24}	为企业客户提供了价值
	C_{25}	把企业活动扩展到不同地区
	C_{26}	从事更多不同类型的企业活动

4. 合法性及其测度

借鉴Busenitz（2000）、杜运周（2012）、张秀娥（2018）和厉杰（2018）的研究，将合法性划分为规制和认知两个维度。规制合法性指组织对政府机构所制定的律例法规的依从程度，认知合法性体现社会公众对组织的接纳与认同程度，具体问项设计如表6-5所示。

表6-5　合法性的题项设计

变量	题项序号	题项内容
规制合法性	D_{11}	政府积极协助人们开办社会企业
	D_{12}	政府为社会企业留出政府合同
	D_{13}	地方和国家政府向想开办社会企业的个人提供特别支助
	D_{14}	政府赞助那些能够帮助新型企业发展的组织
	D_{15}	即使早先的社会创业失败，政府也会帮助创业者重新开始
认知合法性	D_{21}	顾客高度评价本企业的产品或服务
	D_{22}	本企业利用商业手段解决社会问题是符合大众期望的
	D_{23}	社会公众对本企业所倡导的价值理念完全可以接纳

5. 控制变量及其测度

参考Liu等（2015）、Yiu等（2014）及刘志阳等（2019）的研究，将企业成立年限和资产规模设定为控制变量。其中，企业成立年限设定如下：

1＝"0<成立年限≤1"，2＝"1<成立年限≤3"，3＝"3<成立年限≤6"，4＝"6 <成立年限≤10"，5＝"成立年限>10"。资产规模设定如下：1＝"低于10万"，2＝"10万<资产≤30万"，3＝"30万<资产≤50万"，4＝"50 <资产≤100万"，5＝"100万以上"。

第四节　实证研究

一、描述性统计分析

1. 样本企业基本情况

表6-6显示，社会企业成立年限主要集中在1～3年和3～6年，共占比80.5％，成立6～10年的占比7.3％，成立10年以上的最少，仅占比3.3％，说明我国大部分社会企业成立时间较短，总体还处于发展的初级阶段。社会企业的资产规模主要集中在100万以上，占比50.4％以上，资产规模在10万～50万之间的占比27.6％，其他规模分布差别不大，占比10％左右。

表6-6　样本企业基本情况

变量	项目	数量（家）	占比（％）
成立年限	0<成立年限≤1年	11	8.9％
	1年<成立年限≤3年	48	39.0％
	3年<成立年限≤6年	51	41.5％
	6年<成立年限≤10年	9	7.3％
	成立年限>10年	4	3.3％
	总计	123	100％
资产规模	低于10万	14	11.4％
	10万<资产≤50万	34	27.6％
	50 <资产≤100万	13	10.6％
	100万以上	62	50.4％
	总计	123	100％

2. 变量的描述性统计

对调查问卷中资源拼凑、商业模式创新、社会企业成长绩效以及合法性变量各维度的测量题项进行描述性统计分析。Kline（1998）指出，当样本的偏度绝对值小于3，峰度绝对值小于10时，样本基本上服从正态分布。表25所示的各个题项的偏差绝对值小于2，峰度绝对值小于2，都在Kline（1998）建议的取值范围内，因此，本研究的调研数据基本上服从正态分布，可以做下一步实证分析和检验。

表6-7　变量的描述性统计

变量	题项	N	最小值	最大值	平均数	标准差	偏度	峰度
投入拼凑	A_{11}	123	1	5	3.25	1.164	−0.094	−0.729
	A_{12}	123	1	5	3.28	1.058	−0.069	−0.784
	A_{13}	123	2	5	3.21	0.802	0.275	−0.324
顾客拼凑	A_{21}	123	1	5	3.11	0.818	−0.381	0.466
	A_{22}	123	2	5	3.66	0.756	0.430	−0.751
	A_{23}	123	3	5	3.42	0.768	0.429	−0.176
制度拼凑	A_{31}	123	2	5	3.38	0.741	0.354	−0.075
	A_{32}	123	1	5	3.63	0.927	−0.691	0.343
	A_{33}	123	1	5	3.33	0.979	−0.003	−0.427
效率型商业模式创新	B_{11}	123	2	5	4.16	0.872	−0.475	−1.142
	B_{12}	123	3	5	4.26	0.711	−0.424	−0.938
	B_{13}	123	2	5	4.11	0.791	−0.610	−0.078
	B_{14}	123	2	5	4.33	0.709	−0.722	−0.153
	B_{15}	123	2	5	4.00	0.896	−0.278	−1.127
	B_{16}	123	3	5	4.34	0.756	−0.662	−0.952
新颖型商业模式创新	B_{21}	123	2	5	3.43	0.714	−0.302	−0.347
	B_{22}	123	2	5	3.42	0.653	0.561	0.080
	B_{23}	123	2	5	3.36	0.726	0.118	−0.192
	B_{24}	123	2	4	3.25	0.622	−0.230	−0.588
	B_{25}	123	2	5	3.85	0.836	−0.144	−0.771
	B_{26}	123	2	5	3.64	0.811	−0.285	−0.325

续表

变量	题项	N	最小值	最大值	平均数	标准差	偏度	峰度
社会绩效	C_{11}	123	1	5	3.55	1.042	−0.386	−0.739
	C_{12}	123	1	5	3.37	0.977	−0.312	0.136
	C_{13}	123	2	5	4.11	0.802	−0.695	0.123
	C_{14}	123	2	5	3.92	0.816	−0.033	−1.091
经济绩效	C_{21}	123	2	4	3.27	0.602	−0.188	−0.539
	C_{22}	123	2	5	3.42	0.665	0.797	0.195
	C_{23}	123	2	5	3.63	0.576	−0.804	0.293
	C_{24}	123	2	5	3.75	0.685	−0.410	0.326
	C_{25}	123	2	5	3.74	0.676	−0.281	0.151
	C_{26}	123	2	5	3.57	0.702	−0.322	−0.078
规制合法性	D_{11}	123	2	5	3.58	0.640	−0.485	0.030
	D_{12}	123	2	5	3.33	0.805	0.011	−0.537
	D_{13}	123	2	5	3.30	0.712	0.319	0.064
	D_{14}	123	2	5	3.83	0.912	−0.247	−0.835
	D_{15}	123	2	5	3.18	0.941	0.353	−0.772
认知合法性	D_{21}	123	3	5	3.41	0.638	1.320	0.584
	D_{22}	123	2	4	3.27	0.559	−0.004	−0.436
	D_{23}	123	2	5	3.32	0.517	0.604	−0.266

二、信度和效度分析

1. 信度分析

通过统计产品与服务解决方案（Statistical Product and Service Solutions, SPSS）22.0对量表进行信度分析，结合克朗巴哈系数（Cronbach's α）和修正后项目相关系数（Corrected Item-Total Correlation, CITC）检验量表的信度。表6-8为各个构面的CITC值和Cronbach's α值，由表可知，各分量表对应题项的CITC值均大于0.3的理论临界值，满足信度要求；此外，各分量表的各维度Cronbach's α值与整体Cronbach's α值均大于0.7的理论临界值，满足信度要求，表明各量表的测项均具有较高的信度，可靠性较高。

表6-8　信度检验

维度	题项	CITC	各维度Cronbach's α	整体Cronbach's α
	A_{11}	0.687		
投入拼凑	A_{12}	0.644	0.764	
	A_{13}	0.573		
	A_{21}	0.526		
顾客拼凑	A_{22}	0.716	0.835	0.821
	A_{23}	0.760		
	A_{31}	0.574		
制度拼凑	A_{32}	0.524	0.762	
	A_{33}	0.714		
	B_{11}	0.610		
	B_{12}	0.728		
效率型商业模式创新	B_{13}	0.743	0.880	
	B_{14}	0.711		
	B_{15}	0.591		
	B_{16}	0.792		
	B_{21}	0.534		0.820
	B_{22}	0.504		
新颖型商业模式创新	B_{23}	0.632	0.779	
	B_{24}	0.539		
	B_{25}	0.551		
	B_{26}	0.582		
	C_{11}	0.767		
社会绩效	C_{12}	0.566	0.756	
	C_{13}	0.534		
	C_{14}	0.523		
	C_{21}	0.532		0.801
	C_{22}	0.512		
经济绩效	C_{23}	0.535	0.800	
	C_{24}	0.671		
	C_{25}	0.602		
	C_{26}	0.544		

续表

维度	题项	CITC	各维度Cronbach's α	整体Cronbach's α
规制合法性	D_{11}	0.576		
	D_{12}	0.646		
	D_{13}	0.698	0.800	
	D_{14}	0.628		0.854
	D_{15}	0.514		
认知合法性	D_{21}	0.524		
	D_{22}	0.733	0.808	
	D_{23}	0.745		

2. 效度分析

用因子分析检验量表效度，抽样适合性检验（Kaiser Meger Olkin, KMO）值要大于0.7，并且巴特利特（Bartlett）球体检验值达到显著水平时，才表明该量表适合做因子分析。如表6-9所示，资源拼凑、商业模式创新、社会企业成长绩效和合法性的KMO值各为0.774、0.760、0.757和0.787，均大于0.7；Bartlett球体检验中近似卡方值分别为478.170、694.085、502.496和415.443，显著性水平均为0.000，说明各题项均适合做因子分析。

表6-9　KMO与Bartlett检验

变量	KMO值	Bartlett球体检验		
		近似卡方	df	Sig.
资源拼凑	0.774	478.170	36	0.000
商业模式创新	0.760	694.085	66	0.000
社会企业成长绩效	0.757	502.496	45	0.000
合法性	0.787	415.443	28	0.000

采用主成分分析法对各量表所包括的题项进一步做了因子分析，通过最大方差法旋转后，以旋转后因子载荷大于0.500为标准，提取出资源拼凑的三个因子、商业模式创新的两个因子、社会企业成长绩效的两个因子和合法性的两个因子，这一结果与指标设置时变量结构基本一致，说明量表设置具有较高的结构效度，适合进一步数据分析和检验。具体结果如表6-10所示。

表6-10　变量的因子分析结果

题项	因子载荷			题项	因子载荷	
	因子1	因子2	因子3		因子1	因子2
投入拼凑				效率型		
A_{11}	0.774	0.315	0.074	B_{11}	0.737	0.041
A_{12}	0.697	0.264	0.192	B_{12}	0.836	0.040
A_{13}	0.725	0.247	0.077	B_{13}	0.825	0.084
顾客拼凑				B_{14}	0.812	0.035
A_{21}	0.193	0.763	0.171	B_{15}	0.699	0.027
A_{22}	−0.041	0.690	0.388	B_{16}	0.831	0.262
A_{23}	0.274	0.809	0.227	新颖型		
制度拼凑				B_{21}	−0.042	0.714
A_{31}	0.212	−0.071	0.901	B_{22}	0.141	0.646
A_{32}	0.433	0.486	0.825	B_{23}	−0.016	0.806
A_{33}	0.008	0.323	0.590	B_{24}	−0.071	0.733
				B_{25}	0.289	0.618
				B_{26}	0.160	0.605
社会绩效						
C_{11}	0.819	0.199				
C_{12}	0.663	0.263		规制		
C_{13}	0.674	0.043		D_{11}	0.633	0.228
C_{14}	0.773	−0.068		D_{12}	0.790	0.228
经济绩效				D_{13}	0.839	0.036
C_{21}	0.096	0.627		D_{14}	0.775	0.016
C_{22}	0.418	0.623		D_{15}	0.698	−0.208
C_{23}	−0.123	0.895		认知		
C_{24}	0.424	0.614		D_{21}	−0.104	0.745
C_{25}	0.289	0.678		D_{22}	0.247	0.881
C_{26}	0.052	0.794		D_{23}	0.086	0.908

左侧行标题分组：资源拼凑（投入拼凑、顾客拼凑、制度拼凑）；社会企业成长绩效（社会绩效、经济绩效）。

右侧行标题分组：商业模式创新（效率型、新颖型）；合法性（规制、认知）。

三、相关分析

表6-11结果表明，投入拼凑与社会企业成长的社会绩效和经济绩效的相关系数分别为0.223、0.231，分别在1％和5％的水平上显著；顾客拼凑与社会企业成长的社会绩效和经济绩效的相关系数分别为0.254、0.154，分别在1％和5％的水平上显著；制度拼凑与社会企业成长的社会绩效和经济绩效的相关系数分别为0.194、0.142，分别在5％和1％的水平上显著，初步表明资源拼凑与社会企业成长绩效之间存在正相关关系。同样，投入拼凑与效率型商业模式创新和新颖型商业模式创新的相关系数分别为0.187、0.116，均在1％的水平上显著；顾客拼凑与效率型商业模式创新和新颖型商业模式创新的相关系数分别为0.295、0.235，分别在5％和1％的水平上显著；制度拼凑与效率型商业模式创新和新颖型商业模式创新的相关系数分别为0.242、0.240，均在1％的水平上显著，初步表明资源拼凑与商业模式创新之间存在正相关关系。此外，效率型商业模式创新与社会企业成长的社会绩效和经济绩效的相关系数分别为0.544、0.282；新颖型商业模式创新与社会企业成长的社会绩效和经济绩效的相关系数分别为0.317、0.260，均在1％的水平上显著，初步说明商业模式创新与社会企业成长绩效之间存在正相关关系。

表6-11　变量间Pearson相关分析结果

	YEAR	SIZE	INP	CUS	REG	ECBM	NCBM	REGU	COGN	SP	EP
YEAR	1										
SIZE	0.455**	1									
INP	−0.245**	−0.053	1								
CUS	−0.310*	0.139	0.699**	1							
REG	−0.104	−0.185*	0.171*	0.310**	1						
ECBM	0.080	0.148	0.187**	0.295*	0.242**	1					
NCBM	−0.240	0.090	0.116**	0.235**	0.240**	0.286**	1				
REGU	0.140	0.192*	0.219	0.154	0.152	0.371**	0.209*	1			
COGN	0.104	0.025	0.151	0.101	0.176	0.089	0.084	0.147	1		
SP	0.045	0.357*	0.223**	0.254**	0.194*	0.544**	0.317**	0.394**	0.177*	1	
EP	0.119	0.440**	0.231*	0.154*	0.142**	0.282**	0.260**	0.484**	0.232*	0.385**	1

注：*、**、***分别表示0.05、0.01、0.001的显著水平（双尾）。

四、回归分析

1.资源拼凑与社会企业成长绩效关系的检验

层次回归分析中，方差膨胀因子（Variance Inflation Factor，VIF）指数用于考量回归模型共线性的严重程度，VIF值介于0至10之间，表明不存在共线性问题，即对回归分析结果影响不大。运用层次回归检验资源拼凑对社会企业成长绩效的影响，如表6-12所示，各模型的VIF值最大为2.757，均小于10，说明回归模型不存在严重的多重共线问题。

表6-12　资源拼凑对社会企业成长绩效的回归分析

因变量　　自变量	社会绩效		经济绩效	
	模型1	模型2	模型3	模型4
控制变量：				
成立年限	−0.148	−0.016	−0.102	−0.124
资产规模	0.424***	0.271*	0.486***	0.401*
解释变量：				
投入拼凑		0.169**		0.155*
顾客拼凑		0.334*		0.277*
制度拼凑		0.237*		0.348**
模型统计：				
F	10.166***	6.565***	15.157***	6.147***
R^2	0.145	0.319	0.202	0.348
Adj-R^2	0.131	0.290	0.188	0.320
VIF	≤1.261	≤2.757	≤1.261	≤2.757

注：*、**、***分别表示0.05、0.01、0.001的显著水平（双尾）。

模型2中，投入拼凑、顾客拼凑和制度拼凑对社会绩效的回归系数分别为0.169（$p<0.01$）、0.334（$p<0.05$）和0.237（$p<0.05$），且均在统计意义上显著（$p<0.01$），表明投入拼凑、顾客拼凑和制度拼凑均对社会企业成长的社会绩效有显著的正向影响，因此假设H11a、H12a和H13a成立。同样，模型4中，投入拼凑、顾客拼凑和制度拼凑对经济绩效的回归系数分别为0.155（$p<0.05$）、0.277（$p<0.05$）和0.348（$p<0.01$），且均在统计意义上显著，表

明投入拼凑、顾客拼凑和制度拼凑均对社会企业成长的经济绩效有显著的正向影响，因此假设H11b、H12b和H13b成立。

2.资源拼凑与商业模式创新关系的检验

构建模型5、模型6、模型7、模型8，运用层次回归分析探讨资源拼凑对社会企业商业模式创新的影响。如表6-13所示，各模型的VIF值最大为2.757，均小于10，说明回归模型不存在严重的多重共线性问题。模型6回归结果显示，投入拼凑、顾客拼凑和制度拼凑对效率型商业模式创新的回归系数分别为0.231（$p<0.05$）、0.167（$p<0.05$）、0.260（$p<0.01$），且统计显著，表明投入拼凑、顾客拼凑和制度拼凑均对效率型商业模式创新有显著的正向影响，因此假设H21a、H22a和H23a成立。模型8中，投入拼凑、顾客拼凑和制度拼凑对新颖型商业模式创新的回归系数分别为0.215（$p<0.05$）、0.197（$p<0.05$）、0.233（$p<0.01$），且统计显著，表明投入拼凑、顾客拼凑和制度拼凑均对效率型商业模式创新有显著的正向影响，因此假设H21b、H22b和H23b成立。

表6-13　资源拼凑对商业模式创新的回归分析

因变量 自变量	效率型		新颖型	
	模型5	模型6	模型7	模型8
控制变量：				
成立年限	−0.016	0.037	−0.254	−0.324
资产规模	0.141	0.144	0.251	0.244
解释变量：				
投入拼凑		0.231[*]		0.215[*]
顾客拼凑		0.167[*]		0.197[*]
制度拼凑		0.260[**]		0.233[**]
模型统计：				
F	1.364[***]	3.280[***]	1.922[***]	2.457[***]
R^2	0.122	0.323	0.107	0.354
Adj-R^2	0.107	0.294	0.093	0.326
VIF	≤1.261	≤2.757	≤1.261	≤2.757

注：*、**、***分别表示0.05、0.01、0.001的显著水平（双尾）。

3. 商业模式创新与社会企业成长绩效关系的检验

表6-14显示的是商业模式创新对社会企业成长绩效影响的回归结果。其中，各模型的VIF值均小于10，说明模型回归中不存在严重的多重共线性问题。模型9的回归结果显示，效率型商业模式创新对社会绩效的回归系数为正，且统计上显著（β=0.468，$p<0.001$），表明效率型商业模式创新对社会绩效有显著的正向影响，假设H31a成立；新颖型商业模式创新对社会绩效的回归系数为正，且统计显著（β=0.127，$p<0.05$），表明新颖型商业模式创新对社会绩效有显著的正向影响，假设H32a成立。由模型10的回归结果可知，效率型商业模式创新对社会企业经济绩效的回归系数为正，且统计显著（β=0.278，$p<0.05$），表明效率型商业模式创新对社会企业经济绩效有显著的正向影响，假设H31b成立；新颖型商业模式创新对社会企业经济绩效的回归系数为正，且统计显著（β=0.260，$p<0.05$），表明新颖型商业模式创新对社会企业经济绩效有显著的正向影响，因此假设H32b通过检验。

表6-14　商业模式创新对社会企业成长绩效的回归分析

因变量 自变量	社会绩效		经济绩效	
	模型1	模型9	模型3	模型10
控制变量：				
成立年限	−0.148	−0.110	−0.102	−0.048
资产规模	0.424[***]	0.326	0.486[***]	0.321
解释变量：				
效率型创新		0.468[***]		0.278[*]
新颖型创新		0.127[*]		0.260[*]
模型统计：				
F	10.166[***]	20.174[***]	15.157[***]	10.982[***]
R^2	0.145	0.406	0.202	0.371
Adj-R^2	0.131	0.386	0.188	0.350
VIF	≤1.261	≤1.418	≤1.261	≤1.418

注：*、**、***分别表示0.05、0.01、0.001的显著水平（双尾）。

4. 商业模式创新中介效应的分析

针对中介效应的检验，学术界应用较为广泛的是Baron和Kenny（1986）

提出的传统三步检验法。该方法的操作原理是：第一，X对Y的回归，检验回归系数c的显著性；第二，X对M的回归，检验回归系数a的显著性；第三，X和M对Y的回归，检验回归系数b和c'的显著性。如果系数c、a和b都显著，就表示存在中介效应。此时如果系数c'不显著，就称这个中介效应是完全中介效应（full mediation）；如果回归系数c'显著，但c'<c，就称这个中介效应是部分中介效应（partial mediation）。因此，采用该因果步骤法检验商业模式创新在资源拼凑与社会企业成长绩效之间是否起中介作用。

上述分析可知，资源拼凑与社会企业成长绩效的关系显著、资源拼凑与商业模式创新的关系显著，符合中介分析第一步和第二步的条件，故此处进行第三步，检验资源拼凑、商业模式创新对社会企业成长绩效的回归。结果如表6-15所示。

表6-15　商业模式创新中介作用的检验结果

自变量 因变量	社会绩效			经济绩效		
	模型11	模型12	模型13	模型14	模型15	模型16
控制变量：						
成立年限	−0.016	−0.038	−0.092	−0.124	−0.134	−0.038
资产规模	0.271^*	0.184^*	0.189	0.401^*	0.416^{**}	0.436^{**}
解释变量：						
投入拼凑	0.169^{**}	0.149^*	0.113^*	0.155^*	0.119^*	0.112^*
顾客拼凑	0.334^*	0.234^*	0.274^*	0.277^*	0.123^*	0.125^*
制度拼凑	0.237^*	0.213^{***}	0.215^{***}	0.348^{**}	0.220^*	0.210^*
效率型		0.598^{***}			0.276^{**}	
新颖型			0.333^{***}			0.266^{**}
模型统计：						
F	6.565^{***}	22.043^{***}	8.618^{***}	6.147^{***}	7.321^{***}	6.970^{***}
R^2	0.219	0.533	0.308	0.208	0.375	0.365
Adj-R^2	0.186	0.509	0.273	0.174	0.343	0.332
VIF	≤2.757	≤2.789	≤2.797	≤2.757	≤2.789	≤2.797

注：*、**、***分别表示0.05、0.01、0.001的显著水平（双尾）。

由表6-15可知，各模型的F值均在不同水平上显著，回归模型通过了显著性检验。此外，表中各模型解释变量的VIF值均小于10，说明不存在严重共线性问题。在模型11的基础上将中介变量效率型商业模式创新纳入模型12进行回归分析。由回归结果可知，投入拼凑（$\beta=0.149$，$p<0.05$）、顾客拼凑（$\beta=0.234$，$p<0.05$）、制度拼凑（$\beta=0.213$，$p<0.001$）和效率型商业模式创新（$\beta=0.598$，$p<0.001$）均对社会绩效产生显著的正向影响，且与模型11相比，模型12中资源拼凑各维度的回归系数降低。据此可知，效率型商业模式创新在资源拼凑与社会企业社会绩效之间存在部分中介作用。同理，将中介变量新颖型商业模式创新引入模型13进行回归分析，结果表明资源拼凑各维度（$\beta=0.113$，$p<0.05$；$\beta=0.274$，$p<0.05$；$\beta=0.215$，$p<0.001$）和新颖型商业模式创新（$\beta=0.333$，$p<0.001$）均对社会绩效产生显著的正向影响，且与模型11相比，模型13中资源拼凑各维度的回归系数降低。据此可得，新颖型商业模式创新在资源拼凑与社会绩效之间存在部分中介作用效应。

模型15、模型16是在模型14的基础上分别引入中介变量新颖型商业模式创新和效率型商业模式创新进行回归分析。模型15的回归结果表明：投入拼凑（$\beta=0.119$，$p<0.05$）、顾客拼凑（$\beta=0.123$，$p<0.05$）、制度拼凑（$\beta=0.220$，$p<0.05$）和效率型商业模式创新（$\beta=0.276$，$p<0.01$）均对经济绩效产生显著的正向影响，且与模型14相比，模型15资源拼凑各维度的回归系数降低。由此可知，效率型商业模式创新在资源拼凑与社会企业经济绩效之间起部分中介作用。依据模型16的回归结果可知，资源拼凑各维度（$\beta=0.112$，$p<0.05$；$\beta=0.125$，$p<0.05$；$\beta=0.210$，$p<0.05$）和新颖型商业模式创新（$\beta=0.266$，$p<0.01$）均对经济绩效产生显著的正向影响，且与模型14相比，模型16中资源拼凑各维度的回归系数降低。据此可知，新颖型商业模式创新在资源拼凑与经济绩效之间存在部分中介作用效应。

5. 合法性的调节作用

为验证假设H411a～H423b，运用回归分析以探究合法性在资源拼凑与社会企业成长绩效之间的调节作用，结果如表6-16、表6-17所示。其中，全部自变量与调节变量交互之前都接受了变量的中心化处理。

（1）规制合法性的调节作用

表6-16数据显示，各模型F值均在不同水平上显著，说明回归模型通过了显著性检验。此外，解释变量的VIF值均小于10，说明模型中不存在严重的共线性问题。

效应R1检验规制合法性在投入拼凑与社会企业成长的社会绩效间的调节作用，阶层二中，投入拼凑在0.05的水平上显著（$\beta=0.155$），规制合法性在0.001的水平上显著（$\beta=0.339$），表明投入拼凑和规制合法性均对社会绩效有显著的正向影响（$R_2^2=0.263$）。在阶层三中，投入拼凑与规制合法性的交互项对社会绩效的影响不显著（$\beta=-0.294$，$p>0.05$），假设H411a不成立，即规制合法性在投入拼凑与社会企业成长的社会绩效关系中无显著的调节作用。

效应R2检验规制合法性在顾客拼凑与社会企业成长的社会绩效间的调节作用，阶层二中，顾客拼凑在0.05的水平上显著（$\beta=0.124$），规制合法性在0.001的水平上显著（$\beta=0.327$），表明顾客拼凑和规制合法性均对社会绩效有显著的正向影响（$R_2^2=0.363$）。在阶层三中，顾客拼凑与规制合法性的交互项对社会绩效的影响不显著（$\beta=0.410$，$p>0.05$），假设H412a不成立，即规制合法性在顾客拼凑与社会绩效关系中无显著的调节作用。

效应R3检验规制合法性在制度拼凑与社会企业成长的社会绩效间的调节作用，阶层二中，制度拼凑在0.05的水平上显著（$\beta=0.196$），规制合法性在0.001的水平上显著（$\beta=0.336$），表明制度拼凑和规制合法性均对社会绩效有显著的正向影响（$R_2^2=0.269$）。在阶层三中，制度拼凑与规制合法性的交互项对社会绩效的影响不显著（$\beta=-0.159$，$p>0.05$），由此说明，规制合法性在制度拼凑与社会绩效之间不存在调节作用，假设H413a不成立。

效应R4检验规制合法性在投入拼凑与社会企业成长的经济绩效间的调节作用，阶层二中，投入拼凑在0.05的水平上显著（$\beta=0.169$），规制合法性在0.001的水平上显著（$\beta=0.432$），表明投入拼凑和规制合法性均对经济绩效有显著的正向影响（$R_2=0.377$）。在阶层三中，投入拼凑与规制合法性的交互项在0.05的水平上显著（$\beta=-0.149$），表明投入拼凑与规制合法性的交互项对经济绩效有显著的负向影响（$R_2^2=0.379$），且$R_3^2>R_2^2$，由此可说明，规制合法性在投入拼凑与社会企业成长的经济绩效之间起显著的负向调节作用，假设

H411b成立。

效应R5检验规制合法性在顾客拼凑与社会企业成长的经济绩效间的调节作用，阶层二中，顾客拼凑在0.05的水平上显著（β=0.140），规制合法性在0.001的水平上显著（β=0.444），表明顾客拼凑和规制合法性均对经济绩效有显著的正向影响（R_3^2=0.388）。在阶层三中，顾客拼凑与规制合法性的交互项在0.01的水平下显著（β=-0.211），表明顾客拼凑与规制合法性的交互项对经济绩效有显著的负向影响（R_3^2=0.425），且$R_3^2>R_2^2$，由此可说明，规制合法性在顾客拼凑与社会企业成长的经济绩效之间起显著的负向调节作用，假设H412b成立。

效应R6检验规制合法性在制度拼凑与社会企业成长的经济绩效间的调节作用，阶层二中，制度拼凑在0.05的水平上显著（β=0.116），规制合法性在0.001的水平上显著（β=0.420），表明制度拼凑和规制合法性均对经济绩效有显著的正向影响（R_2^2=0.373）。在阶层三中，制度拼凑与规制合法性的交互项在0.01的水平上显著（β=-0.153），表明制度拼凑与规制合法性的交互项对经济绩效有显著的负向影响（R_3^2=0.375），且$R_3^2>R_2^2$，由此可说明，规制合法性在顾客拼凑与社会企业成长的经济绩效之间起显著的负向调节作用，假设H413b成立。

表6-16　规制合法性的调节作用

效应	自变量	因变量：社会绩效			效应	自变量	因变量：经济绩效		
		阶层一	阶层二	阶层三			阶层一	阶层二	阶层三
	成立年限	-0.148	-0.155	-0.167		成立年限	-0.102	-0.150	-0.152
	资产规模	0.424***	0.365*	0.407*		资产规模	0.486***	0.421**	0.428**
	投入拼凑		0.155*	0.170*		投入拼凑		0.169*	0.190*
	规制		0.339***	0.304***		规制		0.432***	0.426***
R1	投入拼凑×规制			-0.294	R4	投入拼凑×规制			-0.149*
	F	10.166***	10.543***	11.586***		F	15.157***	17.842***	14.266***
	R^2	0.145	0.263	0.331		R^2	0.202	0.377	0.379
	Adj-R^2	0.131	0.238	0.303		Adj-R^2	0.188	0.356	0.352
	VIF	≤1.261	≤1.356	≤1.358		VIF	≤1.261	≤1.356	≤1.358

续表

效应	自变量	因变量：社会绩效			效应	自变量	因变量：经济绩效		
		阶层一	阶层二	阶层三			阶层一	阶层二	阶层三
R2	成立年限	−0.148	−0.111	−0.190	R5	成立年限	−0.102	−0.197	−0.238
	资产规模	0.424***	0.237*	0.396*		资产规模	0.486***	0.463**	0.450**
	顾客拼凑		0.124*	0.119*		顾客拼凑		0.140*	0.194*
	规制		0.327***	0.260**		规制		0.444***	0.409***
	顾客拼凑×规制			0.410		顾客拼凑×规制			−0.211**
	F	10.166***	11.057***	16.497***		F	15.157***	18.680***	17.306***
	R^2	0.145	0.363	0.413		R^2	0.202	0.388	0.425
	Adj–R^2	0.131	0.341	0.388		Adj–R^2	0.188	0.367	0.401
	VIF	≤1.261	≤1.509	≤1.513		VIF	≤1.261	≤1.356	≤1.358
R3	成立年限	−0.148	−0.172	−0.168	R6	成立年限	−0.102	−0.130	−0.132
	资产规模	0.424***	0.353	0.351*		资产规模	0.486***	0.416**	0.416**
	制度拼凑		0.196*	0.121**		制度拼凑		0.116*	0.107*
	规制		0.336***	0.287*		规制		0.420***	0.436***
	制度拼凑×规制			−0.159		制度拼凑×规制			−0.153**
	F	10.166***	10.869***	9.646***		F	15.157***	17.530***	14.053***
	R^2	0.145	0.269	0.292		R^2	0.202	0.373	0.375
	Adj–R^2	0.131	0.244	0.262		Adj–R^2	0.188	0.351	0.349
	VIF	≤1.261	≤1.287	≤1.296		VIF	≤1.261	≤1.356	≤1.358

注：*、**、***分别表示0.05、0.01、0.001的显著水平（双尾）。

（2）认知合法性的调节作用

依据表6-17数据可知，各模型F值均在不同水平上显著，说明回归模型通过了显著性检验。此外，解释变量的VIF值均小于10，说明模型中不存在严重的共线性问题。

效应C1检验认知合法性在投入拼凑与社会企业成长的社会绩效间的调节作用，阶层二中，投入拼凑在0.05的水平上显著（β=0.103），认知合法性在0.05的水平上显著（β=0.162），表明投入拼凑和认知均对社会绩效有显著的正向影响（R_3^2=0.359）。在阶层三中，投入拼凑与认知合法性的交互项在0.05的水平上显著（β=–0.164），表明投入拼凑与认知合法性的交互项对社会绩效有显著的负向影响（R_3^2=0.363），且$R_3^2 > R_2^2$，由此可说明，认知在投入拼凑与社会企业成长的社会绩效之间起显著的负向调节作用，假设H421a成立。

效应C2检验认知合法性在顾客拼凑与社会企业成长的社会绩效间的调节作用，阶层二中，顾客拼凑在0.05的水平上显著（β=0.198），认知合法性在0.05的水平上显著（β=0.189），表明顾客拼凑和认知合法性均对社会绩效有显著的正向影响（R_2^2=0.321）。在阶层三中，顾客拼凑与认知的交互项在0.05的水平上显著（β=–0.187），表明顾客拼凑与认知合法性的交互项对社会绩效有显著的负向影响（R_3^2=0.341），且$R_3^2 > R_2^2$，由此可说明，认知合法性在顾客拼凑与社会企业成长的社会绩效之间起显著的负向调节作用，假设H422a成立。

效应C3检验认知合法性在制度拼凑与社会企业成长的社会绩效间的调节作用，阶层二中，制度拼凑在0.05的水平上显著（β=0.153），认知合法性在0.05的水平上显著（β=0.195），表明制度拼凑和认知均对社会绩效有显著的正向影响（R_2^2=0.301）。在阶层三中，制度拼凑与认知合法性的交互项对社会绩效的影响不显著（β=–0.211，p>0.05），由此可说明，认知合法性在制度拼凑与社会企业成长的社会绩效之间不存在调节作用，假设H423a不成立。

效应C4检验认知合法性在投入拼凑与社会企业成长的经济绩效间的调节作用，阶层二中，投入拼凑在0.05的水平上显著（β=0.115），认知合法性在0.01的水平上显著（β=0.221），表明投入拼凑和认知合法性均对经济绩效有显著的正向影响（R_3^2=0.350）。在阶层三中，投入拼凑与认知合法性的交互项在0.05的水平上显著（β=–0.122），表明投入拼凑与认知合法性的交互项对经济绩效有显著的负向影响（R_3^2=0.364），且$R_3^2 > R_2^2$，由此可说明，认知合法性在投入拼凑与社会企业成长的社会企业成长的经济绩效之间起显著的负向调节作用，假设H421b成立。

效应C5检验认知合法性在顾客拼凑与社会企业成长的经济绩效间的调节作用，阶层二中，顾客拼凑在0.05的水平上显著（β=0.126），认知合法性在0.05的水平上显著（β=0.217），表明顾客拼凑和认知合法性均对经济绩效有显著的正向影响（R_2^2=0.351）。在阶层三中，顾客拼凑与认知合法性的交互项在0.05的水平上显著（β=-0.136），表明顾客拼凑与认知合法性的交互项对经济绩效有显著的负向影响（R_3^2=0.368），且$R_3^2 > R_2^2$，由此可说明，认知在合法性顾客拼凑与社会企业成长的经济绩效之间起显著的负向调节作用，假设H422b成立。

效应C6检验认知合法性在制度拼凑与社会企业成长的经济绩效间的调节作用，阶层二中，制度拼凑在0.05的水平上显著（β=0.110），认知合法性在0.01的水平上显著（β=0.240），表明制度拼凑和认知合法性均对社会绩效有显著的正向影响（R_2^2=0.361）。在阶层三中，制度拼凑与认知合法性的交互项对经济绩效的影响不显著（β=-0.164，p>0.05），由此可说明，认知合法性在制度拼凑与社会企业成长的经济绩效之间不存在调节作用，假设H423b不成立。

表6-17　认知合法性的调节作用

效应	自变量	因变量：社会绩效			效应	自变量	因变量：经济绩效		
		阶层一	阶层二	阶层三			阶层一	阶层二	阶层三
C1	成立年限	−0.148	−0.118	−0.109	C4	成立年限	−0.102	−0.104	−0.086
	资产规模	0.424***	0.315*	0.305*		资产规模	0.486***	0.481*	0.462**
	投入拼凑		0.103*	0.193*		投入拼凑		0.115*	0.135*
	认知		0.162*	0.154*		认知		0.221**	0.205**
	投入拼凑×认知			−0.164*		投入拼凑×认知			−0.122*
	F	10.166***	6.593***	6.561**		F	15.157***	9.850***	8.391***
	R^2	0.145	0.359	0.363		R^2	0.202	0.350	0.364
	Adj–R^2	0.131	0.337	0.336		Adj–R^2	0.188	0.328	0.337
	VIF	≤1.261	≤1.362	≤1.397		VIF	≤1.261	≤1.362	≤1.397
C2	成立年限	−0.148	−0.054	−0.024	C5	成立年限	−0.102	−0.112	−0.091
	资产规模	0.424***	0.352	0.351		资产规模	0.486***	0.489**	0.438**
	顾客拼凑		0.198*	0.177*		顾客拼凑		0.126*	0.141*
	认知		0.189*	0.167*		认知		0.217*	0.201*
	顾客拼凑×认知			−0.187*		顾客拼凑×认知			−0.136*
	F	10.166***	6.499*	6.355*		F	15.157***	9.869**	8.572**
	R^2	0.145	0.321	0.341		R^2	0.202	0.351	0.368
	Adj–R^2	0.131	0.298	0.313		Adj–R^2	0.188	0.329	0.341
	VIF	≤1.261	≤1.474	≤1.529		VIF	≤1.261	≤1.474	≤1.529

续表

		因变量：社会绩效				因变量：经济绩效		
	成立年限	−0.148	−0.151	−0.167	成立年限	−0.102	−0.103	−0.116
	资产规模	0.424***	0.395**	0.344*	资产规模	0.486***	0.460**	0.498*
	制度拼凑		0.153*	0.109*	制度拼凑		0.110	0.176*
	认知		0.195*	0.183*	认知		0.240**	0.231**
C3	制度拼凑 ×认知			−0.211	C6	制度拼凑 ×认知			−0.164
	F	10.166***	6.096***	6.324***	F	15.157***	10.444***	9.391***
	R^2	0.145	0.301	0.313	R^2	0.202	0.361	0.386
	Adj−R^2	0.131	0.277	0.283	Adj−R^2	0.188	0.339	0.360
	VIF	≤1.261	≤1.287	≤1.296	VIF	≤1.261	≤1.287	≤1.296

注：*、**、***分别表示0.05、0.01、0.001的显著水平（双尾）。

第五节 研究结论

本文通过实证分析对提出的各项假设进行了有效验证，得出如下结论。

（1）社会企业资源拼凑各维度与成长绩效之间呈显著的正相关关系。从实证分析结果可以看出，投入拼凑、顾客拼凑和制度拼凑均对社会绩效和经济绩效产生显著的正向影响。这一结果表明：在资源约束的条件下，提升资源拼凑能力是社会企业生存和成长的重要方式。

（2）社会企业资源拼凑各维度与商业模式创新之间呈显著的正相关关系。从实证分析结果可以看出，投入拼凑、顾客拼凑、制度拼凑对效率型商业模式创新和新颖型商业模式创新均产生了显著的正向影响。此结果表明：具有资源拼凑能力的企业更善于利用商业模式创新配置资源，并且这种能力越强，越有利于提高社会绩效和经济绩效。

（3）社会企业商业模式创新与社会成长绩效呈显著的正相关关系。从实证分析结果可以看出，效率型商业模式创新和新颖型商业模式创新均对社会绩效和经济绩效产生显著的正向影响。此结果表明：通过商业模式创新，能充分调动企业内外部资源，提高资源使用效率，提高运营效率，提高客户满意度，从而获得更好的经济收益；能更高效地服务客户和社区，服务更多群体，同时经济实力的增强也能让其提供更丰富的社会服务，扩大服务的地区，因此，企业的社会绩效会随之提升。

（4）效率型和新颖型商业模式创新在资源拼凑影响社会企业成长绩效的过程中存在部分中介作用，即具有资源拼凑能力的社会企业，会更容易抓住机会，开展兼具选择性与"破坏性"的资源开发活动，会为商业模式创新提供无可替代的资源。同时，资源拼凑在本质上就是一种资源利用上的过程创新，往往会驱使企业在运营流程和商业模式方面产生较大的创新，使组织获得更好的绩效。

（5）规制合法性在投入拼凑、顾客拼凑及制度拼凑影响社会企业成长的社会绩效的过程中不存在调节作用，即资源拼凑在影响社会企业成长的社会绩效过程中并不会受外部规制水平的制约。然而，规制合法性在投入拼凑、顾客拼凑及制度拼凑影响经济绩效的过程中存在负向调节作用，即规制弱化了资源拼凑对社会企业经济绩效的影响。当政策环境不利于社会企业的发展时，资源拼凑对经济绩效的促进作用将会增强；在良好的规制环境下，资源拼凑的重要性将会降低。规制负向调节资源拼凑与社会企业经济绩效的关系，这是因为政府扶持力度越小、创业环境越差，社会企业就越需要通过资源拼凑的方式来摆脱资源的桎梏。

（6）认知合法性在投入拼凑、顾客拼凑影响社会企业社会及经济绩效的过程中存在负向调节作用，即认知弱化了投入拼凑、顾客拼凑对社会企业成长绩效的影响。当社会公众对社会企业的接纳和认同的程度较高时，投入拼凑和顾客拼凑的重要性将降低；当社会公众对组织的认可度较低时，投入拼凑和顾客拼凑对社会企业成长绩效的促进作用将会增加，如果人们对社会企业的认知水平较低，就会使企业无法获得充足的资源来满足组织的成长需求，这时，会迫使企业更好地运用资源拼凑的手段来解决资源约束问题。但是，认知合法性在制度拼凑影响社会企业成长绩效的过程中不存在调节作用，说明制度拼凑在影响社会企业成长绩效的过程中不受外部认知水平的制约。

假设检验的具体结果如表6-18所示。

表6-18　研究假设验证结果

假设	内容	是否成立
H11a	投入拼凑对社会企业成长的社会绩效具有显著的正向影响	是
H11b	投入拼凑对社会企业成长的经济绩效具有显著的正向影响	是
H12a	顾客拼凑对社会企业成长的社会绩效具有显著的正向影响	是
H12b	顾客拼凑对社会企业成长的经济绩效具有显著的正向影响	是
H13a	制度拼凑对社会企业成长的社会绩效具有显著的正向影响	是
H13b	制度拼凑对社会企业成长的经济绩效具有显著的正向影响	是
H21a	投入拼凑对社会企业效率型商业模式创新具有显著的正向影响	是
H21b	投入拼凑对社会企业新颖型商业模式创新具有显著的正向影响	是
H22a	顾客拼凑对社会企业效率型商业模式创新具有显著的正向影响	是
H22b	顾客拼凑对社会企业新颖型商业模式创新具有显著的正向影响	是
H23a	制度拼凑对社会企业效率型商业模式创新具有显著的正向影响	是
H23b	制度拼凑对社会企业新颖型商业模式创新具有显著的正向影响	是
H31a	效率型商业模式创新对社会企业社会绩效具有显著的正向影响	是
H31b	效率型商业模式创新对社会企业经济绩效具有显著的正向影响	是
H32a	新颖型商业模式创新对社会企业社会绩效具有显著的正向影响	是
H32b	新颖型商业模式创新对社会企业经济绩效具有显著的正向影响	是
H411a	规制在投入拼凑影响社会企业成长的社会绩效过程中起负向调节作用	否
H412a	规制在顾客拼凑影响社会企业成长的社会绩效过程中起负向调节作用	否
H413a	规制在制度拼凑影响社会企业成长的社会绩效过程中起负向调节作用	否
H411b	规制在投入拼凑影响社会企业成长的经济绩效过程中起负向调节作用	是
H412b	规制在顾客拼凑影响社会企业成长的经济绩效过程中起负向调节作用	是
H413b	规制在制度拼凑影响社会企业成长的经济绩效过程中起负向调节作用	是
H421a	认知在投入拼凑影响社会企业成长的社会绩效过程中起负向调节作用	是
H422a	认知在顾客拼凑影响社会企业成长的社会绩效过程中起负向调节作用	是
H423a	认知在制度拼凑影响社会企业成长的社会绩效过程中起负向调节作用	否
H421b	认知在投入拼凑影响社会企业成长的经济绩效过程中起负向调节作用	是
H422b	认知在顾客拼凑影响社会企业成长的经济绩效过程中起负向调节作用	是
H423b	认知在制度拼凑影响社会企业成长的经济绩效过程中起负向调节作用	否

第六节 理论贡献

（1）阐释了资源拼凑理论对社会企业绩效的双重效应。以往研究大多关注资源拼凑对商业创业企业的重要作用，对资源拼凑影响社会企业绩效的探讨较少。当前的少量文献主要运用案例法探寻社会成长过程中资源拼凑的作用，鲜有用大样本数据揭示资源拼凑促进企业绩效提升的具体路径和内在机制。本文的研究结果不仅表明资源拼凑对社会企业绩效有直接的促进作用，同时验证了资源拼凑经由商业模式创新，提高资源使用效率，高效地服务客户，进而提升了企业绩效的间接效应。

（2）拓展了商业模式创新理论的适用范围。现有文献多集中于商业企业的商业模式创新的探讨，对社会企业商业模式创新的研究较为少见，且仅有的研究也聚焦于商业模式创新概念框架的建构和演进过程，缺乏其对社会企业绩效作用机制的实证分析。本文通过将商业模式创新引入到理论框架中，一方面揭示了商业模式创新对社会企业经济和社会双重绩效都有显著促进作用；另一方面表明商业模式创新在资源拼凑与社会企业绩效之间起桥梁中介作用。这一研究结论，为尚处于初创阶段的我国社会企业成长理论探索提供了新的研究视角。

（3）论证了规制和认知的权变作用。早期文献主要探讨组织合法性在商业企业成长中的作用，近些年为数不多的研究探讨了社会企业如何塑造合法性途径以推动企业成长。本研究假设验证了规制和认知在社会企业的"资源拼凑-商业模式创新-绩效"这一逻辑中存在显著调节效应，从而揭示了制度缺失的情境下我国社会企业成长的机制。但本研究并未证明规制对资源拼凑与社会绩效关系的影响，原因可能在于，社会绩效的获得更多来自社会企业服务受众的感受、服务的范围及由此构建的社会影响力。由于社会企业的核心使命是追求社会价值，在资源匮乏的情况下，社会企业会尽可能优先创造社会绩效。同时，研究结果显示，认知水平在制度拼凑影响社会企业绩效的过程中并不起作用。其主要源于，我国社会企业仍处于起步阶段，多数社会企业正为生存发展不断探索，相关的规范和制度也正在构建之中。由此，其打破常规，突破壁垒的制度拼凑能力较弱，较难调动社会资源主动参与的积极性，因而制度拼凑对绩效的影响，与认知水平关联不大，更多的受制于我国的政治经济体制和社会企业的发展沿革。

第七节　实践启示

一、提升社会企业资源拼凑能力

实践表明，资源匮乏是中国社会企业发展滞缓的重要原因之一。资源拼凑是对约束条件的回应，资源拼凑为社会企业解决资源约束问题提供了新的途径。社会企业家应当秉持资源拼凑的理念，提升资源"将就"能力，充分挖掘和创新利用各种资源，以最大限度地解决资源难题，打破既有惯例和规则，开拓新的细分市场，提供新产品、新技术和新服务，进而突破成长壁垒。

二、建构高效创新的商业模式

社会企业利用商业方法解决社会问题，因此，其健康成长也必须依赖于合力建构和持续实施的商业模式。当前，我国社会企业既可以通过提高交易效率，减少交易双方信息不对称，降低交易成本，增加盈利能力；又可以通过向客户提供新的产品或者服务，拓展新的市场空间，从而使企业在更大范围开展不同类型的社会服务，使更多群体从中受益，进而促进绩效提升。

三、优化社会企业发展规制环境，提升公众对社会企业的认知水平

规制在资源拼凑各维度影响经济绩效的过程中存在负向调节作用，即政策支持力度越小、创业环境越差，社会企业就越需要增加资源拼凑能力摆脱资源的桎梏来获得经济绩效。认知负向调节投入拼凑、顾客拼凑对社会企业绩效的影响，即当社会公众对社会企业的接纳和认同的程度较低时，社会企业不得不寻求其他获得资源的方法，获得绩效提升。因此，在当前政府对社会企业支持水平较低、大众对社会企业认知不足的情况下，不仅需要社会

企业家努力挖掘、利用、整合各种资源，提升拼凑能力以保障企业生存与成长，从长远看，更需要政府构建相关法律法规，加大政策扶持力度，提高公众对社会企业的认知，健全社会企业服务体系，形成良好的制度环境，以促进社会企业的健康发展。

第七章　社会企业发展的路径选择

第一节　问题提出

随着我国社会问题的逐渐显露，社会企业凭借其在扶贫、就业、可持续发展等方面取得的显著成效，吸引了国内政府、媒体和创业者的广泛关注，正逐渐成长为促进中国经济转型和社会变革的重要力量。但中国社会企业发展仍处于初期阶段，国内没有对社会企业的统一界定，真正具有规模和比较严格意义上的社会企业更是屈指可数。大部分社会企业成立时间较晚，发展历史短暂，企业规模较小，实力较弱。中国社会企业面临着资金短缺、人才匮乏、组织形式陈旧、竞争力低下等问题，致使其步履维艰，成长缓慢。

现实的困境必然引发理论的探索。转型中国情境下社会企业因何缘起、如何成长、何以持续、功用何在，是有趣而富于挑战的理论谜题。国外学者的研究虽然提供了参考和借鉴，但根植于中国土壤的社会企业，其成长之路必然留有深刻的中国烙印。鉴于此，我国迫切需要符合中国情境的社会企业发展理论来指导实践。关于社会企业的定义尚未统一，学者们主要就内涵特征、影响效应、绩效评估等方面开展研究。虽涉及对社会企业成长影响因素的探讨，但不足以使我们了解其在成长过程中涉及哪些驱动因素、运用哪些策略方式，更缺乏对社会企业成长路径及演进机理的系统阐释。据此，本章拟选取不同类型社会企业作为典型案例进行探索性研究，勾画社会企业成长的路径轨迹，明晰社会企业呈现多元化成长路径的动因，阐明各类社会企业获得成长的中介条件及关键行动策略，并通过解构不同成长路径的共性和差异，归纳出不同类型社会企业成长的规律和特征，为我国社会企业健康发展提供更具实践性的对策和建议。

第二节 理论基础

一、社会企业分类

由于不同地区在经济发展、政治制度、管理政策及社会支持等方面的差异，学者们对社会企业具体组织形态的认识亦有不同。Dees（2003）根据组织动机导向，将社会企业划分为使命中心型、使命相关型和使命无关型，又从交叉补贴的角度出发，将社会企业分为完全商业化、完全慈善支持、部分自给自足、资金流自给自足和运营支出自给自足五种形态。David A. Sherman（2005）按照商业与社会整合度的不同将社会企业的运作类型分为支持型、市场中介型、就业型、有偿服务型、服务补助型、组织支持型和市场链接型七种类型。Nicholls（2006）根据使命趋向性，将社会企业划分为使命中心型、使命相关型和使命无关型。Kim Alter（2007）依据社会项目和商业活动之间的一体化程度，将社会企业分为嵌入型社会企业、整合型社会企业及外部型社会企业。Defourny等（2011）对东亚国家和地区的社会企业进行调查后将东亚社会企业分为五类：非营利组织商业化、就业整合类社会企业、社会合作社、非营利与营利组织合作和社区发展类社会企业。

国内学者依据我国社会企业的发展阶段和功能特征做了不同划分。时立荣（2007）认为我国社会企业划分为由解决失业问题演化而来、营利企业扩展、非营利组织的演绎和社会事业单位重构这四类。俞可平（2007）根据组织的法律属性，认为民办非企业、社会福利企业、互助合作组织和社区服务中心这几类社会组织属于社会企业。王名和朱晓红（2010）将社会企业划分为市场实践型、政策支持型、公益创新型和理想价值型四类。余晓敏（2011）根据社会使命的不同，将我国社会企业分为就业促进类、社会照料类、扶贫类、医疗类和教育类五种类型。刘振（2014）根据社会企业成长的异质性，将其划分为三种主要类型：平台型、兼顾型和突击型。赵萌（2018）从元素组合视角出发，将中国社会企业划分为公益型和市场型。

借鉴上述研究成果，结合社会企业的起源，将我国社会企业划分为三类：市场实践型、公益创新型和自主社会创业型。（1）为解决资金、人员等困境，促进组织长期可持续发展，一些非营利组织试图向新的组织类型转变，社会企业因其能兼顾公益和商业目标而成为其目标选择。非营利组织转型为社会企业主要有两种方式：一是分离式，即保持原有非营利组织不变，另设立独立的社会企业，两者均为独立的法人组织，相互分离，互不干扰；二是合一式，即整个非营利组织向社会企业转型，转型后非营利组织不复存在，只有社会企业的独立法人地位，非营利组织完全融合成为社会企业。本文将这些非营利组织转型而来的社会企业称为市场实践型社会企业。（2）随着企业社会责任意识的加强，商业企业在追求企业利润的同时也积极贡献力量解决社会问题，很多企业的创始人或基于同理心，或出于责任感，开始走上创造经济社会双重价值的社会企业转型之路。本文把这种由商业企业转型而来的社会企业称为公益创新型社会企业。（3）随着我国社会问题的逐渐显露，社会创业凭借其在扶贫、就业、可持续发展等方面取得的显著成效，吸引了国内政府、媒体和创业者的广泛关注，正逐渐成长为促进中国经济转型和社会变革的重要力量。与传统的非营利组织和商业企业不同，这种新的创业模式在产生之初便以建立一种将解决社会问题、创造社会价值作为出发点，将市场化的商业运营作为手段的可持续组织模式为目标。本文将这种类型的社会企业称为社会创业型社会企业。

二、社会企业成长

Brooks（2008）认为，社会企业经济层面的成长体现在产品和市场两方面。产品成长指产品供给的扩张，即社会企业活动规模的扩大，市场成长依赖企业的核心产品和服务并且不断开发新的顾客群体。Hyness（2009）发现，社会企业社会层面的成长体现在吸纳新增就业人口、缓解贫富差距、保护环境、增加社会福利等可感知、可观察的多个方面。Austin等（2006）认为社会企业的成长主要基于外部利益相关者的主观判断来评定，而不是以内部财务指标作为衡量标准。社会层面的成长依赖于对社会环境变化的持续关注，从而对社会企业进行有效的管理以获取经济收益，进而创造并分享社会价值。社会企业之间在争夺慈善资金、政府补助与业务合同、志愿者、社区份额、政府和顾客关注等方面存在激烈的竞争。

社会企业的成长受到来自企业内外多重因素的推动。虽然现有关于社会企业成长影响因素的研究为数不多，但这些探索仍在一定程度上扩展了制度理论、资源依赖理论、社会网络理论、创业机会理论等的边界（刘振，2014；沙勇，2011；刘小霞，2013），主要从以下两方面展开。其一，企业家个人因素。Sharir和Lerner（2006）对33家以色列社会企业进行了探索性案例研究，总结了社会企业成功因素：社会创业者的社会网络、为企业成功全心全意的付出、成立阶段的资金基础、创业思维、创业团队，包括志愿者和受薪雇员的比例、长期与政府和非营利部门建立合作关系、能经受住市场考验的服务能力、社会企业家以前的管理经验，发现社会企业家与其他志愿和公共部门等组织所建立的社会网络是决定社会企业能否成长的关键因素。Shaw和Carter（2007）对比了社会企业和商业企业在创业过程中的网络嵌入性、财务风险、回报和利润、个人在管理和组织社会企业中的作用、创造力和创新能力，发现成功的社会企业家善于发现未满足的社会需求，对棘手的社会问题采用新颖的解决方案，最大化本地网络的嵌入度，且利用网络来建立信誉并为本企业提供支持。Austin等（2006）通过实地调研发现，大多数社会企业家都认识到建立强大支持网络的重要性，认为与社会企业内部成员，与非营利组织、企业、政府部门等外部组织，以及与本部门内部其他社会企业建立网络关系对社会企业发展具有非常重要的作用。其二，机会识别和共创行为。刘振（2014）认为机会认知和机会识别是社会企业创业活动的关键因素，且社会企业的成长以关键经济资源的可获性为基础，如人才、技术、区位、品牌等，且这些资源需要具备可持续性。随后，他针对社会企业的成长机制问题展开探索性研究，发现社会企业在市场逻辑、公益逻辑、理性选择逻辑的共同影响下，通过获取市场、联盟及关系合法性，以实现经济层面与社会层面的成长（刘振，2015）。刘小元（2019）研究发现，我国社会企业与客户的机会共创行为对社会企业成长具有显著的正向影响。不论哪种类型的社会企业，其共同的成长内生因素都是通过商业化手段来满足社会需求和解决社会问题，为目标群体创造社会价值并增加社会福利（Certo和Miller，2008），而不是追求个体和利益相关者经济目标的最大化。

总体而言，目前关于社会企业的理论研究严重滞后于现实需求，仍处于现象驱动的研究阶段，主要存在两点不足：①现有研究大多注重对社会企业成长关键要素的单独探讨，并未基于理论有效解释社会企业的出现与成长过程；②现有文献以现象驱动的描述归纳性研究为主，相对缺乏规范的质性研究，难以明晰社会企业成长的内在作用机理，更未完整刻画出社会企业的成长路径。据此，本研究将目光聚焦于我国社会企业，力图探究起源不同的组织成长为社会企业的关键因素和路径差异，归纳成长过程中的规律性特征，以厘清中国背景下社会企业的成长轨迹。

第三节　研究设计与方法

一、方法选择

20世纪60年代，美国学者巴尼·G.各拉泽（Barney G.Glaser）和安塞尔姆·L.斯特劳斯（Anselm L.Strauss）提出了一种质性研究方法，并于1967年出版了《扎根理论的发现：质化研究策略》一书，基本思想是通过阅读和分析资料构建理论，其科学性、严谨性、有效性与合法性受到众多学者的追捧，并被应用于不同学科领域。这些不同领域的学者由于其学科背景、研究范式及研究问题的差异，使得扎根理论在实际应用过程中出现很多分歧与演化。后人一般将1967年的这一版本称之为"经典扎根理论"，该研究方法对资料进行大量编码，编码过程分为实质性编码和理论性编码两个主要步骤，通过不断比较的方法得出初步理论。1990年，安塞尔姆·L.斯特劳斯（Anselm L.Strauss）和朱丽叶·M.科宾（Juliet M.Corbin）合著了《质性研究基础：扎根理论程序与技术》一书，影响极广。他们将扎根理论程序化，通过开放性编码、主轴编码和选择性编码逐步分析资料，"发现"或"标签"类属、概念和性质等变量，以因果脉络建立变量间的相互关系，通过故事线将所有变量联系在一起形成理论，后人称之为"程序化扎根理论"。除此以外，英国学者凯西·卡麦兹（Kathy Charmaz）在吸收Glaser和Strauss思想后将构建主义理念和方法融入扎根理论中，并发表了一系列论文与著作，成为"建构主义扎根理论"的代表，

Charmaz强调灵活使用，认为编码准则是启发性原则而非公式。

本研究将扎根理论与探索性多案例研究方法有效结合，研究社会企业成长的多元化演化路径，主要基于以下原因：第一，案例研究适于解答"为什么"和"怎么样"的问题，因此，本文利用案例研究社会企业缘何成长，以及如何成长的问题较为恰切；第二，相较于单案例研究，遵循"复制"逻辑，以及比较分析思路的多案例研究可以得到更稳健的结论（Yin，2009），因此本研究采用多案例研究方法，以期提高研究结论的效度。第三，采用扎根理论方法探索三家类型不同的社会企业的成长路径和发展过程，数据充分而准确，能够进行数据回溯以确保理论饱和度（苏郁锋等，2019）。

二、案例选取

社会企业具有明确的社会利益导向，是一种兼具慈善和商业性质的混合组织，通过商业手段获取利益并用于组织的社会目标。本研究聚焦社会企业成长的路径演化过程，因而选择的案例需满足以下标准：（1）选取的三个社会企业成立时间均须在3年以上，具备成长的阶段性特征，以符合对研究对象的要求；（2）三家案例企业必须具有典型性和代表性，在相关行业内具有较高的经营业绩和社会影响力，能够反映出不同类别社会企业的成长路径和过程；（3）案例企业数据具有可得性，能够通过对创始人、高管团队进行访谈，以及查询企业官方网站等途径获取相关信息。按照上述标准，本研究最终选取了LBPC、LLYL和TJYJ三家具有代表性的社会企业作为研究样本，其基本情况如表7-1所示。

表7-1 案例社会企业概况

	LLYL（A）	LBPC（B）	TJYJ（C）
创办时间	2011	2015	2000
所属行业	养老健康	科技	农业
主要业务	社区养老、社工服务、适老化改造	评测服务、产品销售	农业技术服务、农业产品
顾客群体	政府部门、大众消费者	大众消费者	大众消费者
发展现状	存续	存续	存续
社会企业类型	市场实践型	社会创业型	公益创新型
企业简介	2011年，创立社区养老服务中心，同时注册成立产业发展有限公司；同年10月，开办第一家社区托老所。2013年初，成立社工工团中心，又工团队达到1000多人。2014年，基本实现养老服务中心和社工中心双轮驱动。2015年末，将居家适老化改造确定为未来新业务，研制适老化产品，打造标准化评估体系。2016年5月，实施政府采购的首批适老项目，为4户困难老人进行了居家改造。2017年初，完成了适老化平台管理系统的初步建设。目前，拥有36家连锁养老社区，服务106个社区，入驻20个城市，拥有5项发明专利，为近30 000户次家庭进行了适老化改造，受到媒体上千次报道，是8所高校MBA研究中国社会企业案例的代表案例。2017年，"金牌社企"；2019年，成为中国第13家获得B-Corp认证的企业。	成立于2015年8月，通过微信等社交媒体和自媒体与家长进行沟通，开始检测孩子日常接触物品。2015年年底，陷入资金困境。2016年1月，获得众筹200万元，开始探索检测的"自媒体+电商平台"模式。2016年底实现了自负盈亏。2018年的收入较2017年增加数倍，粉丝增长115万，发表了近百篇检测文章，物品涵盖了吃穿住用。目前，企业处于稳步上升阶段，微信服务号粉丝超过300万，抖音粉丝达到20万，平台销售额逐年递增。2018年，被中国慈展会评为"中国金牌社会企业"，被哈佛商学院作为案例研究	成立于2000年，从事农业投入品研发。三年后，一次偶发事件，促使企业将目光转向关注农业生产问题，开始从事农业综合技术服务和农业投入品的生产、销售，以促进土地生态保护和农村脱贫解困。利用多年积累，建立乡村综合服务体，对农户有偿服务，或免费提供技术、产品有偿服务，实现了社会和经济价值。公司拥有四项国家发明专利和国家科技进步奖、市重大科技计划和国家级星火计划项目；是获得（ISO9001）国际质量体系认证、国际环境体系认证的企业。目前，有员工53人，建成20多家农业综合技术服务中心，辐射近70个乡镇，已初步形成农业综合服务体的构型。2018年，被中国慈展会认证为"金牌社企"

三、数据收集

本研究探讨社会企业的成长路径问题，这一问题涉及社会企业本身，既包括创业者、员工等内部成员，还涉及顾客、志愿者、供应商、竞争者、资金提供者等外部利益相关者，因此，本研究的分析层次定位在组织场域层次。数据收集分为一手数据和二手数据两部分，通过相互比对形成数据资料库，以增强数据的充分性和可靠性。一手数据主要来自半结构化访谈（见附录2）和观察记录，二手数据主要来自企业的公开资料，网站信息、新闻报道、行业资料研究论文等（许庆瑞等，2013）。进一步确保资料的可靠性，本研究一方面对案例资料进行大量全面的阅读，保证研究者能够较为准确地理解社会企业的成长脉络，锻炼对各种资料的真伪辨识能力；另一方面采用三角验证法，将来自不同渠道的样本资料进行交叉比对，剔除不符合三角验证的资料（彭伟等，2019）。在整个数据收集的过程中，研究者对样本企业资料进行反复审查，以确保案例分析具有一致的结构和质量。

四、编码策略

扎根理论在数据选择和分析技术上是一种高度系统化的程序，如果研究者能够有效执行这些程序，就可以达到较高的研究水准，满足研究发现的推广性、复制性、准确性、严谨性及可验证性。因此，本研究严格遵守Strauss等的编码技术程序进行分析，以保证研究的信度和模型效度。编码时主要采取以下策略开展分析：（1）编码小组；（2）备忘录，给每个案例建立一个表单作为备忘，记录该案例的编码结果和修改过程；（3）理论抽样和不断比较，这两种方法是扎根理论的核心分析方法，贯穿研究的整个编码过程，已形成的初步概念和类属对后面研究案例的编码起到指导作用，而当有新的发现（如出现新的或难以归案的概念和属性），再与先前的编码结果进行分析比较，甚至返回案例修正概念和类属，这种螺旋式的比较分析能使归纳提炼的概念和类属以及类属间关系不断精细和准确。

1. 开放性编码

开放性编码是一个将所获得资料打乱顺序，并对其重新整理，以新的方式组合起来的研究过程（陈向明，2000）。开放式编码分为标签化、概念化和范畴化三步，是在逐句标签化所有案例后，依据理论抽样和不断比较的编码策略，使用迭代式跨案例概念化和范畴化的过程。首先把第一个案例的概念结果作为概念模板，第二个案例概念化时与模板对照，修正和补充还念后形成新的概念模板，第三个再与第二个案例形成的新模板作对照，以此类推。本文对LLYL（案例A）、LBPC（案例B）和TJYJ（案例C）的资料进行编码，先逐句标签案例，把原始资料打散，标记资料中体现社会企业成长的句子，并进行简化和初步提炼，分别给标签赋予前缀"aa""bb""cc"。其次，将案例中的标签概念化，其间不断与其他标签作比较，思考哪些标签是有联系的，能否归纳到一起，分别给编码前缀为"a""b""c"；当有了一定数量的概念后，再根据该概念间的关系进一步"范畴化"，"范畴"是一组概念，把看似与同一现象有关的概念聚拢成一类的过程称为"范畴化"，同时还需要为范畴取名字及发展范畴的性质和性质的面向，分别给编码前缀为"A""B""C"。

2. 主轴编码

由概念化和范畴化阶段得出的概念与范畴几乎都是独立的，其间的关系还没有得到深入探讨，而关系的建立是得出结论的必要前提。这就有赖于主轴编码阶段典范模型工具（paradigm model）的运用。主轴编码是程序化扎根理论中引入的一个新概念，通过典范模型（因果条件→现象→脉络→中介条件→行动/互动策略→结果）将范畴与次范畴及概念连接起来，从而实现丰富范畴与重新组合资料的过程。因果条件指的是致使某个现象产生或发展的条件、事故、事情等；现象指的是具有核心地位的观念、事件、事故，会有一组行动或互动来管理、处置，或会有一组行动发生；脉络指的是某个现象的事件、事故在它们面向范围内的位置的综合。脉络是行动或互动策略之所以发生的一组特殊条件；中介条件是指针对某一现象而采取的有帮助性的或者恰好相反的策略；行动/互动策略指的是某种现象在其可见、特殊的一组条件下所采取的管理、处理及执行策略；结果即是行动及互动的最终反映。主轴译码并不是要把范畴联系起来构建一个全面的理论架构，而只是要发展主范畴和副范畴。换言之，主轴译码要做的仍然是发展范畴，只不过比发展其性质和维度更进一步而已。典范模型是扎根理论方法的一个重要分析工具，用以将范畴联系起来，并进一步挖掘范畴的含义。利用产生某个事件（主范畴）的条件、这个事件所依赖的脉络（也就是该范畴性质的具体维度指标），以及在事件中行动者采取的策略和采用的结果，有助于更多、更准确地把握该事件（主范畴）。因此，条件、脉络、策略和结果虽然也都是范畴，但都是与某一主范畴有关而用来帮助了解该主范畴的，故将其称为副范畴。

3. 选择性编码

选择性编码主要是指根据主轴编码的结果，通过一定的逻辑将各范畴之间的关系串联起来，并以"故事线"的形式呈现出来的过程。本部分在选择性编码阶段，将主要通过对开放性编码和主轴编码阶段的成果进行整合，并梳理形成"故事线"，以期完整、准确、清晰地呈现本研究所需的案例相关信息。

五、效度与信度

为保证研究的信度与效度，采取了以下措施：（1）研究设计的信度与效度，首先进行单案例分析，能够基于时间序列的纵向视角深入挖掘现象背后隐藏的规律，在此基础上遵循多案例研究的复制法则，对比、印证基于单个案例的研究结论，从而增强说服力。（2）案例选择的信度与效度，3家社会企业分属不同行业，有利于确保案例信息涵盖一定的理论广度。（3）数据收集的信度与效度，每次访谈过程至少有3位研究者参加，分别整理录音文字稿进行三角验证，接着补充二手资料再次进行三角验证，从而形成准确、完整的数据链。（4）数据编码的信度与效度，研究者首先确定编码标准，然后分别对第一家案例进行编码，经比对后调整编码规则再对3家社会企业案例进行编码，确保编码标准的统一性，进而保证编码的信度与效度。

第四节　研究发现

一、LLYL：非营利组织的市场化实践

开放性编码阶段，对LLYL的资料进行梳理，标签化节点74个，概念化节点21个，范畴化节点9个，部分开放性编码如表7-2所示。（完整编码见附录3）

表7-2 LLYL部分开放性编码

资料	开放性编码					
	标签化		概念化		范畴化	
对300多位老人进行专题调研，多次前往日本学习和交流，有针对性地选择、进口适老化的产品	aa01	进行专题调研	a01	考察调研	A01	企业能力
另一方面有意针对老人的子女进行宣传，普及相关知识，包括开发熊猫"大力"的形象，制作适老化改造宣传动画，开展电视采访	aa04	卡通化、针对年轻人宣传	a02	宣传推广		
LLYL积累和梳理养老与社工服务的经验，形成了公司的工作流程制度和培训体系	aa07	积累经验	a03	总结经验		
"我们也在思考，我们现在只能满足社区一方面的需求，而志愿者的服务又不专业，那什么样的服务才能更专业一些呢？社会工作是社区工作的一部分"	aa10	成立专业化社工团队	a04	服务专业		
适老化改造的评估人员，携带LLYL专门设计和配套的适老化评估工具包，上门开展回答和技术性测试，	aa11	评估专业化				
......未庆海下海经商，在物资业进口、酒店业、工程项目等领域摸爬滚打十几年后，开始考察和寻找企业未来的投资方向。2009年，他们选定中国养老市场作为投入对象开始研究	aa12	创始人有经商经验	a05	商业基因	A02	商业素质
带有浓重商业基因的LLYL，从投身养老服务业开始	aa13	带有浓重商业基因				
......同时为了后期的发展和协调，注册了一个工商企业，注册了一个工商企业"LLYL养老服务信息咨询有限公司"	aa14	考虑后期发展、协调	a06	商业思考		
针对老人的市场，卖假药的、卖保健品的、昧着良心赚钱的厂家，服务都做得非常好......而真正做有价值服务的公司很难有大的收益	aa15	做有价值服务的公司收益少	a07	对可持续发展的思考	A03	经营困境
LLYL深刻体会到，要解决中国养老行业中认真做服务的机构普遍面临的经营困境，需要寻找老人真正的刚性需求......如果找不到这个问题的答案，就不能真正解决老人的问题，企业也无法真正形成在养老方面的核心能力和竞争力	aa16	对核心竞争力的思考				

续表

资料	开放性编码		
	标签化	概念化	范畴化
同时为了后期的发展和协调，注册了一个工商企业"LLYL养老服务信息咨询有限公司"	aa17 创办公司	a08 市场化运作	A04 市场实践
LLYL刚刚完成从服务到平台的迅速发展，按照公司的目标，适老信息化平台管理系统的最大价值，是形成养老服务的大数据	aa18 更改公司的主营业务		
"长寿食坊，我们说是为老人提供餐饮，其实是周围的居民都可以去吃，而且我们那里的餐又比较新鲜，也不太贵……所以我们就开始做，不仅仅针对老人，周遭的居民都可以去吃"	aa19 向周围居民开放长寿食坊		
居民都可以市场化了之后，就把它市场化了，反倒是一个小的盈利点"	aa20 利用商业经验		
LLYL发挥过去商业运营上积累的营销经验，在政府、社区进行了大量宣传和推广			
除了考虑申请者在当地具有与LLYL互补的资源或能力（如当地的社会资源、在服务对象中的影响力等）外，最重要的是对加盟商喇小的考察	aa21 对加盟商/合伙人的要求	a09 合作伙伴管理	A05 管理控制
个别合作已经出现了比较严重的价值认同问题，LLYL最终坚定地退出加盟费，取消合作。			
在成为LLYL加盟商后，朗弘的团队获得了LLYL各项资源的大力支持，经过短短半年运营，不仅业务达到了收支平衡	aa22 为加盟商/合伙伴提供资源		
LLYL赋予加盟商一定区域的经营权，加盟商可根据自己的资源开拓其他养老服务业务，LLYL不对加盟商和服务收入收取任何提成	aa23 加盟商/合伙人权力		
良好的应急预案和集中的培训与测试，常常让员工在日常工作时游刃有余，解决问题时信心满满	aa24 员工培训	a11 员工管理	
员工们对企业的建言和改进，都能够及时获得鼓励和物质奖励	aa25 鼓励员工参与企业管理		
"价值观的推广是全方位的：深入招聘、培训、人员选拔、绩效考核、文化建设等各项活动"	aa31 全方位推广价值观		
"我们是2018年6月的时候完成了第一轮融资，是北京亿方基金，他就是专门投资社会企业（的）"	aa33 获得融资	a11 资本支持	A06 社会支持
"所以说我们也尝试在这样一种观念引导上再去从另外一个渠道上去发生，由此演变出来的一些媒体的关注。可能我们不是想让他们关注这过个行业，是想让媒体关注过来……"	aa34 媒体关注	a12 媒体支持	

主轴编码阶段，由开放性编码阶段得出的概念与范畴几乎都是独立的，其间的关系还没有得到深入探讨。根据程序化扎根理论的典范模型——因果条件→现象→脉络→中介条件→行动/互动策略→结果，对开放性编码得出的范畴和概念进一步归类分析，使之形成逻辑链，具体如图7-1所示。

| 因果条件
A02 商业素质
A03 发展困境 | → | 现象
A04 市场实践 | → | 脉络
a08 市场化运营 | → | 中介条件
A01 企业能力
A06 社会支持
A05 管理控制 | → | 行动策略
A07 资源拼凑
A09 商业模式创新 | → | 结果
A08 实现经济和
社会双重价值 |

图7-1　LLYL成长的典范模型

选择性编码阶段，上述编码只展示了LLYL成长过程的基本框架，是对其成长的初步解读，需要整合开放性编码和主轴编码的成果，深入挖掘并梳理形成"故事线"：2009年，LLYL创始团队考察国外养老制度时深受触动，决定在国内走出一条不同的养老服务道路，即"将为普通人提供社区养老服务作为基本的发展方向，逐步建设起连锁的小型多功能社区养老服务中心"；2011年，LLYL成立"社区托老所"（现为"社区养老服务中心"），考虑到后期的发展和协调，又注册了工商企业"LLYL服务信息咨询公司"（现为LLYL产业发展有限公司）；为提供专业、全面的服务，2013年LLYL在原有志愿者的基础上成立了社工中心，开展了大量公益活动；2014年底基本实现了养老与社工双轮驱动的服务模式，但困扰其发展的资金和人员问题一直没能较好解决，与此同时，一位瘫痪多年的老年人拒绝接受上门服务这一事件，让LLYL重新思考老年人的真正需求，由此开始力推家庭适老化改造，以帮助老人重获生命尊严；2016年，LLYL通过对实物、人力、顾客等资源拼凑策略来应对资源短缺，基于之前公益组织运作积累的经验，充分发挥企业核心能力，重视员工价值观培养，开发物联网产品，打造适老化服务平台，高标准筛选合作伙伴，构建加盟商管理系统和政府采购量化服务子系统；经过4年打造，LLYL已形成"云数据平台+7大评估体系+7大改造体系"的适老化平台管理系统，完成了从服务到平台的递进式发展，规模化运营和大力推广使其实现了可持续成长；此外，LLYL积极拓展与政府、其他公益机构和商业企业的合作，不断扩大产品和服务的范围，以期获得更为持续稳定的外部支持；目前，LLYL的三大板块各自独立运营，但业务间相互支撑，为企业创造更大社会价值的同时也带来了较好的经济收益。

从LLYL的市场化实践成长之路可见，非营利组织参与社会公共事务已有相对成熟的模式，但资金和人员等瓶颈长期掣肘其健康发展，导致部分非营利组织开展市场化实践而转型成为社会企业。这类社会企业的转型或是通过商业运作完成公益目标；或是注销原公益组织，重新注册成立新企业以兼顾双重目标；或者两种组织共存，但独立核算。无论何种转型方式，均以弥补原有公益组织造血能力不足为主要目标。因此，转型后的社会企业往往需要在经营方式、人力资源、企业治理等方面花费更多的精力，并在实践中不断检验和修正，以寻求与其社会目标最为契合的可持续运作模式。

二、LBPC：自发式社会创业之路

开放性编码阶段，对LBPC的资料进行梳理，标签化节点34个，概念化节点17个，范畴化节点9个，部分开放性编码如表7-3所示。（完整编码见附录3）

表7-3　LBPC部分开放性编码

开放性编码			
资料	贴标签	概念化	范畴化
魏文锋在包书皮时，一股刺鼻的气味从塑料书皮上散发出来，十几年的检测经验让魏文锋立刻产生警觉，不能再使用这些塑料书皮了。于是，他随机收集了七种类似的书皮，送往江苏省泰州市国家精细化学品质量检验中心，对这些书皮进行全方位的"体检"。检测报告显示，送检的七种书皮都含有大量多环芳烃和邻苯二甲酸酯	bb01　产生专业警觉性	b01　专业经验	B01　创新创业能力
魏文锋毕业于浙江大学物理系，之后便进入浙江省进出口检验检疫局，先后从事电气、化学方面的检测工作	bb02　从事检测工作多年		
一段时间后，魏文锋觉得工作中条条框框太多，缺乏新意。骨子里就有的创新精神，促使他决心离开检验检疫局，开办自己的事业	bb03　有创新精神	b02　创新意识	
2008年前后，魏文锋辞去检验检疫局的工作，下海创业……魏文锋展现出了卓越的企业家精神和商业能力	bb04　下海创业	b03　商业创业经验	

续表

开放性编码			
资料	贴标签	概念化	范畴化
……向有关部门反映了情况，但结果却不尽如人意。在父爱和社会责任感的驱使下，魏文锋决定依靠自己的力量，曝光书皮问题 **bb05**	父爱和社会责任感的驱使		
这些家长亲切地称呼魏文锋为"魏老爸"，并且不断向其提出产品检测建议和需求，将他当作了群体权益维护的代言人。这深深地触动了魏文锋，让他意识到原来孩子的日常生活中存在这么多的隐患，而许多像他这样的普通家长虽有心，却无法凭个人的力量去解决这些问题，于是他下定决心走这条注定充满荆棘坎坷的道路 **bb06**	深受触动	b04 社会责任感驱使	B02 社会责任感
LBPC刚刚成立时，对魏文锋而言，这个公司其实是个做公益的平台，商品的检测费用众筹一部分，自己承担一部分…… **bb07**	起初，把公司当作公益平台	b05 公益初心	B03 公益理念
魏文锋向487位家长众筹了5万元，购买了3台高精度甲醛检测仪。家中装修的家长可以排队一次申请免费使用甲醛检测仪，不必支付押金或签订协议，只需在漂流日记本上留言			
"2015年年底把钱烧光了，就跟家长说，'赚不到钱，钱烧光了'，家长们说，'那不行啊，你不能就这么倒掉了，钱的问题好解决，我们给你钱。'有些人就加我微信，3000元、5000元、1万元，直接微信转账" **bb08**	众筹费用	b06 顾客支持	B04 社会支持

续表

<table>
<tr><th colspan="7">开放性编码</th></tr>
<tr><th>资料</th><th colspan="2">贴标签</th><th colspan="2">概念化</th><th colspan="2">范畴化</th></tr>
<tr><td>"2017年，我们发现了儿童智能手表表带中含有皮肤接触性致癌物质'PAHs'。2018年3月15日《深圳市儿童智能手表标准化技术文件》……标准中将'PAHs'纳入检测范围，并作出限量规定。"</td><td rowspan="3">bb09</td><td rowspan="3">推进行业标准的改进</td><td rowspan="3">b07</td><td rowspan="3">创造社会价值</td><td rowspan="3">B05</td><td rowspan="3">实现经济和社会双重价值</td></tr>
<tr><td>"2018年，《GB 36246-2018 中小学合成材料面层运动场地》……里的禁用黑名单从原来的8个扩充到18个物质，包括了2016年被我们曝光出来的有毒物质二硫化碳。"</td></tr>
<tr><td>同样的例子还有毒跑道事件，在各地学校跑道的质量问题相继被曝光后，各个学校使用的跑道材质的标准也得到了提高，进一步保证了在校学生的健康和安全问题</td></tr>
<tr><td>粉丝量和购买量这么大说明大家还是认可，但任何一个平台，或者说再好的厂家，你卖一百个可能出不了一个次品，生产也是一样的，你卖十万个的时候，它是允许差错率，这是很正常的。</td><td>bb17</td><td>顾客满意度高</td><td>b8</td><td>获得经济收益</td><td></td><td></td></tr>
</table>

主轴编码，根据程序化扎根理论的典范模型——因果条件→现象→脉络→中介条件→行动/互动策略→结果，对开放性编码得出的范畴和概念进一步归类分析，使之形成逻辑链，具体如图7-2所示。

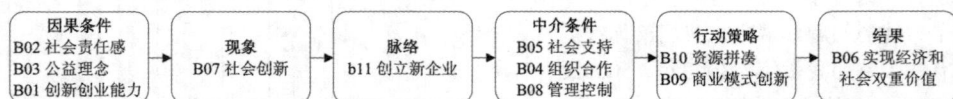

图7-2　LBPC成长的典范模型

经过选择性编码之后，LBPC便有了一个较为清晰的成长"故事线"。"有毒包书皮"的曝光触动了魏文锋浓烈的父爱，由此激起的"让天下孩子远离有毒有害产品"的社会责任感，成为LBPC科技有限公司创立的"初心"，而文具行业检测工具的良莠不齐和国家行业检测标准的落后，恰是LBPC创立的市场机遇。在此背景下应运而生的LBPC科技有限公司，虽然有广阔的市场基础和良好的公益理念，但发展并非一帆风顺，不成熟的运营模式、检测投入的无底洞使其在创立的第一年就遇到了严重的资金瓶颈，甚至一度难以维持。危急之时，幸遇一百多位家长纷纷解囊相助，LBPC才靠着微股东众筹勉强渡过了难关。由此，LBPC不得不思考企业如何才能独立地、健康地、可持续地发展，从而开始了"自我造血之路"的探索。LBPC尝试将业务从"单纯检测"服务转向"自媒体检测+电商平台销售"的配套服务，魏文锋将其概括为"检测网红+电商销售"的商业模式。新商业模式的运营既实现了环保检测的社会价值，又为企业带来了持续的盈利，LBPC在创立的第二年就实现了自负盈亏，现在已处于平稳上升的发展阶段。在这过程中，LBPC实行严格的管控机制，如产品质量的严要求、供应商挑选的高标准，以及精细化的团队管理等。同时，通过人力拼凑（如顾客为LBPC提供了商标注册、法务咨询等义务服务）、制度拼凑（创办了甲醛检测仪漂流项目）等资源拼凑策略，节省了运营成本，并整合资源以优化付费用户体验，提升效率，创新了问题解决方式。此外，LBPC还成立了粉丝基金会并积极与政府部门、研究机构开展合作，促进技术研发、增加产品公信力，获得更为持续稳定的外部支持。目前，LBPC成功实现了自我造血，经营业绩平稳增长，同时，通过曝光大量假劣毒信息，促进了产品行业标准和国家标准不断升级，在业界赢得了良好声誉，创造了较好的社会价值。

从LBPC自主走出的社会创业之路可以看出，这类社会企业在创立之初就设定了清晰的社会目标和经济目标以采取更有效的行动策略。创始人大多拥有较高的学历背景，有的还具有商业创业经验，他们往往基于强烈的同理心或社会责任感创立社会企业，且大多采取更具创新的商业模式和更有效的行动策略来实现其企业价值。如运用资源拼凑的手段，充分调动其所能吸引到的资金、实物、人力、组织合作等一切资源并进行合理配置，突破其自身的资源束缚，为自身的稳定运营和长远发展提供持续的动力，从而促进组织双重目标的实现，获得可持续发展。

三、TJYJ：商业企业的公益化创新

开放性编码阶段，对TJYJ的资料进行梳理，标签化节点35个，概念化节点15个，范畴化节点8个，部分开放性编码如表7-4所示。（完整编码见附录3）

表7-4　TJYJ部分开放性编码

开放性编码						
资料		标签化		概念化		范畴化
一位四十多岁的农民蹲在地上哭泣着，本指望着枇杷收获了卖个好价钱给女儿预备嫁妆，然而，眼看收成不错的枇杷在这场突如其来的灾害中给毁灭了，丰收的希望没有了，眼泪也落了。TJYJ农业的创始人张小川在现场看到这一幕，他想：这只是当前农业发展中一个缩影	cc01	农民遭受天灾打击引发创始人思考	c01	触动	C01	同理心
（张小川）希望用最直接、最便捷的方式帮助农民提高农业种植技术水平，改变传统的耕种方式、保护好土地，种植出与市场需求相匹配的产品，促进农业的可持续发展	cc02	希望帮助农民，促进农业发展	c02	期望解决社会问题	C02	社会责任感
一方面，国家历来重视"三农"工作，在宏观调控中注重加强农业，实行一系列更直接、更有力的政策措施……	cc03	政策支持	c03	政策机会	C03	发展机遇
大环境成熟，行业发展恰逢其时。2016年人口统计，中国农村乡村常住人口为5.9亿人左右，预计到2020年乡村常驻人将稳定在6亿，这说明农村存在着农业投入品的海量潜在用户；农村O₂O用户占比较大，农业生产资料购物类应用占比仅0.9%，市场潜力巨大	cc04	市场潜力巨大	c04	市场机会		
农业技术服务的模式严重制约了新时代农业生产的发展。随着市场经济的高度发达，我国过去计划经济时代期形成的农业技术服务体系已经不能适应目前农业生产的需求，传统的"农业三站"服务体系在逐渐转为管理职能的过程中，农业生产的专业化技术服务体系出现了市场化缺位	cc05	传统农业服务体系出现市场化缺位				

开放性编码				
资料	标签化		概念化	范畴化
随着社会整体经济的快速发展和人们生活水平的不断提高，市场……对农产品品质越来越挑剔。高品质农产品日益受欢迎，导致当前大量的低质农产品失去竞争力，最终导致整个种植业信心受挫，政府主导的产业化也难以为继	cc06	农产品与市场错位	农业发展问题	发展机遇
农业投入品供给方式仍然停留在20世纪80年代的传统方式上，农资产品经过省级、市级、县级、乡镇级等层层代理经销，产品从工厂到田间不仅仅价格翻了几倍	cc07	农业投入品供给方式不合理	c05	C03
由于长期的不科学种植、不科学施肥、用药，土壤污染、农业生态环境的恶化，表面看是难以逆转的天灾横祸，实际上是长期农业种植技术、方式落后导致的人祸	cc08	农业生态环境遭到破坏		
……这吸引了TJYJ创始人张小川等的关注，他们开始了解决农业种植技术到田间的最后一公里的创新之路，希望用最直接、最便捷的方式帮助农民提高农业种植技术水平，改变传统的耕种方式、保护好土地，种植出与市场需求相匹配的产品，促进农业的可持续发展	cc09	开始"最后一公里"的创新之路	发展重心转移	公益创新
TJYJ创始之初重点关注于农业投入品的研发，继而转向关注一系列农业生产中存在的问题……促使TJYJ在加强投入品的科研攻关的同时，更加注重农业种植技术下乡、提高农民科学种田意识方面的服务投入	cc10	转向关注农业生产中存在的问题	c06	C04
TJYJ通过近二十年的积累，集聚了一大批农业投入品，特别是植物营养和土壤修复方面的技术人才……在具有20年以上从事土壤肥料工作第一线的农业推研究员、高级农艺师的带领、融合下，形成了TJYJ在改善作物品质，改善和修复土壤环境方面技术、产品研究、开发的技术团队优势	cc11	多年发展积聚技术人才、研发团队	技术研发优势	企业能力

续表

开放性编码			
资料	标签化	概念化	范畴化
公司坚持以"科技创新为发展之源、以质量第一为立足之本"为企业发展的主导思想 …… TJYJ拥有强大的技术服务体系和产品研发中心，利用自身技术优势，根据不同区域土壤状况、气候因素和作物生长需求、农民种植习惯等，将种植过程面临的问题带回工厂进行科学攻关，然后再将创新技术、创新产品转化为商品	cc12	新产品的研发与创新	c08 研发创新
TJYJ模式将农业技术、农业投入品仓储、农产品交易等结合起来，将产品、技术、人才、社会资源整合在一个可供共同发展的平台上。让拥有优势的各资源因素都能贡献能量，都能分享合作和利益	cc13	整合各项资源	
另一方面，农业投入品直通田间，农药、化肥、种子等农资产品由工厂到各个乡村的服务中心，由服务中心直接配送到各农户，一般可以在当天配送至田间或者农户指定地点，品质有保障，价格实惠…… TJYJ以设置在各个乡村的农业综合技术服务中心为依托，技术下乡更为深入、更为直接，通过专业技术人员随时待命解决农民种植技术问题，为农业生产全程保驾护航 ……	cc14 供给侧创新	c09 提升交易效率/资源的利用效率	C06 商业模式创新
TJYJ……已成功研发并获得农业农村部登记的八大系列产品，涵盖大、中、微量元素肥料、含氨基酸水溶肥料、含腐殖酸水溶肥料、土壤调理剂等，共近90多个规格的产品	cc15 产品多样化	c10 创新交易机制/提供新产品	

主轴编码，根据程序化扎根理论的典范模型——因果条件→现象→脉络→中介条件→行动/互动策略→结果，对开放性编码得出的范畴和概念进一步归类分析，使之形成逻辑链，具体如图7-3所示。

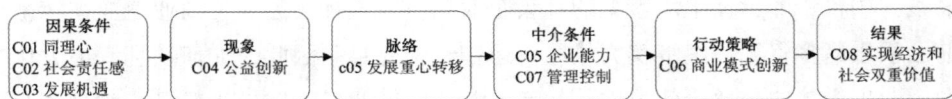

因果条件 C01 同理心 C02 社会责任感 C03 发展机遇	→	现象 C04 公益创新	→	脉络 c05 发展重心转移	→	中介条件 C05 企业能力 C07 管理控制	→	行动策略 C06 商业模式创新	→	结果 C08 实现经济和 社会双重价值

图7-3　TJYJ成长的典范模型

经过选择性编码之后，本研究得出了TJYJ转变为社会企业之后的成长"故事线"。TJYJ创始之初致力于农业投入品研发，是一家纯粹的商业企业。一场突如其来的天气灾害，毁掉了农民的收成，农民心痛不已。目睹此情此景的创始人张小川认为，这仅是当前农业发展中的一个缩影，究其深层原因，源于当前农业发展面临着多种桎梏，让本就靠天吃饭的山区农业日趋脆弱。于是，TJYJ开始谋求公益化创新转型，发展重点转向推进种植技术下乡、提高农民科学种植意识等方面的服务投入。经过多年耕耘，企业完成了从产品端到技术服务端的创新，形成了不易模仿的商业模式，增加了市场竞争力，从而实现可持续发展。追溯TJYJ的社会企业成长之路，不难发现，创始人的同理心、社会责任感等特质，是促使TJYJ坚定踏上公益创新之路的最初源动力。自党的十六大以来，中央对"三农"愈发重视，不仅财政投入加大，还出台了一系列扶植政策，农业科技行业发展恰逢其时，这为TJYJ提供了绝佳的发展时机。在此后的发展过程中，TJYJ研发团队一直不断攻克多项技术服务难关，使企业逐步实现产品端到技术端的创新，加之对风险、团队、内部治理等方面的管理控制，为其可持续发展提供了强有力的支撑。TJYJ前期的商业积累解决了大多数社会企业面临的资源匮乏问题，因此，资源拼凑策略在TJYJ公益转型社会企业成长的过程中不占有非常重要的地位。但毫无疑问，商业模式创新是TJYJ获得成功的关键行动策略。TJYJ一方面凭借设置在各个乡村的农业综合技术服务中心，让技术下乡更直接更快速；另一方面，将优质的农资产品通过服务中心直接配送到农户手中，大大提高了运营效率。总之，TJYJ从技术、产品供给侧进行创新，实现了"技术服务到田间、配套物资到农户"的新的商业模式，将各项资源整合在"一个可供共同发展的平台上，让拥有优势的各资源都能贡献能量，分享、合作，获得收益，成功解决了农业生产中一直无法实现的'最后一公里'的难题"。

作为商业企业公益化创新转型为社会企业的典范，TJYJ的成长之路值得借鉴。相较于非营利组织转型的社会企业和自发式社会创业，商业企业在转型前已积累诸多资源，经济实力雄厚，运作经验充足。因此，如何从利润最大化的企业理念转向公益价值追求，如何将单纯的商业运作转换为兼具公益和商业的经营模式，是这类组织转变为社会企业后尤其值得关注和亟待解决的问题。企业一方面可以积极鼓励员工思考解决社会问题、参与社会活动，以培养其价值观认同；另一方面应积极开发既能实现经济收益，又能解决社会问题的新产品、新服务和新模式。唯此，商业企业才能顺利实现社会企业转型，实现可持续增长。

四、跨案例比较分析

基于案例内深入分析，本研究对三类社会企业基于其各有侧重的成长动因、行动策略、运营方式和支持条件，勾勒出了三种不同的成长路径。通过回顾数据资料发现，三类社会企业的成长路径异同并存，并进一步对此进行了跨案例横向比较。

1. 案例社会企业成长路径的共性

案例社会企业依附于特定时期的社会问题而出现，而社会问题的有效解决并非一蹴而就，因此相应的社会企业具备成长的基础与空间。不同因素对社会企业成长的影响虽各有侧重，但作为不同类型组织殊途同归的选择，其成长演化路径必然有其共性的特征和发展逻辑。

其一，运用商业模式创新的行动策略。

无论哪种类型的社会企业，其成长过程中均不同程度地运用了商业模式创新这一行动策略，从而构建核心竞争力，并以此为组织带来发展。这些企业或根据顾客需求提供新产品或新服务；或为合作伙伴提供新服务，创造新交易机制；或整合资源，打造数据平台，提升运营效率等。

LLYL在建立起多家连锁式社区养老服务中心之后，顺势而为，以原有的志愿者为基础成立了社工中心，实现了社区养老和社工中心双轮驱动；

而后为了进一步满足居家老年人的饮食需求，又推出了社区食堂"长寿食坊"，品类众多，物美价廉，消费群体迅速扩大到周边的所有居民。但承担政府采购的慰藉服务，很难在有限时间内满足老年人的切实需求，LLYL由此开始探索适老化改造这一新的商业模式。基于多年的养老服务经验、一线员工参与设计、多次调研学习，LLYL打造了一系列适老化物联网产品，并结合适老化板块，形成了LLYL适老化改造的运营体系：云数据平台+7大评估系统+7大改造系统。整合后崭新的商业模式大大促进了适老化改造的推广，一方面提升了居家改造的服务效率，另一方面加强了对合作伙伴的甄选管理。由此，企业规模扩大，经营业绩也随之提高。可以说，始终根据市场需求和企业自身实力，不断创新地提供养老服务内容，探索崭新的运营方式，是LLYL转型并成长的重要战略。

作为自主创业的社会企业，LBPC虽然有广阔的市场基础和良好的公益理念，但从其成立之初，就一直面临着高额检测成本和不成熟商业模式的双重困境，生死存亡之时，靠着微股东众筹勉强渡过了难关；于是，严重的资金问题迫使LBPC将商业模式转变为"众筹+检测"模式，试图依靠众筹费用来维持检测业务并反馈检测结果，但随着检测项目和检测频率的增加，企业逐渐入不敷出，由此，不得不思考如何"自我造血"以持续发展。在家长粉丝们的建议和推动下，LBPC开始探索"自媒体检测+电商平台销售"这一"检销一体"的模式，建立网上商城专营检测合格的商品，同时拓展社交媒体和自媒体平台，持续扩大影响，第二年就实现了自负盈亏；之后LBPC积极进行业务创新，推出了甲醛检测仪器漂流活动，开发小程序以优化付费用户体验。这样的"检测网红+电商销售"的商业模式让老爸评测成功实现了自我造血。LBPC也深知该种模式的"软肋"，即检测的公信力并非来自官方认证，主要基于消费者口碑和粉丝信任来维持，因此，企业运营存在一定的风险。未来，如何通过社会影响力提升和商业模式创新，推动产品行业标准和国家标准不断升级，使行业进步，将是LBPC持续稳步成长之路上必须面对和解决的问题。

TJYJ创始之初是进行农业投入品研发的商业企业，从目睹农民之困开始重新思考企业价值，在强烈的社会责任感驱使下将目光转向关注农业技术服务、农业生产环境和农民的生存状况，于是企业由单纯的商业运营公益创新实践转变，致力于解决农业生产环境中存在的种植技术落后、环保意识不强、土地污染等一系列问题。从凭借多年商业化运作积累的人才和技术，TJYJ一方面持续坚持研发新产品解决土壤污染问题；另一方面，不断改进技术服务模式，深入田间建立乡村农业综合服务体，保证农业服务技术和农业投入品（农药、化肥、种子等）直通农户，为农业生产量身定制种植方案，实现了"技术服务到田间、配套物质到农户"的新商业模式，解决了农业生产中一直无法实现的"最后一公里"的难题。目前，TJYJ已在周边区县展开样板项目试点，依托现有的农业综合技术服务中心，整合政府资源和社会资本打造出智慧乡村综合体，企业未来发展版图正逐渐完善和清晰。

其二，实施严格的管理控制。

对于需要兼顾经济价值和社会价值的社会企业而言，严格的管理控制是其可持续发展的重要保证：（1）LLYL在扩大规模的过程中逐渐完善了对合伙人的管理控制。LLYL在为合伙人提供多方位培训和管理经验分享的同时，对其要求也较为严格。由此，LLYL集聚了一批价值观相同、具备较强的执行力、拥有足够的耐心，且自愿进行公益付出的核心管理团队。此外，对员工进行全方位的管理，企业价值观深入招聘、培训、人员选拔、绩效考核、文化建设等各环节中。（2）LBPC成立以来，一直坚守公益初心，深得消费者和社会公众的信任，这与公司在产品质量和人力资源方面严格的管理分不开。LBPC为员工开展定期培训，加强业务能力，同时开展多样的文体活动，注重团队精神品质的培养；为保证产品质量，LBPC制定了严格的质检系统，从新产品的选品上架到对既有产品的抽检，均按最高标准来执行，如对上架的接触类材料施行批检，非接触类产品进行年度抽检，一旦发现问题，立即召回该批次所有商品，竭尽所能保证产品安全可靠。（3）TJYJ主要是从团队管理、风险控制和内部治理三方面保障企业的健康成长。首先，对员工要进行使命认同和需要认同的价值观培养，希望员工能坚持涉农型社会企业的价值取向，以完成社会使命为目标。TJYJ还通过员工持股、员工发展基金等方式来提高员工待遇，帮助员工提高专业技术和个人技能。其次，TJYJ注重严控财务风险，以保证公司整体的财务状况良好和资金链的稳固；建立评价体系对供应商进行严格考核，淘汰不达标的供应商；引进专业人才解决业务板块的管理问题，提高运行效率。除此以外，TJYJ设立了完善的治理结构，公司高层设有股东大会、董事会及执行总裁，各部门总监分管不同领域，还设有监事会进行监管，提高效率的同时也有效避免了工作失误、乱纪等现象的出现。

2.案例社会企业成长路径的差异

案例社会企业的成长有共同的成功经验，同时也存在差异。

其一，成长动因差异。

LLYL之所以会进行市场化实践，主要原因如下。一是创始人的商业素质。创始人朱庆海曾下海经商，在多个领域摸爬滚打十几年，拥有丰富的商业经验和强烈的商业敏感性，因此在成立养老中心时，考虑到后期的协调发展，又成立了养老服务咨询公司。二是面临发展困境。虽然实现了养老与社工双轮驱动发展，但困扰LLYL持续成长的资金、人员及商业模式问题，一直没能较好地解决。而一位瘫痪老人拒绝接受上门服务这一事件，终于让LLYL痛下决心，重新思考老年人的真正需求，由此开始探索家庭适老化改造。

LBPC自发式社会创业的动因主要如下。一是创新创业能力。创始人魏文锋骨子里的创业意识和创新精神促使其在2008年就离开体制下海创业，并展现出了卓越的企业家精神和商业能力。此外，他从事检测工作多年，具有丰富的检测经验，原来的职业敏感让他很快发现了"问题书皮"。二是社会责任感驱使。"问题书皮"曝光后，许多家长向魏文锋提出产品检测需求，将他当作群体权益维护的代言人。魏文锋意识到面临孩子们生活中的隐患，许多家长虽有心却无力解决，强烈的社会责任感促使他下定决心走上这条充满荆棘的社会创业道路。三是公益理念。创业以来，魏文锋一直保有公益初心，无论是最初建立的公益平台，还是后来的商业模创新，均体现了其始终坚持的公益理念。

TJYJ走上公益转型之路的出发点有三。一是同理心。农民遭受天灾打击让创始人张小川深受触动，促使他开始思考农业发展问题。二是社会责任感。传统的农业服务体系中一直存在农产品与市场错位、农业投入品供给方式不合理、农业生态环境破坏严重等问题。面对农业发展的种种桎梏，张小川希望用最直接、最便捷的方式帮助农民提高种植技术水平，改变传统的耕种方式，以保护农业生态，促进农业可持续发展。三是政策环境和市场机遇。国家历来重视"三农"工作，一系列支持措施为TJYJ发展提供了良好的政策环境，加之农村存在着农业投入品的海量用户，市场潜力巨大，这又给TJYJ发展创造了市场机遇。

其二，资源拼凑方式差异。

我国社会企业发展正处于初期阶段，大多成立时间不长，组织规模较小，资源匮乏是其面临的主要瓶颈。如何运用人力拼凑、实物拼凑、顾客拼凑等资源拼凑策略，整合企业内外部资源，创造商业模式优势，是社会企业获得成长的关键。不同类型社会企业的资源拼凑策略方式略有差异。案例企业中，LLYL和LBPC在成长过程中积极实施资源拼凑策略，为组织的初中期发展提供了强大的动力。

由于起源于公益机构，LLYL获得了诸多政府支持，如承接了大部分政府购买项目，且政府免费提供部分社区养老服务中心用地。随着LLYL向社会企业转型的市场化实践不断深入，目前LLYL大多采取政府低价租赁或市场租赁的方式取得用地。此外，LLYL把具有购买力的中高收入群体和依赖政府扶助的低收入困难群体同时纳入企业的目标客户范围，不断开拓业务，承担政府和居民个人的购买服务，为社区老人提供包含上门餐饮、医疗康复、卫生保洁等在内的几乎所有门类的居家养老服务。其间LLYL积极组织志愿者提供服务、开展义务培训。为满足个性化需求，将产品定制化、差异化，在获得政府同意的前提下，将采购服务更换为同等价位的适老化设施予以安装。这些顾客拼凑、制度拼凑，以及在人力、场地等方面的投入拼凑缓解了LLYL成长中面临的资金问题，扩大了业务规模，增加了服务类型。

成功的社会创业者在突破资源束缚时都会采用资源拼凑战略，说明了资源拼凑对新创社会企业成长的重要性（Sunduramurthy et al.，2016）。LBPC的成长过程中主要运用了投入拼凑和制度拼凑策略。基于社会责任感创立的LBPC，其目标群体主要是一、二线城市的孩子家长。LBPC以其"网红检测+电商销售"模式，为这些消费者提供针对性的产品和服务。作为消费者的家长或帮助企业进行商标注册，或为企业免费提供法务咨询，还有的送孩子到企业做义工。消费者参与企业活动，增加自身能力的同时，提高了对企业的认同感，成为支持LBPC的忠实粉丝，由此产生"口碑效应"，对LBPC的社会和经济绩效产生良性的效应。此外，文具检测领域相关标准和政策规范均较少，这在一定程度上也给企业提供了拓展空间。LBPC利用自身优势资源另辟蹊径，开发新业务推出甲醛检测仪漂流活动，并力图在评测产品、评测流程、评测原则和评测立场等方面创立行业标准，维护企业公信力，促进评测行业标准管理更加规范和完善。

TJYJ发展时间较长，前期作为商业企业积累了大量的资本、顾客及制度优势，在转型为社会企业的过程中，其原有的资源优势得以较好地延续，并以此重塑商业模式开展公益化创新。因此，其成长演化的进程中几乎没有或极少运用到资源拼凑策略，即使有少量运用，对企业成长所起的作用也绝非关键，仅是锦上添花而已。

3. 社会企业成长路径的整合模型

本研究通过对三类案例社会企业成长过程进行编码分析，厘清了其成长的三条不同路径：非营利组织的市场化实践、自发式社会创业、商业企业的公益化创新。基于对影响不同类型的社会企业成长路径的相关构想进行解构，深入分析并细致刻画了社会企业成长路径的整合框架。（1）组织开展社会企业实践的动因，一方面来自创始人的同理心、社会责任感、先前经验等特质；另一方面来自组织对资源困境、市场竞争、政策环境等的评估和把握。因此将动因层归纳为创始人特质和发展时机两个构想。（2）社会企业成长运用的行动策略不尽相同，或不同程度地运用人力、顾客及制度等多种资源拼凑策略来解决资源匮乏问题，或根据顾客需求提供新产品或新服务，通过整合资源进行商业流程再造和商业模式创新。因此，将行动层归纳为资源拼凑和商业模式创新两个构想。（3）中介层是促进或者限制发生在具体情境下行动的结构性条件，对应三个构想：企业能力、管理控制和社会支持。成长过程中，社会企业需要不断开发新技术、研制新产品，保证产品质量，开展市场推广，以提升企业核心能力。同时，严格内部治理、开展团队培训、甄选合作伙伴、控制财务风险是其可持续发展的重要保证。此外，积极拓展与政府、科研机构、公益机构和商业企业的合作，坚持合作技术研发，扩大业务范围，增加产品公信力，以期获得更为持续稳定的社会支持。（4）将结果层概括为成长绩效，体现在获得经济效益和创造社会价值两个方面。具体如图7-4所示。

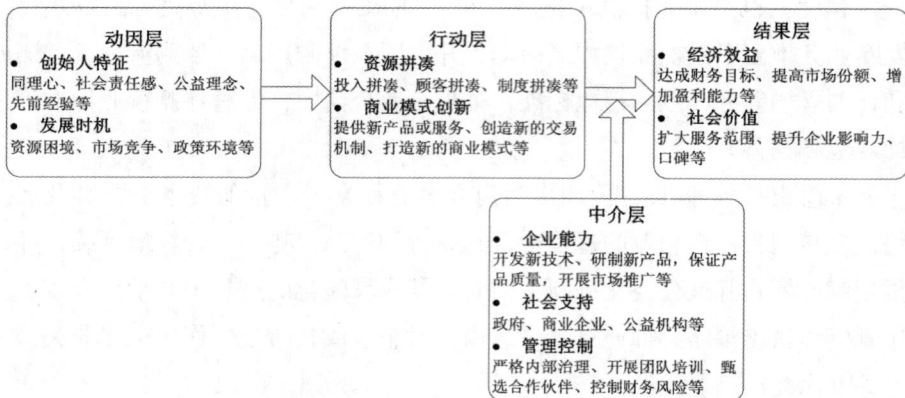

图7-4 社会企业成长演化路径整合模型

第五节 研究结论

本研究以3家具有代表性的社会企业为样本，运用规范的扎根理论分析技术，就中国情境下的社会企业成长路径开展探索性研究，得出如下结论。

（1）勾画了社会企业成长的三种不同的演化路径。①路径一，非营利组织的市场化实践。非营利组织进行市场化实践方式多样，但均以弥补原有公益组织造血能力不足为主要目标。因此，转型后的社会企业往往需要在经营方式、人力资源、企业治理等方面花费更多的精力，并在实践中不断检验和修正，以寻求与其社会目标最为契合的可持续运作模式。②路径二，自主社会创业。自主创业的创始人或核心团队往往出于强烈的同理心或社会责任感，大多采取创新的商业模式和有效的行动策略来实现其企业价值。如运用资源拼凑的手段，充分调动其所能吸引资源进行合理配置，突破自身资源束缚，为企业的稳定运营和长远发展提供持续的动力，从而促进组织双重目标的实现。③路径三，商业企业的公益化创新。商业企业在转型前已积累诸多资源，经济实力雄厚，运作经验充足。因此，企业一方面可以积极鼓励员工思考解决社会问题、参与社会活动，以培养其公益价值观认同；另一方面应积极开发既能实现经济收益，又能解决社会问题的新产品、新服务和新模式，以保障其顺利向社会企业转型，实现可持续增长。

（2）剖析了三种成长路径的共性和差异。①无论哪种类型社会企业，其成长过程都运用了商业模式创新策略，如根据顾客需求提供新产品或新服务，创造新的交易机制，整合资源构建平台等；另外，对于兼顾经济价值和社会价值的社会企业而言，严格内部治理、开展团队培训、甄选合作伙伴、控制财务风险均是其可持续发展的重要保证。②不同路径成长的社会企业，其成长动因和资源拼凑方式存在差异。成长动因方面，或源于创始人的商业素质和组织的发展困境；或完全取决于创始人的特质，如公益初心、创新创业能力等；或是创始人的同理心和组织发展机遇的叠加。资源拼凑方式方面，虽然解决资源匮乏是社会企业获得成长的关键，但不同类型社会企业的资源拼凑策略方式仍有差异。市场化转型的非营利组织和自主创业的社会企业，积极运用多种资源拼凑方式缓解资源困境，而商业企业因其原有丰厚的资源积累实现公益化创新，则极少或几乎没有运用该策略。

（3）构建了社会企业成长路径演化的一般模型。该模型包括成长动因（创始人特征、发展时机）、行动策略（资源拼凑、商业模式创新）、中介条件（企业能力、管理控制、社会支持）、成长结果（经济绩效、社会目标）等四个层面、九个维度和若干关键要素。通过分析各层面、各维度之间的内在联系，揭示了中国情境下的社会企业成长路径的演化机理。

第六节　理论贡献

本研究的理论贡献主要体现在以下两个方面：（1）依据社会企业组织自身的混合型特征，以及起源的异质性特点对社会企业进行分类，既符合我国国情和社会体制，更既有利于重新审视现有社会企业研究结论之间的相互关系，又有助于未来研究更为准确地定位研究样本，从而获得更加细致、准确的研究结论。（2）尽管目前社会企业在西方已发展出不少较为成熟的模式，但由于国情及公众认知的巨大差异，处于初期的社会企业在将这些模式借鉴和运用到我国的实践过程中仍面临着较大的挑战。因而，依据社会企业起源的异质性，扎根于我国社会企业发展现实，梳理不同类型社会企业成长的演化路径，为尚处于摸索阶段的中国社会企业的成长方向和发展战略提供了重要的理论指引。

（3）以社会企业为研究对象，提炼出社会成长路径演化的一般模型，既整合了影响社会企业成长的关键要素，又深入探讨了实现社会企业目标的机制原理，初步探索了社会企业"因何缘起、如何成长、何以持续"的逻辑链条。本研究运用多案例研究方法，使研究结果更具理论性与现实性，丰富与拓展了社会企业成长领域的成果。

第七节　实践启示

一、大力培养具有创新创业能力的社会企业家

社会企业家是社会企业的领航者和管理者，是社会企业的核心与灵魂，是组织进行社会企业实践的重要动因。一方面，要激发社会企业家创业的动力。社会企业家作为一种经营型人力资本的高级形式，其高级性就体现在这种人力资本具有高度的创新精神和强烈的自我增值需求，这种需求比商业企业家更为强烈，它是社会企业家成长的动力（沙勇，2014），应该通过完善制度、优化环境等各种途径激发社会企业家的内在动力，使社会企业家始终保持强烈的造福社会的责任感和创新热情。另一方面，需大力培育社会企业家，为其提供专业的社会企业管理培训，加强制定培育和促进社会企业成长的政策，鼓励和支持社会企业家的创业。

二、强化社会企业的管理控制

社会企业是追求社会公益目标并为此创造经营性收入的组织，在企业的管理控制上应更为严格。一是要注重社会企业员工团队精神和品质的培养，以完成社会使命为目标，警惕使命漂移，同时要保障各项待遇，帮助员工提高专业技术和个人技能；二是确保财务规范，严控财务风险，保障组织财务状况良好和资金链的稳固；三是要高标准选择合作伙伴，注重多方合作的同时，要坚持公益初心，坚守社会使命；四是加强组织的内部治理，提高组织效率，有效避免工作失误、违纪等现象。

第八章　社会企业发展的支持措施

第一节　各地社会企业支持政策

作为通过商业模式创新解决社会问题的新型组织形式，社会企业犹如雨后春笋般纷纷涌现。各地方政府陆续出台相关政策，培育并扶持社会企业，以充分发挥其在创新社会管理、参与社会治理、改善社会服务、满足社会诉求方面的积极作用。以下对北京市、深圳市、成都市、简阳市、内江市、绵阳市及佛山市等出台的社会企业相关政策进行系统梳理与分析，以期为其他地区社会企业政策的制定提供参考借鉴。

一、北京市昌平区

昌平区《昌平区回天地区社会企业认证与扶持试点办法》发布于2019年7月31日，无有效期，具体内容如下。

1. 业务发展扶持

孵化培育支持。回天地区搭建社会企业孵化培育平台，依据社会企业发展的不同阶段对接各界资源。

办公用房租赁补贴。利用孵化平台为进入孵化培育平台的社会企业提供不超过1年的免费公共办公空间支持。

人才扶持。对全职在回天地区品牌社会企业工作的高层次专业人才，经区人民政府认定，按照《昌平区支持"昌聚工程"高层次科技人才暂行办法》的有关规定，享受相应的政策支持。依托北京市回天社区公益基金会设置"青年菁英计划"，每年度由区社发中心组织评选不超过5名社会创业者，给予一定费用支持用作个人能力建设，推动社会企业领袖型人才长期发展计划。

政府购买服务支持。

引入社会影响力投资。

2. 行业发展与创新支持

建立支持型平台；鼓励招贤引优；学术研究支持；社会企业标识使用。

二、深圳市福田区

福田区《福田区关于打造社会影响力投资高地的扶持办法》发布于2018年3月28日，有效期2年，主要内容如下。

1. 支持发行社会影响力债券

按照《深圳市福田区支持金融业发展若干政策》给予债券融资支持。

2. 产品模式和机制创新支持

根据《关于促进福田区金融科技发展的扶持措施（试行）》相关规定，支持有关协会开展社会影响力创新项目评选，并纳入福田区金融科技创新奖的评选范围，评选奖励按有关规定执行。

3. 支持设立社会影响力投资引导子基金

支持专业机构设立以社会服务项目为主要投资方向的专项子基金，按照《深圳市福田区政府投资引导基金管理办法（试行）》规定的程序参与专项子基金，为辖区公益创投领域的企业提供资金支持，经引导基金管委会审核同意后，可对社会影响力子基金投资福田区项目给予适当让利。

4. 基金会落户支持

经会计师事务所审计，对新迁入福田辖区的基金会，根据上一年度公益事业总支出，按照审计金额的1％给予一次性落户支持；在福田辖区新成立的基金会按照原始基金的1％给予一次性落户支持。对每家基金会的扶持资金额度最高不超过50万元。

5. 中介组织落户支持

对新迁入或新设立的营业执照或登记证书中，明确经营范围为社会影响力投资项目评估、投资服务、机构认证、社会企业服务等业务，并已经开展相关实质性工作的中介组织，给予一次性5万元落户支持。每年根据实际情况调整年度支持总额。

6. 责任投资机构支持

对加入联合国"全球契约"的企业、金融机构等给予一次性5万元支持，对加入"联合国责任投资原则"的企业、金融机构等给予一次性10万元支持，对加入"赤道原则"的金融机构等给予一次性20万支持。每年根据实际情况调整年度支持总额。

7. 支持企业履行社会责任

对获得深圳企业社会责任评价标准三星等级的企业给予一次性5万元支持。对获得相关组织评定的履行社会责任的模范企业给予一次性10万元支持。

8. 支持社会企业发展

对通过认证的社会企业给予一次性3万元支持。每年根据实际情况调整年度支持总额。鼓励社会企业申报福田区社会建设专项资金资助项目。

9. 支持慈善信托发展

按照信托财产金额的大小和规模，给予相应资金支持慈善信托的设立和运营管理：其中，金额100万～500万元（含）的，给予受托人5万元支持；金额500万～1 000万元（含）的，给予受托人10万元支持；金额1 000万～5 000万元（含）的，给予受托人20万元支持；金额5 000万元以上的，给予30万元支持。对同一委托人和受托人之间设立的慈善信托扶持资金累计不得超过50万元。

10. 社会企业产业园区建设支持

支持社会力量在福田区建设社会企业产业园，经区政府审核同意，按照项目投资额的30%，一次性给予最高100万元的建设支持。主要用于园区环境建设、公共服务、信息化建设等。

园区房租支持：对入驻福田区社会企业产业园区的社会企业等机构给予三年房租支持，按30元／平方米／月的标准，在支付上一年度房租后给予支持，同一家机构享受房租支持不超过三年，享受房租支持期间不得转租。

11. 重要活动及论坛支持

对相关企业、金融机构、社会组织和有关中介组织等，开展与社会影响力投资直接相关的大型主题论坛等重要活动的，经事前审核和事后会计师事务所审计，按审计金额的50%给予支持，最高不超过100万元。主要用于场地、设备租赁和专家嘉宾交通、食宿、酬金等。每个法人每年只享受一次活动资金支持。

学术研究支持：鼓励相关专业机构、专家开展社会影响力投资学术研究。每年安排一定资金，对在社会影响力投资领域具有重要影响，并且对福田社会影响力投资发展具有重要贡献的学术成果给予相应支持。有关支持办法另行制定，经福田区社会建设专项资金领导小组会议审议同意后执行。

12. 创新项目配套支持

对获得国家级、省级、市级专项资金支持的社会影响力创新项目，按其获得资金支持的50%给予配套支持，最高不超过100万元。

13. 社会影响力项目试点支持

各部门在社会服务领域开展社会影响力项目试点，需要申请资金支持的，按照"一事一议"方式决定。

14. 特殊项目支持

积极稳妥地引入境内外企业、金融机构、社会组织和有关中介组织等开展社会影响力投资。对经区政府认可地对集聚社会影响力投资资源，或完善生态圈链条具有重大、关键作用的企业、金融机构、社会组织和有关中介组织等，其落户、办公用房、招才引智、项目等，按照"一事一议"的方式予以支持。

15. 人才引进支持

引进专门从事社会影响力投资的专业人才，按照《关于实施"福田英才荟"计划的若干措施》规定给予相关支持。

16. 人才住房支持

本办法规定的新迁入或新落户的企业、金融机构、社会组织和有关中介组织等，可以按照《福田区产业人才租赁住房管理暂行办法》申请人才住房。

三、四川省成都市

1.《成都市人民政府办公厅关于培育社会企业促进社区发展治理的意见》（成办函〔2018〕61号）发布于2018年4月9日，效期3年。

（1）定义

社会企业，是经企业登记机关登记注册，以协助解决社会问题、改善社会治理、服务于弱势和特殊群体，或以社区利益为宗旨和首要目标，以创新商业模式、市场化运作为主要手段，所得盈利按照其社会目标再投入自身业务、所在社区益事业，且社会目标持续稳定的特定企业类型。

（2）基本原则

即坚持社会目标导向，市场机制驱动；坚持党委政府引导，社会各方参与；坚持创新思维，提升发展能力。

（3）发展目标

明确了未来3年的发展目标，通过开展社会企业评审认定试点工作，培育发展一批社会企业。发挥其示范引领作用，形成社会企业科学有效参与社会发展治理的可复制的制度性成果，全市社会力量参与社会企业机制全面形成。

（4）重点任务

可以用"构建三个体系、建设二个平台、建立三项制度"来概括。一是构建三个体系，即社会企业培育发展体系、社会企业政策支持体系、社会企业监管服务体系；二是建设两个平台（系统），即社会企业综合服务平台和社会企业信用公示平台；三是建立三项制度，即社会企业评审认定制度、社会企业信息公开披露制度、社会企业退出（摘牌）制度。

社会企业的评审认定：社会企业不是因登记而产生，而是因评审认定而产生。结合当前国内社会企业评审认定工作的实践情况，我市在培育发展社会企业的初期，采用探索与社会第三方合作的方式，制定具有本地特色的评审认定办法、认定标准，引导、培育社会企业发展，并逐步建立第三方评审认定制度。

（5）财税、金融、行业支持政策

社会企业作为一种特殊企业类型，在支持社会企业发展的探索阶段，在现有的法律法规和政策体系之外给予社会企业专门的支持政策，来面对法律法规和政策的限制。因此，对社会企业的相关政策支持，有待于相关部门依托现有的支持新经济发展、支持中小企业发展的政策体系，作进一步的协调、衔接、细化、完善。

（6）轻触式监督原则

依法加强对企业经济属性的监督，探索创新对社会企业社会属性的监督。

（7）加强社会企业党建工作

要建设一支对党忠诚的社会企业家队伍，发挥党组织在社会企业发展中的政治引领和政治核心作用。

2.《成都市工商行政管理局关于发挥工商行政管理职能培育社会企业发展的实施意见》（成工商发〔2018〕25号）发布于2018年6月5日，无有效期。

（1）基本原则

包括依法规范登记、统一登记标准、严格信用监管。

（2）政策措施

深化商事制度改革，便捷社会企业准入登记。

（3）工作要求

包括加强组织领导、加强业务培训、严格执行"双告知"制度、加大宣传力度、建立报告制度。

3.《中共成都市市场监督管理局党组关于印发〈成都市社会企业评审管理办法〉的通知》（成市监党组〔2019〕72号）发布于2019年6月12日，无有效期。

（1）认定范围

成都市各级企业登记机关登记且完成了社会企业章程备案的企业。

（2）基本条件

企业类型：股份有限公司、有限责任公司。

（3）宗旨声明

公司章程清晰载明具体的社会公益目标、拟解决的社会问题、解决方式和业绩测量的办法、依据等。

（4）经营情况

企业从事经营活动一年以上（社会组织作为主要发起者成立企业，同时该企业与其原主要业务、社会目标、主要控制人及利益相关方一致的，成立时间不少于6个月，连续经营时间不少于2年）；全职人数为3人或以上。

（5）信用状况

企业与法定代表人均有良好的信用记录。

（6）认定标准

评审认定执行机构负责制定成都市社会企业认定标准，成都市市场监督管理局征求相关市级部门意见建议后，形成《成都市社会企业评审认定手册》，并向社会公告。

（7）申请方式

符合本办法第六条规定的企业可通过"成都市社会企业综合服务平台"报名申请。

（8）评审程序

企业通过成都市社会企业综合服务平台申报，10个工作日内评审认定执行机构受理；区（市）县市场监管局对辖区内申报企业进行初步信用核查；评审认定执行机构采取资料审查、实地考察等方式对通过初步信用核查的企业进行审查；评审认定执行机构对审查合格的企业开展认证辅导；召集全市信用主管部门就审查合格企业守法诚信经营情况进行信用核查；组建专家评审委员会按照成都市社会企业评审认定标准，对信用核查合格企业进行中审；对通过中审的企业名单进行公示；对公示期有异议的企业进行核查；经公示无异议和经核查异议不成立的，认定为成都市社会企业。

（9）公示公告

社会企业将通过"成都信用网""成都市社会企业综合服务平台"对外公示。

（10）有效时间

社会企业资格自评审通过之日起有效期为两年。

（11）经济属性监管

各区（市）县市场监管局按照属地管理原则依法依规对社会企业的市场行为进行监管。

（12）社会属性监管

评审认定执行机构对社会企业的社会目标稳定性进行监管。

（13）社会企业摘牌

对经第三方复审不再符合评审认定标准的社会企业，移出社会企业名录并予以公示。移出名录的社会企业，不再具备申请社会企业评审认定的资格，不再享受社会企业相关政策支持。

4. 各区政策

表8-1　四川省成都市各区社会企业支持政策总结

区县	发布时间	文件名称	涉及维度
武侯区	2019年1月7日	《成都市武侯区社会企业扶持办法（试行）》	主体支持；鼓励参与认定；业务支持；人才支持；财税支持；资源支持；创新支持；扶持申报
金牛区	2018年12月19日	《金牛区促进社会企业发展的若干政策（试行）》	认证支持；空间场地支持；孵化平台建设支持；入库种子孵化支持；智力支持；项目支持；鼓励做优做强；鼓励举办重要活动及论坛；鼓励学术研究和创新项目；择优实施一企一政
成华区	2018年12月28日	《成华区社会企业培育扶持办法（试行）》	主体支持；实施"熊猫计划"；能力建设支持；打造综合服务平台；鼓励参与政府采购；办公用房租赁补贴；发展信贷支持；经济贡献奖励；鼓励招新引优；鼓励做大做强；鼓励创新争先；鼓励参与社区生活性服务；人才引进支持
温江区	2019年12月31日	《温江区关于利用城乡社区发展治理专项激励资金培育发展社会企业的办法（试行）》	主体支持；鼓励参与认定；办公用房租赁补贴；孵化平台建设支持；观察社会企业孵化支持；政府购买服务支持；鼓励创新争先；鼓励参与社区生活性服务
简阳市	——	《简阳市社会企业培育扶持办法（试行）》	主体支持；能力建设支持；鼓励参与认定；鼓励参与政府采购；办公用房租赁补贴；发展信贷支持；经济贡献奖励；鼓励招新引优；鼓励做大做强；鼓励创新争先；鼓励参与社区生活性服务
郫都区	2019年10月15日	《郫都区社会企业培育扶持办法（试行）》	认证支持；空间场地支持；孵化平台建设支持；智力支持；项目支持；鼓励参与各类社创大赛
大邑县	2020年9月25日	《大邑县社会企业培育扶持办法（试行）》	主体支持；孵化培育支持；认证支持；场地支持；信贷支持；税收支持；活动支持；人才支持
新津区	2020年9月30日	《成都市新津区关于培育发展社会企业的扶持办法》	主体支持；孵化培育支持；认证支持；空间场地支持；政府采购支持；争先创优支持；搭建供需平台
青白江区	2018年10月4日	《成都市青白江区培育社会企业促进社区发展治理的实施意见》	建立完善工作机制；营造良好发展环境；健全信用约束体系

四、四川省内江市

1.《内江市市场监督管理局等六部门关于印发〈关于培育社会企业的实施意见〉的通知》（内市监发〔2020〕126号）。

（1）定义

社会企业是指以服务社会或创新公共服务供给为目标，以商业模式解决基层治理问题为手段，并取得明显社会成果的企业。社会企业兼具社会目标和商业运行的属性。

（2）适用范围

试点期允许社会企业新设立或由社会组织转型为有限责任公司或股份有限公司。试点行业突出医养康养、早教教育、家政服务、室内装修维修和物业管理等5个行业，主要从事"社会功能空缺、政府难以触及、企业难有作为"的公共服务类事项。社会企业没有明显的单一行业属性，依据其从事的社会目标归属于对应的国民行业分类。

（3）经营模式

在社会企业章程中应当明确其生产经营产品（服务）的价格低于其市场价格的10％，或所得税后利润不低于10％投入社会公益事业，依托社区、小区、街道等基层节点参与社会环境无偿或低偿改造，进而通过社会认同获取更多的社会资源。所得收益可以推动社会企业从事更大范围的公共服务项目，以项目数量上的收益来弥补其无偿或低偿的公共服务投入。

（4）优选试点样本

做好与引进社会企业的对接，依照出台的《登记办法》，及时办理引进社会企业或分支机构登记。运用社会企业集群登记和"一照多址"的登记方式，保障社会企业享受改革红利。选定、指导和打造试点社区点位，完成社会企业在我市的首批落地。

示范引导带动根据社会企业属性，倡导社会贡献、鼓励公益活动等类型的衡量基准，制定内江市示范社会企业的评价标准，采取第三方评估的方式，对参评社会企业的社会目标进行综合评价。根据工作推动情况适时开展表扬示范社会企业等引导激励活动。

（5）加大扶持力度

加大政府侧的支持力度，鼓励相关部门支持社会企业享有社区场地、公共绿地或小区公共场所等设施的无偿、低偿使用或优先租用。强化部门协同协作，推进企业投资项目承诺制试点等改革工作，同时确保社会企业依法享受培训社保补贴、创业就业优待、税收减免优惠，以及项目审批绿色通道等落地政策，"以点带面"推进社会企业培育工作向全市全面铺开。

（6）强化事后监管

将全市社会企业社会目标定量纳入"双随机一公开"定向抽检事项，突出其社会目标投入的情况核实和效果体现。

2. 内江市市场监督管理局《关于印发〈内江市社会企业登记管理办法（试行）〉的通知》（内市监发〔2020〕138号）。

（1）适用范围

全市范围内涉及医养康养、早教教育、家政服务、室内装修维修和物业管理等5个行业的新设立登记社会企业、非营利社会组织转型为社会企业，或者市外社会企业到本市设立分支机构的，适用本办法。法律法规和其他规范性文件有涉及社会企业规定的，从其规定。

（2）命名规则

社会企业登记为有限责任公司或股份有限公司。

社会企业的名称依次由行政区划、字号、行业或经营特点、组织形式组成。允许在其名称表述中使用"社会企业"或符合特定社会公益目标名称等个性化字样。

社会企业的名称应当符合《企业名称登记管理实施办法》的有关规定。

（3）主体支持

社会企业可通过商务秘书企业等集群注册的方式托管经营地址，允许其通过"一照多址"等登记改革方式设立多个经营场所。

支持城乡社区（居委会、村委会）作为特殊法人，采取资产入股、众筹等方式兴办社会企业。

设立或转型为社会企业的有限责任公司或股份有限公司，应当具备下列条件：股东符合法定人数；有符合公司章程规定的全体股东认缴的出资额；股东共同制定公司章程，并在章程中明确共同认可社会目标；有公司名称，且建立符合《中华人民共和国公司法》要求的组织机构。

（4）经营范围

社会企业的经营范围可以包含其公司章程明确的社会目标，允许使用自定义、个性化的经营范围表述。涉及新产业（业态）的，登记机关可参照行业标准、参考文献或约定俗成的方式予以核定。

五、四川省绵阳市

《绵阳市人民政府办公室印发〈关于大力培育发展社会企业的实施意见（试行）〉的通知》（绵府办发〔2020〕43号）发布于2020年12月29日，有效期2年，具体内容如下。

1. 建立社会企业培育制度

明确经营范围、创新登记制度、支持灵活创办、鼓励社区参与、实行评审认证、优化金融服务、落实财税政策、畅通政府采购、强化能力建设、加快平台建设、加强企业党建。

2. 社会企业监管体系

建立监管体系、实施信用监管、加强行业监管、实行社区考核、推进行业自律、建立退出制度。

六、广州佛山市顺德区

佛山市顺德区社会创新中心关于印发《顺德区社会企业发展支持计划》的通知（顺社创〔2020〕18号）发布于2020年11月20日，无有效期，具体内容如下。

1. 资源对接支持

符合顺德区社会治理"众创共善"计划专项资金使用规定的，可申请资助；

符合广东省德胜社区慈善基金会可持续社区发展基金资助范围的，可申请资助。

2. 拓展资源渠道

根据社会企业的业务及产品服务类型、解决方案，结合区级政府部门、镇（街道）、村（社区），以及其他商协会、企业、慈善组织等需求进行匹配，积极推进多方资源与社会企业之间的沟通合作。

3. 能力建设支持

针对社会企业发展领域，提供相关政策解读和行业信息服务，鼓励和支持社会企业以市场公平竞争的方式参与政府采购；引导符合条件的社会企业申报小微企业、科技型中小企业、农业创新型企业或合作社、现代服务业企业等政府扶持政策；邀请专业导师或专业机构开展主题和能力培训，提升社会企业运营发展能力。

4. 搭建沟通交流平台

为认证社会企业、准社会企业、具有商业运营的公益机构等提供资讯交流、辅导、对接等服务，为行业发展提供后方支持。

5. 加强宣传推广

开展社会企业及项目宣传，倡导社会企业价值，宣传社会企业成功做法、案例、产品和服务，推荐参与国内社会企业奖项评选，提升社会企业公众认知度和社会影响力。

6. 社会企业标识使用

获得认定的社会企业，认定证书有效期内可使用实物标识、电子logo。企业可将标识用于其办公场地、经营服务场所等，供客户及公众识别。

七、各地支持政策总结

对各地出台的社会企业相关政策总结如下（详见附录4）。

1. 注重主体支持

为贯彻落实《成都市人民政府办公厅关于培育社会企业促进社区发展治理的意见》（成办函〔2018〕61号），支持社会企业的培育发展，成都市各区政府注重对社会企业的主体支持。一方面，鼓励社会企业的创办与投资，对于通过认定的社会企业，政府给予一定的资金奖励；另一方面，放宽社会企业的登记条件，降低准入门槛。此举既提高了社会企业家及社会创业者创办社会企业的积极性，也使得社会企业的申请与注册更加便捷高效。

2. 开展业务支持

对处于初创期的社会企业而言，拥有维持企业生存的资源至关重要。部分社会企业由非营利机构转型而来，在短时间内难以适应主动参与市场竞争以获取资源的过程。对此，各地方政府普遍通过购买社会企业服务的方式予以扶持。部分地区在政府购买的基础上，鼓励当地社会企业在社区实施生活性服务类项目，并定期开展项目评比。社会企业通过融入社区生活，更易将自身业务对接社区需要，从而解决社区问题、得到社区居民的认可与支持。此外，承接政府购买服务和社区治理项目有助于社会企业了解商业运作流程，提升经营与管理能力。

3. 大力培养与引进专业人才

政府关注社会企业专业人才队伍的建设，相关工作从两方面开展。一方面，积极引进从事社会企业工作的专业人才，享受相应的资金资助，并且在户口迁移、人才公寓、子女入学、医疗保障等方面由区级相关部门给予便利。成都市武侯区、成华区、大邑县等地方政府即采取了相似的政策措施。另一方面，建立多元化社会企业能力培训机制，邀请专业导师或专业机构为社会企业开展主题培训和能力培训。针对社会企业家，北京市昌平区政府设置了"青年菁英计划"，推动社会企业领袖型人才的成长与发展；成都市成华区实施"熊猫计划"，实行区级领导联系社会企业创始人制度，主动了解企业发展情况，听取企业创始人的意见和建议，切实为社会企业及其创始人排忧解难，并对在社区发展治理与服务中作用发挥突出的社会企业创始人，优先作为相关表彰表扬的评选对象。此类举措有助于提升社会企业创始人和从业人员的专业知识和服务技能，提升社会企业运营发展能力。

4. 提供资金支持

现阶段地方政府对社会企业提供的资金支持，主要表现为办公用房租赁补贴。办公用房租金作为社会企业开展业务活动必不可少的固定性支出，在企业的总开支中占据一定比重。政府为社会企业提供办公用房租赁补贴，有助于缓解社会企业的资金压力。值得关注的是，部分地方政府在社会企业融资方面开展了积极有效的探索。例如深圳市福田区支持专业机构设立以社会服务项目为主要投资方向的专项子基金，鼓励社会企业申报福田区社会建设专项资金资助项目；成都市武侯区倡导以公益创投的方式对市场潜力大、创新能力强的社会企业项目给予资助；金牛区探索引入社会影响力投资，设立社会影响力投资引导基金。此举为社会企业获取资金提供了全新思路，有望解决社会企业融资难的现实困境。

5. 落实财税红利

地方政府切实落实财政、税收政策对社会企业的支持。以成都市武侯区、成华区、简阳市、大邑县为代表的地方政府加强与金融机构的合作，深入开展"银税互动"，聚集优化社会企业金融服务，为社会企业提供信用金融产品，并以社会企业对当地经济贡献为参考，给予一定比例的税收扶持。以优化金融服务、实施税收优惠为举措，社会企业享有的政策红利得到切实提升，社会企业家与社会创业者的经营信心得到显著增强。

6. 关注平台建设

各地方政府积极构建社会企业支持平台，根据平台的职能可以分为社会企业孵化培育平台与社会企业服务平台。北京市昌平区，成都市金牛区、成华区、温江区、郫都区、新津区、简阳市、大邑县纷纷建立社会企业孵化培育平台，部分地区对新建平台给予装修补贴，根据每年孵化的社会企业数量和社会企业培育工作量，对孵化平台运营机构给予资金激励。北京市昌平区，成都市金牛区、新津区、简阳市，佛山市顺德区搭建了社会企业服务平台，负责发布社区需求清单和企业服务清单，提供资讯交流、辅导、对接等服务，为行业发展提供后方支持。社会企业支持平台的构建不仅为社会企业开展业务提供了便利，而且将社会企业引入更为广阔的市场环境中，以市场、政府、行业支持机构为代表的多方主体的参与，更为社会企业的成长提供了无限可能。

社会企业在我国的发展虽处于初期阶段，但各地方政府积极出台了相关扶持政策，引导并鼓励社会企业参与社会事务、协助解决社会问题，充分发挥其在社区发展治理与服务中的积极作用，相信在企业与政府的协同努力下，社会企业将逐渐成长为推动社会发展的重要力量。

第二节　促进社会企业发展的对策建议

从2004年社会企业概念传入我国至今已近二十年，其间我国社会企业的发展大家有目共睹，但也暴露出了存在的问题和不足：社会企业缺乏法律保障；外部融资不易；公众认知程度低等。因此，立足我国社会企业现状，从政府和社会企业自身角度，提出了助力社会企业的进一步发展的对策建议。

一、立足企业角度的解决对策

1.因地制宜，从社会需求出发寻找业务增长点

社会企业以完成社会使命为任务，通过商业运作创造经济价值是社会企业完成社会使命的手段，而不是最终目的。社会企业需要结合社会发展中存在的现实问题，有针对性地提供产品或服务。社会企业自身的发展以社会发展为依托，应通过实地调研发现社会发展中亟待解决的社会问题，如教育保障、医疗卫生、环境保护等方面，从社会需求出发寻找业务的增长点。明晰现阶段存在的社会"痛点"后，社会企业才能精准地提供产品或服务，切实解决社会问题。这样既有利于自身的可持续发展，又有助于社会使命的实现，体现社会企业存在的价值。

2.提高资源利用效率，增强成本核算与控制能力

社会企业与传统营利性企业的相似之处，在于通过提供产品或服务获取收入，实现自身的发展需要。目前社会企业除营业收入外的资金来源主要是财政补助及社会捐赠。在资金来源有限的情况下，社会企业必须通过提高资源的利用效率实现更多的资本积累，从而满足社会企业可持续发展的需要。部分社会企业转型于非营利组织，因此其成本核算与控制的能力弱于传统营利性企业。在市场竞争中，价廉质优的产品往往受到消费者的青睐，而成本是定价需要考虑的重要因素。社会企业应提高资源利用效率、加强成本控制，从而避免在市场竞争中处于劣势地位，还要分析生产经营中的各个环节，发现其中存在的不足之处并及时解决。必要时可寻求外部专业机构的帮助，如会计师事务所、咨询公司等。

3. 完善组织管理水平，积极吸引外部投资

提高融资效率、扩大融资规模，社会企业自身也需要做出努力。一方面社会企业可以通过举办公益活动、开展公益讲座等方式提高自身的知名度，让企业的价值理念为社会公众所熟知，有利于吸引外部投资者的投资。另一方面社会企业应结合自身规模建立完善的组织架构，设立股东会、董事会，制定企业准则并严格执行，提高自身的管理水平。同时社会企业应建立绩效考核机制，参照一般营利性企业编制财务报表的形式记录资产负债变动、资金收支等财务信息，定期向社会公开，树立良好的企业形象，从而更易获得外部投资、得到社会的认可和支持。

4. 明确社会企业的价值观，合理分配企业收益

社会企业的收益分配不同于商业企业。若分配比重过大，一方面可能导致使命漂移，有悖于社会企业将公益性放在第一位的初衷，也更易招致公众的质疑；另一方面，仅从企业运营的角度出发，过度的收益分配降低了企业的资本存量，加剧了企业的不稳定性。相反，若留存比重过大，且缺乏合理的留存资金使用规划，容易挫伤员工的积极性，难以形成有效激励，影响企业的发展。因此，社会企业的员工应该明确企业义利兼顾的价值观念和商业模式，不能将收益简单地看作投入资本的回报，而应理解为企业经营取得的阶段性成果。同时，社会企业的收益分配应结合企业发展的不同阶段考虑：社会企业发展的起步阶段对资金的需求量大，应减少收益分配的比例，规避财务风险对企业发展带来的影响；随着社会企业商业模式趋于完善、运营趋于稳定，可在满足企业内部资金需要的前提下适度提高收益的分配比重。

5. 培养全面预算意识，建立全面预算管理体系和绩效考核标准

仅对收入和成本进行简单的预估难以满足控制和决策的需要，社会企业应培养全面预算意识来应对财务风险。社会企业的全面预算管理体系涵盖空间维度和时间维度。空间维度要求社会企业运营的各个环节都纳入预算，除了销售收入和成本预算，日常经营费用、固定资产费用、专项支出等费用预算也值得重视。时间维度是防范财务风险的保障，全面预算管理体系不仅包括预算制定期对企业运营各方面的细致筹划和分析，而且包含预算执行过程中的纠偏行为和对执行结果的评价与总结。在预算执行过程中通过考核相

关指标，评估当前状态与预算之间的差异，判断存在的财务风险并及时采取控制措施；建立绩效考核标准，在预算执行结束后分析经营成果，评价各部门、各员工对经营成果的贡献度，将其与社会企业内部每个成员的绩效挂钩。由于全员参与预算标准的制定，社会企业成员的工作内容和计划的指向性更加明确。个人业绩与企业经营表现相联系，既能调动员工的积极性，也有助于财务风险的防范和控制。

二、立足政府角度的政策建议

1. 加强社会企业法律制度建设，营造良好的制度环境

稳定的制度环境能促进社会企业的发展。相较于英、美、日、韩四国，我国在社会企业立法方面进程缓慢。就目前状况而言，虽然佛山市顺德区出台了社会企业认定标准和扶持办法，成都出台了地方性指导意见，北京发布了社会企业认证办法，但实现立法仍旧任重道远。韩国和美国在立法方面的实践可以为我国社会企业的法制建设提供可行的思路和方式。韩国与我国有着相近的文化传统，也面临着相似的社会问题，因此可以依照韩国的立法模式，在国家层面出台社会企业相关法律，明晰社会企业的概念，明确社会企业的权利与义务，改变国内社会企业概念不清、众说纷纭的现状。美国各州出台法案，充分考虑了本地区的经济、社会发展状况，针对自身存在的社会问题有针对性地解决。在此基础上，我国政府亦可参考美国的模式，由地方政府根据本地区的实际情况制定标准并实施，将社会企业有明显发展的地区的实践思路和模式在全国范围内推广，从而提高整体发展水平。

2. 提高公众的认知程度，强化社会企业发展的社会基础

目前我国公众对社会企业的认知程度较低，具体表现为公众普遍不了解社会企业的概念，容易将社会企业和非营利组织混淆，不能理解社会企业"营利"与"公益"并存的模式。公众认知水平的提高难以实现一蹴即至，需要政府和社会力量的宣传与推广。在这方面我国可以借鉴日本和韩国的经验，由政府牵头成立相关职能部门，负责为社会企业提供制度、资金等方面的帮助，处理社会企业在日常运营中遇到的问题。目前国内的学术研究大多从国外社会企业的发展状况入手，力图通过学习国外相关理论、借鉴其发展经验来指导我国

社会企业的发展。但我国社会企业的发展与西方发达国家不同，仍处于起步阶段，不应生搬硬套西方社会企业发展的模式，而是要结合实际国情，因地制宜地发展社会企业。因此政府应促成社会企业研究平台的建立，立足于本国国情开展研究，形成完善的、具有本土特色的社会企业理论研究体系，为社会企业立法提供理论依据和支撑。在理论研究以外，研究平台还担负两项重要职能：一方面为社会企业家和社会创业者答疑解惑，指导社会企业的发展，将研究理论用于实践，同时在实践中进一步丰富和完善理论内容；另一方面及时向公众宣传最新的研究成果，促进公众对社会企业的了解，以期提高公众对社会企业的认知水平，如政府可以借助新媒体平台推送社会企业的新闻资讯、社会企业家访谈等信息，展现社会企业参与社会治理的优势，增进公众对社会企业的理解，缩短公众和社会企业间的距离。

3. 大力培育社会企业家，巩固社会企业发展的人才基础

社会企业家作为社会企业的领导核心，把握着社会企业的发展方向，对社会企业价值的实现起到重要作用。当前我国社会企业的发展仍处于起步阶段，培育一批具有强烈社会责任感和敏锐市场洞察力的社会企业家，是实现社会企业长足发展的必由之路。大力培育社会企业家，需要政府的支持和帮助。现阶段学术界对社会企业家的研究尚未形成体系，政府应推动社会企业家研究中心的建立，资助相关领域的学者展开研究，建立并逐步完善社会企业家理论体系，在理论层面为社会企业家的培育提供支撑。此前"企业家精神"被写入2017年的政府工作报告，政府对企业家的认同感极大地提高了企业家的投资热情与信心。社会企业家作为企业家群体中的新生力量，更需要得到政府的肯定和支持。政府应出台法律法规保护社会企业家产权，切实维护社会企业家的合法权益，为其实现社会价值提供稳定的制度保障。目前已有社会组织从事社会企业的相关研究，致力于推动社会企业这一新生事物的落地生根，为社会企业在创建、运营的过程中出现的问题提供解决思路，从实践层面推动社会企业的发展。政府应积极促成社会企业家同盟的建立，为社会企业家搭建互动交流的平台，定期邀请相关研究领域的学者分享最新的学术成果，聘请经验丰富的社会企业家作为创业导师，分享自己的创业历程，总结经验教训，改变创业者单纯依靠商业手段创造收益的惯有思维模式，提高社会创业者的创业能力，助力

其社会价值的实现。

4.助力良好行业生态的形成，打造高效的融资环境

政府可以出台统一的社会企业认定标准，鼓励商业银行为满足认定标准的社会企业提供低息贷款，同时发挥市场机制的作用，以政府购买的形式将部分公共服务提供给社会企业执行。一方面能为社会企业提供收入，缓解其资金压力，另一方面有利于社会企业发挥自身优势参与社会治理。就长期而言，政府应该多措并举助力形成良好的社会企业行业生态，营造四位一体的"社会企业—投资机构—社会企业支持机构—社会公众"网络体系。正如前文所言，虽然社会企业的融资渠道呈现多元化态势，但来源于商业创投机构、社会投资机构的投资所占比重不大，社会企业从网络体系中难以得到充足的支持。政府可以建设社会企业融资平台，吸引商业创投机构和社会投资机构的参与，使其充分了解社会企业的信息，以"供需见面，双向选择"的模式提高社会企业融资效率，扩大融资规模。此外，政府也可成立相关职能部门作为联系社会企业和投资机构的纽带，提高投资机构对社会企业的认知程度。在此过程中政府需要加强对社会企业的监督，确保资金的安全性，保障投资机构的利益。

自社会企业的概念引入中国之后，社会各界对社会企业的认知水平在不断提升，不仅一些地方政府开始重视社会企业的发展，媒体对社会企业的报道与学术界对社会企业的研究也增多，而且，社会企业支持型机构、社会投资机构也在不断成长，这为社会企业的发展提供了良好的机遇。如果将社会企业视作人类社会探索解决自身面临的社会问题的创新路径，那么，在这个方兴未艾的领域，中国正面临巨大的发展机遇。加之，中国正急需探索创新的方式方法以更有效地解决各方面的社会难题，包括社会企业的创新探索。或者可以说，中国的社会需求与社会问题是中国社会企业发展的动力源泉。社会各界对社会企业的认知程度正在逐步提升，政策环境逐步趋好。特别是2018年，以北京、成都、深圳福田出台的社会企业或社会投资方面的政策为里程碑，中国社会企业发展的政策环境正在朝积极的方向发展。北京市作为首都，深圳市作为改革开放的前沿阵地，成都市作为西部地区的中心城市，其政策示范效应非常强，相信未来会有越来越多的地方政府通过学习模仿，鼓励当地社会企业的发展。

可以预计，未来若干年我国新增社会企业的数量会有较大幅度的增长，甚至掀起我国社会企业与社会投资发展的新高潮。特别是随着我国民生服务需求地不断增长，以及绿色金融、政府和社会资本合作等模式地发展，未来我国社会投资领域的发展空间与潜力巨大。

参考文献

[1] ALDRICH J. Haavelmo's identification theory [J]. Econometric Theory, 1994, 10 (1): 198-219.

[2] ALLISON T H, MCKENNY A F, SHORT J C. The effect of entrepreneurship rhetoric on microlending investment: An examination of the warm-glow effect [J]. Journal of Business Venturing, 2013, 28 (6): 690-707.

[3] AN W, ZHAO X, CAO Z, et al. How Bricolage Drives Corporate Entrepreneurship: The Roles of Opportunity Identification and Learning Orientation [J]. Journal of Product Innovation Management, 2017 (2): 1-17.

[4] ANDRE K, CHO C H, LAINE M. Reference points for measuring social performance: Case study of a social business venture [J]. Journal of Business Venturing, 2018, 33 (5): 660-678.

[5] AREND R J. A Heart-Mind-Opportunity Nexus: Distinguishing Social Entrepreneurship for Entrepreneurs [J]. 2013, 38 (2): 313-315.

[6] AUSTIN J, et al. Social and Commercial Entrepreneurship: Same, Different, or Both? [J]. Entrepreneurship Theory and Practice, 2006 (1): 1-22.

[7] AUTIO E, FU K. Economic and Political Institutions and Entry into Formal and Informal Entrepreneurship [J]. Asia Pacific Journal of Management, 2015, 32 (1): 67-94.

[8] BAGNOLI L, MEGALI C. Measuring performance in social enterprises [J]. Nonprofit and Voluntary Sector Quarterly, 2011, 40 (1): 149-165.

[9] BAKER T, NELSON R E. Creating something from nothing: Resource construction through entrepreneurial bricolage [J]. Administrative Science

Quarterly, 2005, 50 (3): 329-366.

[10] BARON, RM. AND KENNY DA. The moderator-mediator variable distinction in social psychological research: conceptual, strategic and statistical consideration [J]. Journal of Personality and Social Psychology, 1986, 51 (6): 1173-1182.

[11] BATTILANA J, SENGUL M, PACHE A C, et al. Harnessing productive tensions in hybrid organizations: the case of work integration social enterprises [J]. Academy of Management Journal, 2015, 58 (6): 1658-1685.

[12] BHATT B, QURESHI I, RIAZ S. Social Entrepreneurship in Non-Munificent Institutional Environments and Implications for Institutional Work: Insights From China [J]. Journal of Business Ethics, 2019, 154 (3): 605-630.

[13] BITEKTINE A.Toward a Theory of Social Judgements of Organizations: The Case of Legitimacy, Reputation and Status [J]. The Academy of Manegement Review, 2011, 36 (1): 151-179.

[14] BOCKEN N M P, SHORT S W, RANA P, et al. A literature and practice review to develop sustainable business model archetypes [J]. Journal of Cleaner Production, 2014, 65 (15): 42-56.

[15] BORNSTEIN D. How to change the world: Social entrepreneurs and the power of new ideas [M]. New York: Oxford University Press, 2004.

[16] BRETTEL M, STRESE S, FLATTE T C. Improving the performance of business models with relationship marketing efforts-An entrepreneurial perspective [J]. European Management Journal, 2012, 30 (2): 85-98.

[17] BROOKS A C. Social Entrepreneurship: A Modern Approach to Social Value Creation [M]. Upper Saddle River: Pearson Prentice Hal, 2008.

[18] BUCHERER E, EISERT U, GASSMANN O. Towards systematic business model innovation: Lessons from product innovation management [J]. Creativity & Innovation Management, 2012, 21 (2): 183-198.

[19] BUSENITZ L W, GÓMEZ, CAROLINA, et al. Country institutional profiles: Unlocking entrepreneurial phenomena [J]. The Academy of Management

Journal, 2000, 43(5): 994-1003.

[20] CERTO S T, MILLER T. Social entrepreneurship: Key issues and concepts [J]. Business Horizons, 2008, 51(4): 267-271.

[21] COONEY C. An Exploratory study of social purpose business models in the United States [J]. Nonprofit and Voluntary Sector Quarterly, 2011, 40(1): 185-196.

[22] CORDES, JOSEPH J. Using Cost-benefit analysis and social return on investment to evaluate the impact of social enterprise: Promises, implementation, and limitations [J]. Evaluation and Program Planning, 2016, 64(SI): 98-104.

[23] CORNER P D, HO M . How opportunities develop in social entrepreneurship [J]. Entrepreneurship Theory & Practice, 2010, 34(4): 635-659.

[24] DACIN M T, OLIVER C, ROY J P. The legitimacy of strategic alliances: an institutional perspective [J]. Strategic Management Journal, 2007, 28(2): 169-187.

[25] DATTA P B, GAILEY R. Empowering Women Through Social Entrepreneurship: Case Study of a Women's Cooperative in India [J]. Entrepreneurship Theory & Practice, 2012, 36(3): 569-587.

[26] DAVID A S. Social entrepreneurship: Pattern-changing entrepreneurs and the scaling of social impact [D]. Conceptual Paper of Doctor, 2005.

[27] DAVIES I A, CHAMBERS L. Integrating hybridity and business model theory in sustainable entrepreneurship [J]. Journal of Cleaner Production, 2018(177): 378-386.

[28] DEES J G. A Tale of Two Cultures: Charity, Problem Solving, and the Future of Social Entrepreneurship [J]. Journal of Business Ethics, 2012, 111(3): 321-334.

[29] DEES J G. Enterpriseing nonprofit [J]. Harvard Business Review, 1998, 76: 54-59.

[30] DEES J G. New definitions of social entrepreneurship: Free eye exams and

wheelchair drivers [J]. Knowledge@Wharton Newsletter, 2003, 12 (10): 3-16.

[31] DEFOURNY J, KIM S-Y. Emerging models of social enterprise in eastern Asia: a cross-country analysis [J]. Social Enterprise Journal, 2011, 7 (1): 86-111.

[32] DESA G, BASU S. Optimization or Bricolage? Overcoming Resource Constraints in Global Social Entrepreneurship [J]. Strategic Entrepreneurship Journal, 2013, 7 (1): 26-49.

[33] DESA G. Resource mobilization in international social entrepreneurship: Bricolage as a mechanism of Institutional transformation [J]. Entrepreneurship Theory and Practice, 2012, 36 (4): 727-751.

[34] DOBSON K, BOONE S, ANDRIES P, et al. Successfully creating and scaling a sustainable social enterprise model under uncertainty: The case of ViaVia Travellers Cafes [J]. Journal of Cleaner Production, 2018, 172: 4555-4564.

[35] ESTRIN S, MICKIEWICZ T, STEPHAN U. Entrepreneurship, social capital, and institutions: social and commercial entrepreneurship across nations [J]. Entrepreneurship: Theory and Practice, 2013, 37 (3): 479-504.

[36] FERGUSON K M, XIE B, GLYNN S. Adapting the individual placement and support model with homeless young adults [J]. Child & Youth Care Forum, 2012, 41 (3): 277-294.

[37] FERGUSON K M. Merging the fields of mental health and social enterprise: Lessons from abroad and cumulative findings from research with homeless youths [J]. Community Mental Health Journal, 2012, 48 (4): 490-502.

[38] FERGUSON K M. Nonvocational outcomes from a randomized controlled trial of two employment interventions for homeless youth [J]. Research on Social Work Practice, 2018, 28 (5): 603-618.

[39] GIBBONS J, HAZY J K. Leading a large-scale distributed social enterprise [J]. Nonprofit Management and Leadership, 2017, 27 (3): 299-316.

［40］GRAS D, MENDOZA-ABARCA K I. Risky business? The survival implications of exploiting commercial opportunities by nonprofits［J］. Journal of Business Venturing, 2014, 29（3）: 392-404.

［41］GRIMES M G, MCMULLEN J S, VOGUS T J, et al. Studying the Origins of Social Entrepreneurship: Compassion and the Role of Embedded Agency［J］. Academy of Management Review, 2013, 38（3）: 460-463.

［42］GUO H, SU ZF, AHLSTROM D. Business model innovation. The effects of exploratory orientation, opportunity recognition, and entrepreneurial bricolage in an emerging economy［J］. Asia Pacific Journal of Management, 2016, 33（2）: 533-549.

［43］KELLY H, PETE A, ROSS M. Start up and sustainability: Marketisation and the social enterprise investment fund in England［J］. Journal of Social Policy, 2012, 41（4）: 733-749.

［44］KELLY H, PETE A, ROSS M. Public, private or neither? Analysing the publicness of health care social enterprises［J］. Public Management Review, 2016, 18（4）, 539-557.

［45］HART S L, SHARMA S. Engaging fringe stakeholders for competitive imagination［J］. Academy of Management Executive, 2004, 18（1）: 7-18.

［46］HOCKERTS, KAI. Determinants of social entrepreneurial intentions［J］. Entrepreneurship Theory and Practice, 2017, 41（1）: 105-130.

［47］HYNES B. Growing the social enterprise-issues and challenges［J］. Social Enterprise Journal, 2009, 5（2）: 114-125.

［48］DEES J G, EMERSON J, ECONOM P, Enterprising nonprofits: A toolkit for social entrepreneurs［M］. New York: John Wiley & Sons, 2001.

［49］JOHNSON M W, CHRISTENSEN C M, KAGERMANN H. Reinventing your business model［J］. Harvard Business Review, 2008, 86（12）: 51-59.

［50］KANNAMPUZHA M J, SUORANTA M. Bricolage in the marketing efforts of a social enterprise［J］. Journal of Research in Marketing and Entrepreneurship, 2016, 18（2）: 176-196.

［51］KATRE A, SALIPANTE P. Start-Up Social Ventures: Blending Fine-Grained Behaviors From two Institutions for Entrepreneurial success［J］. Entrepreneurship Theory & Practice, 2012, 36（5）: 967-994.

［52］ALTER K. Social enterprise typology［R］. Virtue Ventures LLC, 2007, 12: 1-124.

［53］KISTRUCK G M, WEBB J W, SUTTER C J, et al. The double-edged sword of legitimacy in based-of-the-pyramid markets［J］. Journal of Business Venturing, 2015, 30（3）: 436-451.

［54］LÉVI-STRAUSS C. The Savage Mind［M］. Chicago: University of Chicago Press, 1968: 17-18.

［55］LIU G, ENG T, TAKEDA S. An Investigation of Marketing Capabilities and Social Enterprise Performance in the UK and Japan［J］. Entrepreneurship Theory and Practice, 2015, 39（2）: 267-298.

［56］MARKIDES C. Disruptive innovation: In need of better theory［J］. Journal of Product Innovation Management, 2005, 23（1）: 19-25.

［57］MASON C, MORAN M. Social enterprise and policy discourse: a ccomparative analysis of the United Kingdom and Australia［J］. Policy & Politics, 2018, 46（4）: 607-626.

［58］MAURER J G. Readings in organization theory: open-system approaches ［M］. New York: Random House, 1971.

［59］MCMULLEN J S, BERGMAN B. Social entrepreneurship and the development paradox of prosocial motivation: A cautionary tale［J］. Strategic Entrepreneurship Journal, 2017, 11（3）: 243-270.

［60］MENDOZA-ABARCA K I, ANOKHIN S, CÉSAR Z. Uncovering the influence of social venture creation on commercial venture creation: A population ecology perspective［J］. Journal of Business Venturing, 2015, 30（6）: 793-807.

［61］MEYER J W, SCOTT R W. Centralization and the legitimacy problems of local government［M］. Beverly Hills, CA: Sage, 1983.

[62] MILLER T L, GRIMES M G, MCMULLEN J S, et al. Venturing for Others with Heart and Head: How Compassion Encouragies Social Entrepreneurship [J]. Academy of Management Review, 2012, 37(4): 616-640.

[63] MOLECKE G, PINKSE J. Accountability for social impact: A bricolage perspective on impact measurement in social enterprises[J]. Journal of Business Venturing, 2017, 32(5): 550-568.

[64] MOOK L, CHAN A, KERSHAW D. Measuring social enterprise value creation[J]. Nonprofit Management & Leadership, 2015, 26(2): 189-207.

[65] MOOK L, MAIORANO J, RYAN S, et al. Turning social return on investment on its head[J]. Nonprofit Management and Leadership, 2015, 26 (2): 229-246.

[66] NICHOLLS A, TEASDALE S. Neoliberalism by stealth? Exploring continuity and change within the UK social enterprise policy paradigm[J]. Policy and Politics, 2017, 45(3): 323-34.

[67] NICHOLLS A. Social entrepreneurship: New models of sustainable social shange[M]. Oxford: Oxford university press, 2006.

[68] OLOFSSON S, HOVESKOG M, HALILA F. Journey and impact of business model innovation: The case of a social enterprise in the Scandinavian electricity retail market[J]. Journal of Cleaner Production, 2018(175) 70-81.

[69] PARK C, WILDING M. Social enterprise policy design: Constructing social enterprise in the UK and Korea[J]. International Journal of Social Welfare, 2013, 22(3): 236-247.

[70] PFEFFER J, SALANCIK G R. The external control of organizations: A resource dependence perspective[M]. New York: Harper & Row, 1978.

[71] PFITZER M, BOCKSTETTE V, STAMP M. Innovating for shared value[J]. Harvard Business Review, 2013, 91(9): 1000-1009.

[72] RENKO M. Early challenges of nascent social entrepreneurs[J]. Entrepreneurship Theory & Practice, 2013, 37(5): 1045-1069.

[73] ROBIN M, ROSS M, KELLY H. New development: Spin-outs and social

enterprise: the 'right to request' programme for health and social care services [J]. Public Money & Management, 2012, 32 (3): 233-236.

[74] RÖNKKÖ M, PELTONEN J, ARENIUS P. Selective or Parallel? Toward Measuring the Domains of Entrepreneurial Bricolage [J]. Advances in Entrepreneurship, Firm Emergence and Growth, 2013, 15 (3): 43-61.

[75] ROSS M, KELLY H. Social Return on Investment(SROI) and Performance Measurement [J]. Public Management Review, 2013, 15 (6): 923-941.

[76] RUBIN P H. The expansion of firms [J]. Journal of Political Economy, 1973, 81 (4): 936-949.

[77] RUEBOTTOM T. The microstructures of rhetorival strategy in social entrepreneurship: Building legitimacy through heroes of villains [J]. Journal of Business Venturing, 2013, 28 (1): 98-116.

[78] SALUNKE S, WEERAWARDENA J, MCCOLL-KENNEDY J R. Competing through service innovation: The role of bricolage and entrepreneurship in project-oriented firms [J]. Journal of Business Research, 2013, 66 (8): 1085-1097.

[79] SANG M L, OLSON D L, TRIMI S. Co-innovation: Convergenomics, collaboration, and co-creation for organizational values [J]. Management Decision, 2012, 50 (5): 817-831.

[80] SANTOS F, PACHE A C, BIRKHOLZ C. Making hybrids work: Aligning business models and organizational design for social enterprises [J]. California Management Review, 2015, 57 (3): 36-58.

[81] SARPONG D, DAVIES C. Managerial organizing practices and legitimacy seeking in social enterprises [J]. Social Enterprise Journal, 2014, 10 (1): 21-37.

[82] SCHNEIDER S, SPIETH P. Business model innovation: Towards an integrated future research agenda [J]. International Journal of Innovation Management, 2013, 17 (01): 1-34.

[83] SCOTT W R. Introduction: Institutional theory and organizations. The

Institutional Construction of Organizations: Xi-Xxiii [C]. Thousand Oaks, CA: Sage, 1995.

[84] SENYARD J, DAVIDSSON P, STEFFENS P . Venture creation and resource processes: using bricolage in sustainability ventures [C]. Queensland: Proceedings of the 7th AGSE International Entrepreneurship Research Exchange, University of the Sunshine Coast, 2010.

[85] SENYARD J, BAKER T, DAVIDSSON P. Entrepreneurial bricolage: Towards systematic empirical testing [J]. Frontiers of Entrepreneurship Research, 2009, 29 (5): 5-15.

[86] SENYARD J, BAKER T, PAUL S. The role of bricolage and resource constraints in high potential sustainability ventures [C]. Babson Park: Proceedings of the 8th AGSE International Entrepreneurship Research Exchange, 2011.

[87] SENYARD J, BAKER T, STEFFENS P, et al. Bricolage as a path to innovativeness for resource-constrained new firms [J]. Journal of Product Innovation Management, 2014, 31 (2): 211-230.

[88] SEPULVEDA L, SYRETT S, CALVO S. Social enterprise and ethnic minorities: Exploring the consequences of the evolving British policy agenda [J]. Environment and Planning C-Government and Policy, 2013, 31 (4): 633-648.

[89] SHARIR M, LERNER M. Gauging the success of social ventures initiated by individual social entrepreneurs [J]. Journal of World Business, 2006, 41 (1): 6-20.

[90] SHAW E, CARTER S. Social entrepreneurship: Theoretical antecedents and empirical analysis of entrepreneurial processes and outcomes [J]. Journal of Small Business and Enterprise Development, 2007, 14 (3): 418-434.

[91] SHRIMALI G, SLASKI X, THURBER M C, et al. Improved stoves in India: A study of sustainable business models [J]. Energy Policy, 2011, 39 (12): 7543-7556.

[92] SI S, YU X B, WU A Q, et al. Entrepreneurship and poverty reduction: A case study of Yiwu, China [J]. Asia Pacific Journal of Management, 2015, 32 (1): 119-143.

[93] SINGH J, TUCKER D J, HOUSE R J. Organizational legitimacy and the liability of newness [J]. Administrative Science Quarterly, 1986, 32 (2): 171-193.

[94] SUCHMAN M C. Managing legitimacy: strategic and institutional approaches [J]. Academy of Management Review, 1995, 20 (3): 571-610.

[95] SUNDURAMURTHY C, MUSTEEN M, et al. Doing more with less, systematically? Bricolage and ingenieuring in successful social ventures [J]. Journal of World Business, 2016, 51 (5): 855-870.

[96] WEBER M. Economy and society: an outline of interpretive sociology [M]. Berkeley, CA Whetstone: University of California Press, 1978.

[97] WILSON F, POST J E. Business models for people, planet (&profits): Exploring the phenomena of social business, a market-based approach to social value creation [J]. Small Business Economics, 2013, 40 (3): 715-737.

[98] WOOD, STACY. Prone to progress: Using personality to identify supporters of innovative social entrepreneurship [J]. Journal of Public Policy & Marketing, 2012, 31 (1): 129-141.

[99] WRY T, YORK J G. An Identity-based approach to social enterprise [J]. Academy of Management Review, 2017, 42 (3): 437-460.

[100] WU L, LIU H, ZHANG J. Bricolage effects on new-product development speed and creativity: The moderating role of technological turbulence [J]. Journal of Business Research, 2017 (70): 127-135.

[101] YIN R K. Case study research: Design and methods [M]. London and Singapore: Sage, 2009.

[102] YIU D W, WAN W P, NG F W, et al. Sentimental drivers of social entrepreneurship: A study of China's Guangcai (Glorious) program [J]. Management and Organization Review, 2014, 10 (1): 55-80.

[103] ZIMMERMAN M A, ZEITZ G J. Beyond survival: achieving new venture growth by building legitimacy [J]. Academy of Management Review, 2002, 27 (3): 414-431.

[104] ZOTT C, AMIT R, MASSA L. The business model: Recent developments and future research [J]. Social Science Electronic Publishing, 2011, 37 (4): 1019-1042.

[105] ZOTT C, AMIT R. Business model design and the performance of entrepreneurial firms [J]. Organization Science, 2007, 18 (2): 181-199.

[106] 陈向明.质的研究方法与社会科学研究 [M].北京: 教育科学出版社, 2000.

[107] 陈悦, 陈超美, 刘则渊, 等. CiteSpace知识图谱的方法论功能 [J].科学学研, 2015, 33 (02): 242-253.

[108] 陈昀, 陈鑫.基于认知视角的社会创业企业合法化机制及获取策略 [J].管理学报, 2018, 15 (09): 1304-1310.

[109] 崔雁.社会企业概念探析——欧美地区比较视角 [J].山西高等学校社会科学学报, 2013, 25 (03): 21-24.

[110] 崔月琴, 金蓝青.组织衍生型社会企业的实践逻辑及其反思——以长春心语协会的发展为例 [J].学习与探索, 2018 (08): 44-51; 193.

[111] 丁开杰.中国社会管理体制改革的深化: 挑战、进展与问题 [J].甘肃行政学院学报, 2009 (03): 91-95; 69.

[112] 丁敏.社会企业商业模式创新研究 [J].科学经济社会, 2010, 28 (01): 94-97; 101.

[113] 杜运周, 张玉利, 任兵.展现还是隐藏竞争优势: 新企业竞争者导向与绩效U型关系及组织合法性的中介作用 [J].管理世界, 2012 (07): 96-107.

[114] 方世建, 黄明辉.创业新组拼理论溯源、主要内容探析与未来研究展望 [J].外国经济与管理, 2013, 35 (10): 2-12.

[115] 傅颖, 斯晓夫, 陈卉. 基于中国情境的社会创业: 前沿理论与问题思考 [J].外国经济与管理, 2017, 39 (03): 40-50.

[116] 顾慧芳, 郑可栋.英美国家 "社会企业" 的制度设计 [J].国家行政学院学报, 2013 (06): 121-123.

[117] 郭海, 沈睿.如何将创业机会转化为企业绩效——商业模式创新的中介作用及市场环境的调节作用[J].经济理论与经济管理, 2014 (03): 70-83.

[118] 韩文琰.立法认证: 解决我国社会企业融资难的重要途径——现实审视与国际比较[J].甘肃政法学院学报, 2018 (02): 73-82.

[119] 洪进, 杨娜娜, 杨洋.商业模式设计对新创企业创新绩效的影响[J].中国科技论坛, 2018 (02): 120-127; 135.

[120] 金锦萍.社会企业的兴起及其法律规制[J].经济社会体制比较, 2009 (04): 128-134.

[121] 金仁仙.韩国社会企业发展现状、评价及其经验借鉴[J].北京社会科学, 2015 (05): 122-128.

[122] 金仁仙.日本社会企业发展战略及其借鉴意义[J].企业管理, 2015 (03): 113-116.

[123] 金仁仙.中国社会企业的现状、评析及其发展战略[J].兰州学刊, 2016 (10): 188-195.

[124] 金仁仙.中韩日社会企业发展路径比较研究[J].社会治理, 2018 (04): 48-52.

[125] 金仁仙.中日韩社会企业发展比较研究[J].亚太经济, 2016 (06): 101-105.

[126] 乐琦, 蓝海林.并购后控制与并购绩效的关系研究: 基于合法性的调节效应[J].管理学报, 2012, 9 (02): 225-232.

[127] 李华晶, 肖玮玮. 机会识别、开发与资源整合: 基于壹基金的社会创业过程研究[J].科学经济社会, 2010, 28 (02): 94-97.

[128] 李健, 卢永彬, 王蕾.组织法律形式、政策工具与社会企业发展——基于全球28个国家的模糊集定性比较分析[J].研究与发展管理 2019, 31 (01): 1-9; 66.

[129] 李健.条条大陆通罗马?——国外社会企业立法指向及经验启示[J].经济社会体制比较, 2017 (03): 74-82.

[130] 李健.政策设计与社会企业发展——基于30个国家案例的定性比较分析[J].理论探索, 2018 (02): 32-38.

[131] 李健.政府如何促进社会企业发展?——来自新加坡的经验[J].经济体制改革, 2016 (05): 19-24.

[132] 厉杰, 吕辰, 于晓宇.社会创业合法性形成机制研究述评 [J].研究与发展管理, 2018, 30 (02): 148-158.

[133] 林海, 严中华, 黎友焕.社会企业商业模式创新路径研究——以格莱珉银行为例 [J].改革与战略, 2013, 29 (08): 73-77.

[134] 林艳, 李慧, 张晴晴.机会创新性、资源拼凑模式与初创企业绩效关系——基于扎根理论的多案例研究 [J].科学决策, 2018 (12): 38-55.

[135] 刘继同.就业与福利: 欧美国家的社区就业理论与政策模式 [J].欧洲, 2002 (05): 89-97; 107.

[136] 刘蕾, 周翔宇.非营利组织转型社会企业因素研究 [J].福建论坛 (人文社会科学版), 2017 (12): 24-31.

[137] 刘鲁浩, 梁玲, 葛夫财, 等.面向农业BOP群体的服务创新研究——基于社会企业的视角 [J].福建论坛 (人文社会科学版), 2016 (07): 34-41.

[138] 刘露, 郭海.新创企业资源拼凑研究现状与未来研究展望 [J].现代管理科学, 2017 (09): 64-66.

[139] 刘小霞, 徐永祥.社会企业的若干问题探讨 [J].华东理工大学学报 (社会科学版), 2013, 28 (05): 15-22; 68.

[140] 刘小霞.社会企业研究述评 [J].华东理工大学学报 (社会科学版), 2012, 27 (03): 9-22.

[141] 刘小霞.我国社会企业的历史演进及制度性角色 [J].中央民族大学学报 (哲学社会科学版), 2013, 40 (06): 53-60.

[142] 刘小元, 蓝子淇, 葛建新.机会共创行为对社会企业成长的影响研究——企业资源的调节作用 [J].研究与发展管理, 2019, 31 (01): 21-32.

[143] 刘振, 崔连广, 杨俊, 等. 制度逻辑、合法性机制与社会企业成长 [J].管理学报, 2015, 12 (04): 565-575.

[144] 刘振, 乐国林, 李志刚.双重驱动因素与社会企业成长绩效——市场合法化的中介作用 [J].科学学与科学技术管理, 2016, 37 (09): 114-128.

[145] 刘振, 杨俊, 李志刚.国外社会企业成长研究综述与发展趋势 [J].现代财经 (天津财经大学学报), 2014, 34 (02): 84-93.

[146] 刘志阳, 金仁旻.社会企业的商业模式: 一个基于价值的分析框架 [J].学术

月刊, 2015, 47 (03)：100-108.

[147] 刘志阳, 王陆峰.中国社会企业的生成逻辑 [J].学术月刊, 2019, 51 (10)：82-91.

[148] 刘志阳, 庄欣荷, 李斌.地理范围、注意力分配与社会企业使命偏离 [J].经济管理, 2019, 41 (08)：73-90.

[149] 陆军, 李佳巍.社会企业的财税支持政策：国际经验及启示 [J].学习与探索, 2016, (06)：84-91；159.

[150] 罗兴武, 项国鹏, 宁鹏, 等.商业模式创新如何影响新创企业绩效?——合法性及政策导向的作用 [J].科学学研究, 2017, 35 (07)：1073-1084.

[151] 彭伟, 顾汉杰, 符正平.联盟网络、组织合法性与新创企业成长关系研究 [J].管理学报, 2013, 10 (12)：1760-1769.

[152] 彭伟, 于小进, 郑庆龄, 等.资源拼凑、组织合法性与社会创业企业成长——基于扎根理论的多案例研究 [J].外国经济与管理, 2018, 40 (12)：55-70.

[153] 彭伟, 于小进, 郑庆龄.基于扎根理论的社会创业企业资源拼凑策略研究 [J].财经论丛, 2019 (01)：81-90.

[154] 彭伟, 于小进, 郑庆龄.中国情境下的社会创业过程研究 [J].管理学报, 2019, 16 (02)：229-237.

[155] 沙勇.社会企业发展演化及中国的策略选择 [J].南京社会科学, 2011 (07)：49-54；64.

[156] 盛南, 王重鸣.社会创业导向构思的探索性案例研究 [J].管理世界, 2008 (08)：127-137.

[157] 施美萍.多元治理视阈下助推社会企业发展对策研究 [J].湖北省社会主义学院学报, 2016, (04)：65-67.

[158] 时立荣, 王安岩.中国社会企业研究述评 [J].社会科学战线, 2019 (12)：272-280.

[159] 时立荣, 徐美美, 贾效伟.建国以来我国社会企业的产生和发展模式 [J].东岳论丛, 2011, 32 (09)：159-163.

[160] 时立荣.转型与整合：社会企业的性质、构成与发展 [J].人文杂志, 2007 (04)：181-187.

[161]斯晓夫.社会创业理论与实践[M].北京:机械工业出版社,2019.

[162]宋春艳.社会生态系统理论框架下我国社会企业发展的困境及对策[J].求索,2015(03):24-27.

[163]苏郁锋,张延平,周翔.互联网初创企业制度拼凑与整合策略多案例研究[J].管理学报,2019(02):168-179.

[164]孙世敏,汤甜.社会企业业绩计量文献评述[J].商业研究,2010(11):128-133.

[165]孙世敏,张兰,贾建锋.社会企业业绩计量理论与方法的研究进展[J].科研管理,2011,32(12):74-81.

[166]田蓉.超越与共享:社会企业研究新进展及未来展望[J].南京社会科学,2016(12):53-58;64.

[167]田志龙,高海涛.中国企业的非市场战略:追求合法性[J].软科学,2005(06):56-59;70.

[168]涂智苹.英美日韩社会企业发展比较研究及其启示[J].改革与战略,2018(08):116-122.

[169]汪忠,李姣,袁丹.社会创业者社会资本对机会识别的影响研究[J].中国地质大学学报(社会科学版),2017(02):140-149.

[170]汪忠,吴琳,张乾梅,等.基于模糊综合评价法的社会企业合作伙伴选择研究[J].财经理论与实践,2013(04):104-108.

[171]汪忠,吴倩,胡兰.基于DEA方法的社会企业双重绩效评价研究[J].中国地质大学学报(社会科学版),2013(04):106-111.

[172]汪忠,袁丹,江资斌,等.基于BP神经网络的社会企业动态能力评价研究[J].中国地质大学学报(社会科学版),2016(01):153-161;172.

[173]王名,朱晓红.社会企业论纲[J].中国非营利评论,2010,6(02):1-31.

[174]王世强.政府推动社会企业发展的政策措施:国际经验与中国路径[J].天津行政学院学报,2013,15(02):101-107.

[175]魏泽龙,谷盟.转型情景下企业合法性与绿色绩效的关系研究[J].管理评论,2015,27(04):76-84.

[176]肖建忠,唐艳艳.社会企业的企业家精神:创业动机与策略[J].华东经济管

理, 2010（04）：107-110.

[177]谢家平, 刘鲁浩, 梁玲, 等.农业社会企业价值网络协同机理: 社会嵌入视角的实证分析[J]. 财经研究, 2017（10）：83-96.

[178]谢家平, 刘鲁浩, 梁玲.社会企业: 发展异质性、现状定位及商业模式创新[J].经济管理, 2016, 38（04）：190-199.

[179]邢小强, 仝允桓, 陈晓鹏.金字塔底层市场的商业模式: 一个多案例研究[J].管理世界, 2011（10）：108-124; 188.

[180]邢小强, 赵鹤.面向金字塔底层的包容性创新政策研究[J].科学学与科学技术管理, 2016, 37（11）：3-10.

[181]胥思齐, 席酉民.社会企业竞合活动及其合法性演进研究[J].南开管理评论, 2018, 21（06）：156-170.

[182]徐君.社会企业组织形式的多元化安排: 美国的实践及启示[J].中国行政管理, 2012（10）：91-94.

[183]许庆瑞, 吴志岩, 陈力田.转型经济中企业自主创新能力演化路径及驱动因素分析——海尔集团1984-2013年的纵向案例研究[J].管理世界, 2013（04）：121-134; 188.

[184]杨家宁.社会企业研究述评——基于概念的分类[J].广东行政学院学报, 2009（03）：78-81.

[185]叶楠, 张潇.基于CiteSpace的国内可持续消费研究知识图谱分析[J].南京工业大学学报（社会科学版）, 2018（05）：87-96.

[186]于晓静.国外社会企业的发展及其启示[J].社团管理研究, 2011（05）：46-49.

[187]余晓敏, 丁开杰.社会企业发展路径: 国际比较及中国经验[J].中国行政管理, 2011（08）：61-65.

[188]余晓敏, 李娜.社会企业型在线慈善商店的创新模式分析——基于"善淘网"的案例研究[J].经济社会体制比较, 2017（05）：136-145.

[189]余晓敏, 张强, 赖佐夫.国际比较视野下的中国社会企业[J].经济社会体制比较, 2011（01）：157-165.

[190]余晓敏.社会企业的治理研究: 国际比较与中国模式[J].经济社会体制比

较, 2012（06）: 137-149.

[191] 俞可平.中国公民社会研究的若干问题［J］.中共中央党校学报, 2007（06）: 14-22.

[192] 俞祖成.日本社会企业: 起源动因、内涵嬗变与行动框架［J］.中国行政管理, 2017（05）: 139-143.

[193] 袁征.社会企业商业模式研究［D］.大连: 东北财经大学, 2012.

[194] 张红莉. 中国社会企业发展的政策探究［D］. 济南: 山东大学, 2019.

[195] 张建琦, 安雯雯, 尤成德, 等.基于多案例研究的拼凑理念、模式双元与替代式创新［J］.管理学报, 2015, 12（05）: 647-656.

[196] 张秀娥, 张坤.创业导向对新创社会企业绩效的影响——资源拼凑的中介作用与规制的调节作用［J］.科技进步与对策, 2018, 35（09）: 91-99.

[197] 张玉利, 田新, 王晓文.有限资源的创造性利用——基于冗余资源的商业模式创新: 以麦乐送为例［J］.经济管理, 2009, 31（03）: 119-125.

[198] 赵晶.企业社会资本与面向低收入群体的资源开发型商业模式创新［J］.中国软科学, 2010（04）: 116-123; 163.

[199] 赵莉, 严中华.英国促进社会企业发展的策略研究及启示［J］.特区经济, 2009（03）: 94-95.

[200] 赵兴庐, 张建琦.以创业拼凑为过程的新创企业的新颖性形成机制研究［J］.科技管理研究, 2016, 36（20）: 183-189.

[201] 赵兴庐, 张建琦.资源拼凑与企业绩效——组织结构和文化的权变影响［J］.经济管理, 2016, 38（05）: 165-175.

[202] 朱健刚, 严国威.社会企业的内部治理与社会目标达成——基于C公司的个案研究［J］.理论探讨, 2020（02）: 177-184.

[203] 祝振铎, 李新春.新创企业成长战略: 资源拼凑的研究综述与展望［J］.外国经济与管理, 2016, 38（11）: 71-82.

[204] 祝振铎.创业导向、创业拼凑与新企业绩效: 一个调节效应模型的实证研究［J］.管理评论, 2015, 27（11）: 57-65.

附录1　社会企业绩效转化调查问卷

尊敬的女士／先生：

您好！

　　本问卷调研目的在于了解中国社会企业发展现状和面临问题，以为社会企业健康成长提供借鉴和帮助。问卷中答案无对错之分，请您根据贵企业的实际情况选择您认为最合适的选项。此问卷大约会占用您8分钟时间。我们郑重承诺：所有调查资料均只用于纯粹的学术研究，完全采取匿名填写并严格保密，确保任何时候都不会公开贵企业和个人的信息，敬请拨冗填写。

　　感谢您的支持与合作！

　　顺颂

　　商祺！

社会企业发展研究课题组

第一部分：背景信息

以下部分请您填写个人及企业的背景信息。请在反映真实情况的选项上打"√"。

1. 性别：□男　□女

2. 职务：_____

3. 企业成立年数：_____

4. 目前职工人数：□10人以下　□10-50人　□51-100人　□101-300人　□300人以上

5. 目前义工人数：□10人以下　□10-50人　□51-100人　□101-300人　□300人以上

6. 贵企业的业务领域：□教育与就业　□环保与能源　□医疗卫生　□养老健康　□产业扶贫□其他

7. 贵企业资产规模：□低于10万　□10万<资产≤30万　□30万<资产≤50　□50万<资产≤100万　□100万以上

第二部分：资源拼凑

以下每一行代表一种行为，请您根据实际情况在两种极端情况之间选择相应的数字						
投入拼凑						
A₁₁	本企业不断投资于提高技能和其他资源，以追求竞争力	1	2	3	4	5	能利用现有的有限的技能或其他资源
A₁₂	本企业的技术和其他资源多数是自身开发和获取的结果	1	2	3	4	5	本企业的技术和其他资源是长期积累的结果
A₁₃	新员工能迅速利用企业资源（技术和其他资源）开展工作	1	2	3	4	5	如果不进行充分指导，新员工难以运用企业资源开展工作
顾客拼凑						
A₂₁	本企业通常用一些正式的、专业的方法来维护顾客关系	1	2	3	4	5	本企业与顾客之间有非正式关系，他们经常参与企业日常工作
A₂₂	顾客需求多样，我们不应该试图去服务他们的所有需求	1	2	3	4	5	经常帮助顾客解决其他企业没有或不会帮助他们解决的问题
A₂₃	本企业聚焦的客户市场是精心挑选的，并能从中获利	1	2	3	4	5	本企业也服务那些竞争者认为没什么吸引力的顾客
制度拼凑						
A₃₁	在运营中，本企业只用我们行业中通用的方法和实践	1	2	3	4	5	在运营中，本企业通常用自己独特的方式而非行业传统方法做事
A₃₂	在运营中，做事"照章办事"，即使有时会令客户失望	1	2	3	4	5	在运营中，如果能取得更好的结果，本企业将放弃传统行业做法
A₃₃	在运营中，本企业利用资源的方法与行业中其他企业一样	1	2	3	4	5	在运营中，本企业用非正统的方式组合资源

第三部分：商业模式创新

以下每句陈述分为五个等级，请您按照实际情况进行判断，并在最符合的等级上打"√"					
效率型：提升资源的使用效率	完全不同意		完全同意		
B₁₁	致力于提高企业现有资源的使用效率	1	2	3	4	5

续表

	以下每句陈述分为五个等级，请您按照实际情况进行判断，并在最符合的等级上打"√"					
B_{12}	致力于通过与合作伙伴的信息沟通降低各种成本	1	2	3	4	5
B_{13}	交易信息透明，并尽可能与合作伙伴共享	1	2	3	4	5
B_{14}	一直了解产品、服务以及合作伙伴的信息	1	2	3	4	5
B_{15}	一直在降低沟通成本，减少交易流程，提升效率	1	2	3	4	5
B_{16}	尽可能把企业的现有资源多用途使用	1	2	3	4	5
	新颖型：创造全新产品服务	完全不同意			完全同意	
B_{21}	以全新的方式实现了产品、信息和服务的协同	1	2	3	4	5
B_{22}	新的方式能够为我们带来新的合作伙伴	1	2	3	4	5
B_{23}	在交易中能够用新颖的方式为合作伙伴带来价值	1	2	3	4	5
B_{24}	善于与合作伙伴用全新的方式满足顾客的需求	1	2	3	4	5
B_{25}	通过商业模式不断地创新，提升交易量	1	2	3	4	5
B_{26}	新的合作方式能够使我们为顾客提供全新的产品或服务	1	2	3	4	5

第四部分：社会企业绩效

	以下每句陈述分为五个等级，请您按照实际情况进行判断，并在最符合的等级上打"√"					
	社会效益	完全不同意			完全同意	
C_{11}	获得了公共服务合同	1	2	3	4	5
C_{12}	招标政府（或其资助机构）为企业活动提供补助	1	2	3	4	5
C_{13}	在社区中为更多受益人服务	1	2	3	4	5
C_{14}	提供更多不同类型的社会服务	1	2	3	4	5
	经济效益	完全不同意			完全同意	
C_{21}	企业业务的盈利能力有很大提升	1	2	3	4	5
C_{22}	过去的一年里或贵公司成立以来，实现了企业财务目标	1	2	3	4	5
C_{23}	企业客户满意度增加	1	2	3	4	5
C_{24}	为企业客户提供了价值	1	2	3	4	5
C_{25}	把企业活动扩展到不同地区	1	2	3	4	5
C_{26}	从事更多不同类型的企业活动	1	2	3	4	5

第五部分：合法性

规制层面			完全不同意			完全同意	
D_{11}	政府积极协助人们开办社会创业企业	1	2	3	4	5
D_{12}	政府为社会企业或小型社会企业留出政府合同	1	2	3	4	5
D_{13}	地方和国家政府向想开办社会企业的个人提供特别支助	1	2	3	4	5
D_{14}	政府赞助那些能够帮助新型企业发展的组织	1	2	3	4	5
D_{15}	即使早先的社会创业失败，政府也会帮助创业者重新开始	1	2	3	4	5
认知层面			完全不同意			完全同意	
D_{21}	顾客高度评价本企业的服务	1	2	3	4	5
D_{22}	本企业利用商业手段解决社会问题是符合大众期望的	1	2	3	4	5
D_{23}	社会公众对本企业所倡导的价值理念完全可以接纳	1	2	3	4	5

问卷调查到此结束，再次感谢您的参与！

附录2　社会企业发展路径访谈提纲

被调研企业名称：＿＿＿＿＿＿＿＿＿

被访谈人：＿＿＿＿＿＿＿＿女士/先生

日期：＿＿＿＿＿＿＿＿

地点：＿＿＿＿＿＿＿＿

内容概要：

第一部分：发展历程

1. 企业发展经历哪些阶段、目前处于什么阶段？

2. 每个阶段的发展状况（公司的组织架构、人员状况、资产、财务、社会影响、商业模式、产品服务、企业规模等）。

3. 在不同的发展阶段遇到哪些有利及不利的因素（政策、人员、资金、商业模式、合法性、竞争对手等）。

4. 成长中有利的因素对企业影响。

5. 对成长中不利的因素如何解决。

第二部分：治理状况

1. 企业的内部治理结构：理事会、执行委员会、功能管理层和员工人数、构成和委任、管理形式。

2. 外部治理机制：与政府、行业协会、捐赠者、受益人、社会公众和媒体的关系。

第三部分：成长绩效

1. 取得哪些社会绩效：如获得了公共服务合同、招标政府（或其资助机构）为企业活动提供补助、在社区中为更多受益人服务、提供更多不同类型的社会服务、把社会服务扩展到不同地区。

2. 取得哪些经济效益：企业业务的盈利能力有很大提升、过去的一年里或贵公司成立以来，实现了企业财务目标、企业客户满意度增加、为企业客户提供了价值、把企业活动扩展到不同地区、从事更多不同类型的企业活动。

第四部分：其他

1. 企业未来的展望（发展方向、业务拓展、多元化、融资、上市、扩大规模等）。

2. 其他经验分享。

附录3 案例社会企业完整编码

续表7.2 LLYL开放性编码

资料	开放性编码		
	标签化	概念化	范畴化
对300多位老人进行专题调研，有针对性地选择，进口适老化的产品	aa01 进行专题调研		
"所以我们现在又开始去医院、养老院，找跌倒过的老人，再去找老人的一些需求"	aa02 需求调研	a01 考察调研	
但是，从对邻国日本的考察中，他们发现了一种适合中国人情和心理，并可以分期投资和逐步扩张的小规模多功能养老设施	aa03 邻国考察		
另一方面有意针对老人的子女进行宣传，普及相关知识，包括开发熊猫"大力"的形象，制作适老化改造宣传动画，开展电视采访	aa04 卡通化、针对年轻人宣传		A01 企业能力
LLYL一方面通过加大与政府间的合作，协助政府对低收、高龄老人家庭进行改造，用改造后的效果向老人周边的邻里、社区同伴展示实际效果	aa05 示范效应	a02 宣传推广	
除了采用加盟制度服务于居家养老的老人外，LLYL认为还需要弘扬社区和社会适老化改造的理念	aa06 弘扬理念		
LLYL积累和梳理养老与社工服务的经验，形成了公司的工作流程制度和培训体系	aa07 积累经验		
……LLYL根据以往的经验和教训，制定了详细的《失智老人走失的预防与应急预案》《防止老人发生暴力行为预案》《服务应急预案》	aa08 根据以往经验、制定预案	a03 总结经验	
从2015年开始，LLYL在市场原有的老年产品的基础上，组织团队总结养老服务经验，梳理老人居家安全问题	aa09 总结养老服务经验、梳理老人居家安全问题		A01 企业能力

续表

资料	开放性编码		
	标签化	概念化	范畴化
"我们也在思考，我们现在只能在社区一方面的需求，而志愿者的服务又专业，那什么样的服务才能更专业一些呢? 社会工作呢。而养老工作是社会工作的一部分"	aa10 成立专业化社工团队	a04 服务专业	A01 企业能力
适老化改造的评估人员，携带LLYL专门设计和配套的适老化评估工具包，上门开展回答技术性测试	aa11 评估专业化		
在适老化改造评估中养老服务人员针对老人因中风而引起的身体活动障碍，提出相应的康复建议，并协调公司的康复师进行相应的康复服务			
LLYL的社区养老服务中心接纳入托老人及上门服务时，会对老人进行持续评估，初次评估，老人后续发生重大身体状况变化的还要进行持续评估			
……未庆海下海经商，在物资进口、酒店业、工程项目等领域摸爬滚打十几年后，开始考察和寻找资金进入国外的养老制度所触动……按照未庆海的商业思考，中国涉及人群繁欧洲的时候被他所触动……服务的市场分为三大块：女性、儿童和老人……于是，他们定定中国养老市场作为投入对象开始研究	aa12 创始人有经商经验	a05 商业基因	A02 商业素质
带有浓重商业基因的成都LLYL，从投身养老服务业开始	aa13 带有浓重商业基因		
以此为参考，经过一年多的筹备，未庆海和他的创业团队注册了一个民办非企业机构，同时为了后期的发展和协调，注册了一个工商企业"成都LLYL养老服务信息咨询有限公司"	aa14 考虑后期发展和协调，成立公司	a06 商业思考	
针对老人的市场，卖假药的、卖保健品的、昧着良心做的，味着良心做的厂家，服务都做得非常好，因为要靠亲情赢得老人的心，才能卖出高利润的产品，而有了高利润，这些厂家的人可以花很多时间陪老人同去"陪老人"，而真正做有价值服务的公司很难有大的收益	aa15 真正做有价值服务的公司很难有大的收益	a07 对可持续发展的思考	A03 发展困境
LLYL深刻体会到，要解决中国老行业中认真做服务的机构普遍面临的经营困境，需要寻找老人真正不到这个问题的答案，就不能真正形成在养老方面的核心能力和竞争力	aa16 对核心竞争力的思考		

续表

开放性编码

资料	标签化	概念化	范畴化
同时为了后期的发展和协调，注册了一个工商企业"成都LLYL养老服务信息咨询有限公司"	aa17 创办公司		
LLYL刚刚完成从服务到平台的递进发展，按照公司的目标，适老化信息平台管理系统成为最大价值，是形成养老服务的大数据	aa18 更改公司的主营业务	a08 市场化运作	A04 市场实践
"长寿食坊，我们说是为老人提供餐饮，其实是周围的居民都可以去吃，而且我们那里的餐又比较新鲜，也不太贵，附近的上班的或者是周遭的居民都会过去用餐，所以我们这里餐饮反倒是个小盈利点，虽然赚得不多，其实我们实实当当，其实两块钱的补贴，其实我们一开始在做每个老人两块钱的补贴，政府其实当时是补贴，所以我们根本补贴不够，所以我们就开始做，不仅仅是针对老人，周遭的居民都可以去就餐，就把它市场化了之后，反倒是一个小的盈利点"	aa19 向周围居民开放长寿食坊		
LLYL发挥过去商业运营上积累的营销经验，在政府、社区进行了大量宣传和推广	aa20 利用商业经验		
除了考虑申请者在当地具有与LLYL互补的资源或能力（如当地的社会资源、在服务对象中的影响力等）外，最重要的是对加盟商耐心的考察 在具体的合作过程中，LLYL发现，个别合作者。这种人为甄别的方式并不能有效地识别有共同价值观的合作者，取消合作地退还加盟费，取消合作 盟商进行居家适老化改造业务之前，需要依据程序规范月LLYL的标准化评估系统和相应的配套工具包人户评估，形成相应的评估数据，用数据分析结果给老人选择产品和服务提供依据	aa21 对加盟商/合伙人的要求	a09 合作伙伴管理	A05 管理控制
根据不同地区和不同加盟商的具体情况，加盟商或者具有公募资质的基金，成立适老化改造专项公益基金，为区域内条件困难的家庭进行免费改造，并利用自身资源对外募款 "我们甚至跟我们的投资人，我们甚至有约定把每年的利润要拿出百分之二十用来捐赠"			

续表

资料	开放性编码		
	标签化	概念化	范畴化
在成为LLYL加盟商后，胡弘的团队获得了LLYL各项资源的大力支持，经过短半年运营，不仅业务达到了收支平衡，提供给加盟商一套适老化评估的专用工具包，而且负责对加盟商进行适老化评估和改造，与社区政府的合作沟通、养老服务等全方位的培训，带领加盟商参加LLYL在日本的养老合作专家的培训和参访，并在加盟商运营的全过程中根据加盟商需要进行实时的指导和咨询	aa22 为加盟商/合作伙伴提供资源	a09 合作伙伴管理	A05 管理控制
加盟商使用LLYL适老化平台管理系统中的加盟商管理系统，运用LLYL提供的评估体系和评估方法，购买和销售LLYL品牌产品或LLYL推荐的产品进行适老化改造，接受LLYL各类体系化的培训			
LLYL降低了原本较高的加盟费，以保证社会企业和社会组织类型的加盟商的加入和运营			
LLYL赋予加盟商在一定区域的经营权，加盟商可根据自己的资源开拓其他养老服务业务、LLYL不对加盟商的产品销售和服务收入收取任何提成	aa23 加盟商/合作伙人权力		
加盟商在自己的区域内，除了可进行居家适老化改造外，还可以复制成都LLYL的社区养老服务中心模式，借鉴成都LLYL的社区动员和政府合作模式，以及未来的护理院管理模式			
良好的应急预案和密集的培训与测试，常常让员工在日常工作时游刃有余，解决问题时信心满满	aa24 员工培训	a11 员工管理	
员工们对企业的建言和改进，都能够及时获得鼓励和物质奖励	aa25 激励员工参与企业管理		
LLYL引进了西门子公司"3i"[建议（ideas）、激励（impulses）、主动性（initiatives）]管理系统，公司最高管理层专门组成管理委员会，对员工提交建议、评估建议和得到奖励奖励进行系统的管理			

续表

资料	开放性编码		概念化	范畴化
	标签化			
"然后当时我们的同事在劳动的内心触动非常大，有的也跟着偷偷抹眼泪。就是觉得，第一次自己做的事这么有价值，这可能也是做适老化改造的一个（初衷）"	aa26	员工自我价值感知		
成都LLYL的适老化改造团队，除了适老化评估师、施工人员，还备有养老服务人员。在评估和施工过程中，养老服务人员跟随进行相关咨询、提供建议，并负责提供后期服务	aa27	服务团队专业		
用朱庆海的话说："自己不专业，但干的事必须专业"。在这样的思路下，LLYL始终以高水平高标准招聘专业员工	aa28	招聘专业员工	a11 员工管理	A05 管理控制
从事心理辅导的社工，在日常团队交流中，更是直接发挥心理治疗师的作用；员工日常遇到问题后，在与同伴、上级甚至全公司总经理的直面诉说和团队活动中得到安慰，问题也得到解决。公司总经理带头，员工们自发进行相互的心理辅导，公司每月最少安排一次有组织的团建活动	aa29	沟通顺畅、氛围融洽的团队		
团队年轻化，吸引了一批学生志愿者。另一方面，成都LLYL员工的年轻化，也吸引了同学、高校学生等最初的一批志愿者。与传统养老机构和社区服务机构不同，成都LLYL的创始团队是年轻的，公司员工也是年轻而专业的	aa30	团队年轻化		
"价值观的推广是全方位的：深入招聘、培训、人员选拔、绩效考核、文化建设等各项活动"	aa31	全方位推广价值观		
人力资源管理各领域的经理们对员工进行价值观考核时必须据有"工具"的概念，在价值观考核中，LLYL强调公司的使命优先，"让所有LLYL人在'提高老人生活质量、减轻子女护负'这一使命感召下，不断创新，坚持人性最善良的一面，为社会创造价值"	aa32	价值观考核		

续表

开放性编码		标签化		概念化		范畴化
资料						
"我们是2018年6月的时候完成了第一轮的天使轮融资，是北京亿方基金，是北京投资社会企业（的）"	aa33	获得融资	a11	资本支持	A06	社会支持
"所以说我们也尝试在这样一种观念引导再去从另外一个渠道上去发生，由此演变出来的也一些媒体的关注。可能我们不是想让他们关注我们，是想让媒体关注这个行业。如果有时间看到一些媒体的资料的话，就能够看到我们都在服务，希望是大家多去关注这个行业，它不是我们想象的那个'样子'"	aa34	媒体关注	a12	媒体支持		
"从上面教授像是A、B、C、D（人名）还有公益圈a、b、c、d（人名）经常都在一些场合分享（给）我们，我们门非常感谢"	aa35	学者、公益人士宣传	a13	学者、公益人士的支持		
新站点居民反对，靠企业自身很难解决。主要依靠政府。社区养老服务中心新设站点时经常遇到的问题是新站点社区居民的反对。这时，仅靠企业自身的力量是不足以应对的，地方政府和居委会在其中起着重要的作用。政府采购服务的对象，都是社会中的最弱势群体，企业为他们服务，履行社会责任的同时可以获得社会信任	aa36	政府推广	a14	政府支持	A05	管理控制
"适老化改造的推广"，在初期也离不开政府采购项目的实施，带动了周边普通居民对适老化改造的认知，使他们逐渐产生主动的商业购买。针对低收入困难老人的政府采购老人项目的认知	aa37	政府采购带动市场认知				
"政府其实当时是人两块钱的补贴，每个老人两块钱的补贴，特别是一些社区养老服务中心为依托，为社区的各类自组织，如老年合唱团等，尽可能地争取政府支持或自己直接提供赞助。当地政府非常关注这种从未有过的养老方式，"希望能够以此尝试完善社区配套"，因此，这个300平方米的场地免费提供给LLYL，大大节约了成都LLYL开始运营时的成本	aa38	政府支持或赞助				

续表

资料	开放性编码		
	标签化	概念化	范畴化
"但是非常感谢成都市委市政府的主管部门确实实在LLYL的成长当中，特别是我们率先的创业啊，给了我们很多的包容，我指的是一个创新的，因为创新是要受挫的" 政府的认可，也是推动养老服务市场发展和推广适老化改造理念所必需的 政府对适老化改造的接纳和认可，无疑为成都LLYL普及适老化的概念、扩张适老化市场提供了助力 成都LLYL进行的适老化改造试点也为当地政府解决了精准助老的使用问题，获得了政府的认可	aa38 政府支持或赞助	a14 政府支持	A05 管理控制
创始人受邀担任成都市民政局养老标准委员会专家组成员，为政府政策建言，并参与相关行业地方标准的制定。公司还在政府相关政策制定过程中积极建言献策，已经协助完成当地政府发展居家养老机构的两个标准性文件——成都市《社区养老服务管理规范》和《居家养老服务管理规范》。 他们马上跟政府一起推动这种居家适老化微改造的试点，把政府原本用于保洁、心理慰藉的采购服务，更换成同等价位的适老化设施安装	aa39 政府认可		
"在征得政府相关部门同意、不改变政府采购价格的情况下，LLYL员工改变了具体服务内容，尝试为老人居室安装简易的助力设施，得到了老人的接纳和赞赏" 但是，已有的政府订单仍旧必须完成。经过思考他们发现，老人在家行动很不方便，于是想到利用社区养老服务中心已有的适老设施	aa40 改变服务内容	a15 制度拼凑	
"我们就不断去调和一些服务的维度跟产品的共识，如果说我们服务高龄老人有同意，那是不是低龄老人的缺口不旺盛；如果说我服务一个老人的缺口不旺盛，那么我家庭需求可不可以满足"	aa41 不断调整服务维度和产品共识		A07 资源拼凑
把具有购买力的中高收入群体和依赖政府扶助的低收入困难群体同时纳入企业的目标客户范围，寻找可以同时服务性们的商业模式，就显得非常重要。	aa42 将依赖政府扶助的低收入困难群体纳入目标顾客	a16 顾客拼凑	

续表

资料	开放性编码		
	标签化	概念化	范畴化
同时，还不断开拓业务，承担政府和居民个人的购买服务，为社区内的居家老人提供上门餐饮、康复、卫生保洁等服务	开拓业务，满足多种需求 aa43		
"我们左手养老右手社工，有社工的地方，渗透养老"	有社工的地方渗透养老 aa44		
跟基层政府搭建社区综合治理平台，把LLYL跟政府的合作，从养老服务层面丰富到把老妇幼残服务全部包括进来，实现你有什么需求，我有什么工具	丰富服务的内容和对象 aa45		
社区居民需要的几乎所有的上门养老服务，如送餐、按摩、卫生、康复、精神慰藉、社工服务等，成都LLYL都予以开发和实现	养老服务内容全面 aa46		
为使不同经济能力和自理能力的老人和家庭都能获得产品和服务，成都LLYL通过产品差异化和组合差异化，让具体改造因人而异，因家庭而异	产品差异化，组合差异化，满足不同家庭需求 aa47	顾客拼凑	
在满足同样功能的情况下，他们设计了从几十元的简单产品组合到十几万元的改造组合，购买者可根据家庭支出能力和意愿进行产品选择，或者根据轻重缓急需要行分次改造，减轻经济负担	差异化，满足不同家庭不同需求 aa48		资源拼凑 A07
而且在LLYL原有的评估体系基础上增加了适应残障人士的评估内容，未来将对适老化改造的更新迭代发挥重要的协同作用	在原有评估体系中加入适应残障人士的评估 aa49		
"我们说是在给老人提供餐饮，其实是周围的居民都可以去吃"	食堂向周围居民开放 aa50		
"其实两块线的补贴根本不够，所以我们就开始做，不仅仅针对老人，周遭的居民都可以去就餐，就把它市场化了之后，反倒是一个小的盈利点"	aa51		
LLYL鼓励员工参加培训和学习，很多员工在职期间获得了养老护理和社工资格双证书	人力拼凑 aa52	投入拼凑 a17	
LLYL以社区养老服务中心作为志愿者们聊天、聚会和活动的聚集点，他们自发开展青望堂空集老人、老年义诊等志愿活动			

续表

开放性编码		标签化	概念化	范畴化
资料				
2013年初，在原有志愿者的基础上，成都LLYL成立了社工中心，LLYL社工中心组织的持续半年的大型义务培训活动——"志愿一百人义工"，将LLYL义工团队扩充到1000多人，来自LLYL、四川大学、玉林中学、实验小学等各机构的LLYL义工，为七个社区的老人提供康复、卫生、公益讲座、"追梦艺术照"等志愿服务，并为不同企业和机构的义工提供了团队培训	aa52	人力拼凑		
助社区养老服务中心的护理和康复经验，社工中心可以更加有针对性和专业性地申请各级政府养老相关的社工服务项目	aa53	借助经验	a17 投入拼凑	A07 资源拼凑
每一位一线员工都是产品设计师 但是目前，LLYL越来越多地采取从政府低价租赁甚至是市场租赁的方式取得用地。成都LLYL在过去的发展中，获得了政府在成本上的部分支持，特别是一些社区养老服务中心的用地，由政府免费提供	aa54	从政府低价租赁闲置办公场所，或免费获取场地		
为了街坊生意的兴隆，成都LLYL选择为社区做更多的事	aa55	为社区做更多的事		
当一位偏瘫在床十多年的老人通过床头和室内的助力架，第一次脱离同样行动不便的老伴的搀扶，依靠自己的力量走到窗前的时候，泪流满面	aa56	改造切实帮助到老人		
每一个改造都是根据老人个体需求设计和安装调试，实质性地改善了老人居家自主生活的能力，获得了被资助老人的极大认可	aa57	改造获得老人的认可	a18 创造社会价值	A08 实现经济和社会双重价值
或者或者都是根据老人的兴趣特点，让LLYL社工中心有针对性地邀请老人参与相应的免费活动或被资助的免费服务	aa58	提供免费服务		
从2011年10月正式成立第一家社区养老服务中心以来，成都LLYL的社区养老服务中心已经发展到36家	aa59	养老服务中心服务人数增多，社区养老服务中心增多		
助老资金的使用效果显著，老人对政府提供的采购服务满意度大大提高，政府绩效明确	aa60	老人满意度增加	a19 获得经济收益	

续表

资料	开放性编码		概念化	范畴化
		标签化		
社区养老服务中心以全托，日托为主的托老业务，为LLYL提供了稳定的基础现金流，保障了企业的基本运营	aa61	提供稳定的现金流		
仅一年时间，成都LLYL的社区养老中心就复制了11家，到2017年底，达到36家的规模	aa62	社区养老中心快速复制扩张		
目前，LLYL已近千户家庭进行了适老化改造，其中600余户家庭由政府采购，其余则是由此引发的市场化销售 外省的也有适老化产品，也有政府采购，也有个人的消费，但是也是个人消费比较少，主要还是政府采购 现在为12 000户家庭做出适老化改造，入驻18个城市	aa63	把企业活动扩展到不同地区	a19 获得经济收益	A08 实现经济和社会双重价值
当第一年成功复制了11个社区养老服务中心后，成都LLYL就实现了盈亏平衡	aa64	创立第一年实现盈亏平衡		
将获取得到的各个评估数据直接在手持的iPad预装系统上录入上传，LLYL的适老化平台管理系统即时自动生成评估报告和改造方案	aa65	即时生成预案		
借助适老化产品的推广，打造适老化服务管理平台才是他们的目标	aa66	打造适老化服务管理平台		
考虑到市场化推广和政府采购的两种业务拓展渠道，LLYL在这个平台系统——加盟商管理系统和政府采购量化服务管理系统下，针对不同合作方开发了两个子管理系统，分别为加盟商和政府客户提供适老化改造业务管理服务	aa67	开发加盟商管理系统和政府采购量化服务平台	a20 提升交易效率	A09 商业模式创新
配置给加盟商（现在修改为城市合伙人）的适老化评估工具包和评估培训，让加盟商可以较方便地获取六大系统的评估信息，从而将数据搜集扩展到全国范围	aa68	给加盟商提供方便，提高效率		
六大评估系统凝练了成都LLYL社区养老中心、社工中心、适老化改造团队的经验，是成都LLYL适老化改造的核心竞争力所在	aa69	整合资源，形成评估体系		

续表

开放性编码			
资料	标签化	概念化	范畴化
随着业务的发展，成都LLYL拓展了与社区居家养老相关的社工体系，成立正式的社工中心。发动志愿者，承接政府项目，从而得以深入家庭和社区开展以养老为核心的专业社会工作	aa70 业务拓展，成立社工（提供新服务）		
LLYL多年贴身养老服务在老人群体中积累了信任和口碑，企业拥有现成的医疗和护理力量，因此它敢于组织老人进行国内外的主题度假游览	aa71 基于养老服务，开拓了老人度假业务（提供新服务）		
加盟商自身的多元化，也让他们能够根据自己专注的特定人群有针对性的评估内容，如专注残障人士服务的加盟商，可以在评估系统中加入针对残障人士的评估选项，从而让系统在未来有可能更新迭代出针对更细分人群的子系统	aa72 加盟商根据自己专注的群体开发增加新的评估内容，提供新服务	a21 提供新的交易机制或产品/服务	A09 商业模式创新
随着物联网产品的开发，公司希望通过智能化的老年用具，如智能手表、智能拐杖、定位鞋等，实时收集和更新老年人数据，为老人和家属提供预警等后续跟踪服务	aa73 物联网产品开发（产品新颖）		
"但是我们会结合，我们会结合，会和长寿食坊结合"	aa74 模式创新，与医疗、食防结合		

续表7.3　LBPC开放性编码

资料	开放性编码				
	贴标签		概念化		范畴化
魏文锋在给课题本包书皮时，一股刺鼻的气味从塑料书皮上散发出来，十几年的检测经验让魏文锋立刻产生警觉，不能再使用这些塑料书皮了。于是，他在学校门口随机收集了七种类似的书皮，送在江苏省泰州市国家精细化学品质量检验中心，花了9500元检测费，对这些书皮进行全方位的"体检"。检测报告显示，送检的七种书皮都含有大量多环芳烃和邻苯二甲酸酯	bb01	产生专业警觉性	b01	专业经验	
魏文锋毕业于浙江大学物理系，之后便进入浙江省进出口检验检疫局，先后从事检验检疫局，化学方面的检测工作	bb02	从事检测工作多年			B01　创新创业能力
一段时间后，魏文锋觉得工作中条条框框太多，缺乏新意。骨子里就有的创新精神，促使他决心离开检验检疫局，开办自己的事业	bb03	有创新精神	b02	创新意识	
2008年前后，魏文锋辞去检验检疫局的工作，下海创业……在这段创业历程中，魏文锋展现出了卓越的企业家精神和商业创业能力。他提出并实施了自己的"三板斧"战术	bb04	下海创业	b03	商业创业经验	
魏文锋清楚了解了情况后立即向有关部门反映了情况，但结果却不尽如人意。在父爱和社会责任感的驱使下，魏文锋决定依靠自己的力量，曝光书皮问题	bb05	父爱和社会责任感的驱使			
这些家长亲切地称呼魏文锋为"魏老爸"，将他当作了群体权益维护的代言人。这深深地触动了魏文锋，让他意识到原来孩子的日常生活中存在这么多的隐患，而许多像他这样的普通家长虽有心，却无法凭个人的力量去解决这些问题，于是他下定决心走这条注定充满荆棘坎坷的道路	bb06	深受触动	b04	社会责任感驱使	B02　社会责任感
LBPC刚刚成立时，对魏文锋而言，这个公司其实是个做公益的平台，商品的检测费用从众筹一部分，自己承担一部分	bb07	起初，把公司当作公益平台	b05	公益初心	B03　公益理念

续表

资料	开放性编码		概念化		范畴化	
		贴标签				
"我们成立的是老爸和粉丝的公益基金。我们希望让更多的人跟我们一起向有毒有害发起挑战，所以我们希望能够动员全社会的力量帮我们去找到那些有毒有害的问题在哪儿，只要是验证属实，我们就给爆料人发奖。这个都有相应的报道。基金挂在浙江省爱心事业基金会下，他们监管"	bb08	成立基金会	b06	与公益组织合作	B04	组织合作
2017年12月，LBPC成为浙江省质量技术监督局设立的产品质量安全伤害信息监测点之一。这个监测点的责任是：主动提供产品质量安全伤害信息，积极协助开展产品质量安全风险评估及召回缺陷产品。之后，浙江省产品质量安全检测研究院在2018年1月发布了魔木瓒产品的缺陷产品风险通报，肯定了LBPC的检测行动	bb09	成为产品质量安全伤害信息监测点	b07	与政府合作		
魏文锋向487位家长众筹了5万元，购买了3台高精度甲醛检测仪。家中装修的家长可以排队一次申请免费使用甲醛检测仪，不必支付押金或签订协议，只需在漂流日记本上留言 "2015年年底把钱换光了，就跟家长说，'赚不到钱，钱就光了，'家长们说，'那不行啊，你不能就这么倒掉了，钱的问题好解决，我们给你钱。'有些人就加我微信，3000元、5000元、1万元、直接微信转账" "那肯定是微股东众筹。就是对于一个即将要关门的企业。因为对了那200万一下子走到了今天"	bb10	众筹费用	b08	顾客支持	B05	社会支持
"2017年，我们发现了儿童智能手表表带中含有皮肤接触致癌物质'PAHs'。2018年3月15日《深圳市儿童智能手表标准化技术文件》团体标准由深圳市消费委牵头编制，并开始实施，标准中将'PAHs'纳入检测范围，并作出限量规定" "2018年，《GB 36246-2018 中小学合成材料面层运动场地》国家新标准11月1日开始实施。新国标里面的禁用原来的8个扩充到18个物质，包括了2016年我们曝光出来的有毒物质二硫化碳"	bb11	推进行业标准的改进	b09	创造社会价值	B06	实现经济和社会双重价值

续表

开放性编码		贴标签	概念化	范畴化
资料				
同样的例子还有毒跑道事件，在各地学校跑道的质量问题相继被曝光后，各个学校使用的跑道材质的标准也得到了提高，进一步保证了在校学生的健康和安全问题				
就这样，一些书皮企业的制造标准改变了，放弃使用有害的、添加了增塑剂的PVC材料，改用PP或者PE材料生产，在这部分企业的带动下，整个书皮行业也慢慢地开始改变。2016年2月16日，上海市质量技术监督局发布塑料包书膜及书套产品质量安全风险预警报，抽检了30批塑料包书膜，有25批不符合增塑剂要求，而这种针对包书膜的临时抽检在以往是很少的	bb11	推进行业标准的改进		
"魏老爸"为成都近二百位当地社会组织和社会企业代表，以及政府工作人员分享实现可持续造血的经验	bb12	向内外介绍造血经验		
LBPC作为社企实践基地，接待了众多高中生、大学师生等参观参访，并为他们的调研提供全面支持。其中包括浙江工商大学、浙江省委党校、浙江大学宁波理工学院、浙江大学附中等学校	bb13	成立社企实践基地	b09 创造社会价值	B06 实现经济和社会双重价值
LBPC向梦守护基金会捐赠10万元	bb14	捐赠基金会		
在杭州滨江区江汉街道组织的社区活动中，"魏老爸"为居民进行科普宣传，引导居民消费避险	bb15	给社区居民进行科普宣传		
运营22个社群，2018年新增9个社群，维护14个助理号，2018年新增10个助理号，维护57 243位好友	bb16	运营社群		
甲醛检测仪爱心漂流项目，由LBPC独立研发。从2016年运营到2018年，用户几乎覆盖全国，共检测了6万多间房屋，其中近一半的房间发现了甲醛超标的问题	bb17	甲醛检测仪爱心漂流项目		
"2018年全年我们通过公众号发送了近百篇评测文章，涵盖了吃穿住用领域的多种产品，揪出各种'假劣毒'问题"	bb18	评测多种产品曝光问题		

续表

资料	开放性编码		贴标签	概念化		范畴化	
"粉丝量和购买量这么大说明大家还是认可，但任何一个平台，或者说再好的厂家，你卖一百个可能出不了一个次品，生产也是一样的，你卖十万个的时候，它是允许许差错率，这是很正常的"	bb19		顾客满意度高				
在与家长粉丝们不断互动和进行检测的过程中，LBPC的检测范围也逐渐扩大，从孩子的学习用品扩大到日常生活中的各种产品	bb20		商品多样	b10	获得经济收益	B06	
2016年，"老爸商城"实现了1000万元的营业额，基本盈亏平衡。2017年这个数字则突破4000万元，盈利递增，据魏文锋介绍，"LBPC"逾九成的收入来自电商 通过电商平台的运营，LBPC在创立的第二年就实现了自负盈亏	bb21		实现财务目标				
2015年，魏文锋建立"LBPC"团队，成立杭州LBPC科技有限公司及其自媒体平台，并通过微信等社交媒体与家长进行沟通，检测孩子日常生活中经常接触的东西	bb22		"LBPC"诞生	b11	创立新企业	B07	社会创新
"但是我们也会很在意这些，所以我们一定要更好地去建立这个信任基础，就是我们自我的约束和质师这方面都很严，不能有一点差池" "就是我们评测的这个文章的科学性，然后包括我们商家的产品的安全性，是我们能够尽量极致做到最大，是我们最理想状态，才能够更好地维护我们的信任基础"	bb23		自我约束严格	b12	自我约束		
LBPC三周年员工及粉丝"西湖毅行活动""公司乒乓球比赛""大明山滑雪活动"以及各个节假日活动等	bb24		团队活动丰富	b13	团队管理	B08	管理控制
在公司的日常经营中，魏文锋一直很重视向员工传播自己坚持的"以社会公益标为本"的精神和全心全意为客户考虑的态度，也一直重视团队精神和品质的培养	bb25		注重团队精神和品质的培养				

续表

资料	开放性编码 贴标签	概念化	范畴化
为了弥补传统检测标准中"黑名单"方式的缺点，LBPC建立了属于自己的一套检测标准——老爸标准，用高于国际标准的要求来选择产品和供应商	bb26 高标准选择产品和供应商	b14 对供应商的控制	
LBPC对上架的食品、接触类材料都施行批检的方式，非接触类产品则是年度抽检；同时，一旦发现问题，就立即召回这一批的所有商品	bb27 主动召回不符合标准的产品		
在此过程中，他们还对发现问题的用户给予奖励，以保证其对电商产品质量持续监督的热情	bb28 奖励用户监督产品质量	b15 对产品质量的控制	B08 管理控制
"就是定期抽检、随时，库房也好厂家也好，一旦出现问题，不管是客户发现还是我们自己的，特别是成心的对于产品有问题的，我们就直接黑名单，永不合作""质控这个肯定是跟着产品的选品一根筋，包括它这个新品上架到已有的既存产品则是年产品的抽检" LBPC对上架的食品、接触类材料都施行批检的方式，非接触类产品则是年度抽检	bb29 对上架商品有严格的检查抽检		
"随着项目发展，付费需求比例增加，2018年我们开发了小程序，来优化付费用户体验、促进转化"	bb30 开发优化小程序	b16 交易效率提升	B09 商业模式创新
那段时间，魏文锋觉得找到了一条路——众筹+检测，社会源源不断的众筹费支持着检测，检测的结果再反馈给社会，这样既解决了社会痛点问题，又得以维持团队的运作。于是，LBPC开始采取多种方式激励众筹，比如说众筹以维持团队的运作	bb31 尝试"众筹+检测"模式	b17 交易方式新颖或提供新产品	
LBPC做经营的业务并非是传统意义上的，依靠物美价廉赢得市场的电商业务	bb32 区别于传统电商的新途径		

续表

资料	开放性编码		
	贴标签	概念化	范畴化
2015年底，名为"老爸良心推荐"的网上微商城开张了，品类包括学生文具、母婴用品、厨房用品和美食生鲜等，很多个产品都是以成本价销售；店铺还公开了进货成本、包装成本，检测成本及每个产品的检测报告。消费者付款时，可以在此基础上通过勾选"+10元"或者"+20元"的选项来支持LBPC，也可以选择不加价	bb33 设计新的交易机制	b17 交易方式新颖或提供新产品	B09 商业模式创新
同时，LBPC还不断创新解决问题的方式，更好地服务于咨询对象和消费者，比如坚持统一年多时间的甲醛问题的咨询后，综合考量了各方面因素而推出的，由公司自费购置100多套甲醛检测仪，以漂流的方式在各个城市间流转，供用户免费使用	bb34 创新解决问题的方式	b18 制度拼凑	
做检测是魏文锋的初心，事到如今，他想做一个不同的"裁判员"，在评测产品、流程、原则和立场等方面都力争有所突破	bb35 突破既有的观念原则		
"有个家长是要做商标注册的，他说，'魏老爸，你这个商标要注册。我是干这个的，你要不要我帮你弄'。我说，'行啊，我给你钱。'他说，'不要你钱，只要国家商标注册局的钱你出了，这边服务费我不要。'还有律师团，其中有上海、杭州的律师，都是妈妈或爸爸，特支持我，'老魏，这个事情你要注意法律风险，我是干律师的。'"文锋这样回忆："有家长暑假带孩子来我这里打包发货，我说，'给你实习费'。她说，'不要不要，一定不要。'"	bb36 顾客为企业提供免费劳动	b19 投入拼凑	B10 资源拼凑

续表7.4　TJYJ开放性编码

资料	标签化	概念化		范畴化	
一位四十多岁的农民蹲在地上哭泣着，本指望着把收获了卖个好价钱给女儿预备嫁妆。然而，眼看收成不错的灾害在这场突如其来的灾害中给毁灭了，丰收的希望没有了，眼泪也落了。TJYJ农业的创始人张小川在现场看到这一幕，他想：这只是当前农业发展中一个缩影	cc01 农民遭受天灾打击引发创始人思考	c01	触动	C01	同理心
（张小川）希望用最直接、最便捷的方式帮助农民提高农业种植技术水平，改变传统的耕种方式，保护好土地，种植出与市场需求相匹配的产品，促进农业的可持续发展	cc02 希望帮助农民，促进农业发展	c02	期望解决社会问题	C02	社会责任感
一方面，国家历来重视"三农"工作，在宏观调控中注重加强农业、实行一系列更直接、更有力的政策措施。2019年中央一号指出，要发展乡村新型服务业；国务院在《关于深化农业技术改革推广体系建设的意见》中指出，国家密着多元化服务组织，积极支持农业科研单位、涉农企业等。这表明国家政策对农业发展的支持	cc03 政策支持	c03	政策机会	C03	发展机遇
大环境成熟，行业发展恰逢其时。2016年人口统计，中国农村乡村常住人口为5.9亿人左右，预计到2020年乡村常住人将稳定在6亿，这说明农村存在着农业投入品的海量潜在用户；农村O2O用户占比较大，农业生产资料购物类应用占比仅0.9%，市场潜力巨大	cc04 市场潜力巨大	c04	市场机会		
农业技术服务的模式严重制约了新时代农业生产的高度发展。我国过去计划经济时代期形成的农业技术服务体系已经不能适应前农业生产的需求。传统的"农业三站"服务体系逐渐转为管理职能的过程中，农业生产的专业化技术服务体系出现了市场化缺位	cc05 传统农业服务体系出现市场化缺战				
农产品质量无法保障，尤其是在市场化的影响下，农产品价格捉摸不定，市场对农产品的要求不再是数量上的矛盾，而是对农产品质量越来越挑剔。高品质农产品日益受欢迎，而低质农产品失去竞争力，最终导致整个种植业也难以为继，政府主导产业也失去竞争力，随着社会整体经济的快速提高和人们生活水平的不断提高，农产品与市场错位	cc06 农产品与市场错位	c05	农业发展问题		

续表

资料	开放性编码	标签化	概念化	范畴化
农业投入品供给方式仍然停留在20世纪80年代的传统方式上，农资产品经过省级、市级、县级、乡镇等层层代理经销，产品从工厂到田间不仅价格翻了几倍	cc07	农业投入品供给方式不合理	c05 农业发展问题	C03 发展机遇
由于长期的不科学种植，不科学施肥、用药，土壤污染、农业生态环境的恶化，表面看着难以逆转的天灾横祸，实际上是长期农业种植技术、方式落后导致的人祸	cc08	农业生态环境遭到破坏		
……这逐渐引了了TJYJ创始人张小川等的关注，他们开始了解农业种植技术相匹配的产品，希望用最直接、最便捷的方式帮助农民提高农业种植技术水平，改变传统的耕种方式，保护好土地，种植出与市场需求相匹配的产品，促进农业的可持续发展	cc09	开始"最后一公里"的创新之路	c06 发展重心转移	C04 公益创新
TJYJ创始之初重点关注于农业投入品的研发，继而转向关注一系列农业生产中存在的问题……促使TJYJ有机在加强投入研发的同时，更加注在重农业种植技术下乡，提高农民科学种田意识方面的服务投入	cc10	转向关注农业生产中存在的问题		
TJYJ通过近二十年的积累，集聚了一大批农业技术人才，特别是植物营养和土壤修复方面的技术人才，来自中国农业大学、南京农业大学、四川农业大学、四川大学、河南大学等土壤、肥料研究方向的研究生，在具有20年以上从事土壤肥料工作第一线的农业推研究员、高级农艺师的带领、融合下，形成了TJYJ任农业环境方面积累、产品研究、开发的技术团队优势	cc11	多年发展积累技术人才、研发团队	c07 技术研发优势	
公司坚持以"科技创新为发展之源，以质量第一为立足之本"为企业发展的主导思想 公司拥有四项国家发明专利和成都市科技进步奖，成都市重大科技计划和国家星火计划项目；同时也是获得（ISO9001）国际质量体系认证、国际环境体系认证的企业 TJYJ拥有强大的技术服务体系和产品研发中心，利用自身的技术优势，根据不同区域土壤状况、气候因素和作物生长需求，农民种植习惯等，将种植过程面临的问题带回工厂进行科学攻关，创新研制新技术、新产品，然后再将创新产品转化为商品	cc12	新产品的研发与创新	c08 研发创新	C05 企业能力

续表

资料	开放性编码		
	标签化	概念化	范畴化
TJYJ模式将农业技术、农业投入品仓储、农产品交易等结合起来，将产品、技术、人才、社会资源整合在一个可供共同发展的优势均衡的各资源因素都能贡献能量，都能分享合作利益 另一方面，农业投入品直通田间，由服务中心直接配送到各个乡村的服务中心，农业投入品直通田间或者农户指定地点，一般可以在当天配送至肥农药，种子等农资产品由工厂到各农户，价格实惠。这样既防止滥用、错用化肥农药，又摆脱了以往农民不懂产品，靠零售商推销，无技术，盲目使用的错误习惯	整合各项资源 cc13		
TJYJ以设置在各个乡村的农业综合技术服务中心为依托，技术下乡变为深入，更为直接。通过专业技术人员随时待命解决农民种植技术问题，为农业生产全程保驾护航。乡村农业综合服务体辐射半径为10千米的土地面积，配备一名技术员，一名服务助理，一名巡诊专家，技术人员根据不同的土壤特性等因素制定独特的"治疗方案"，农户可在30分钟内直接享受面对面服务从技术、产品供给侧模式上进行创新，实现了"技术服务到田间，配套物质到农户"的新的商业模式，解决了农业生产中一直无法实现的"最后一公里"的难题	供给侧创新 cc14	提升交易效率/资源的利用效率 c09	
TJYJ依靠自身的科研实力，自主研发，已成功研发获得农业农村部登记的八系列产品，保护的植物营养产品，含氨基酸水溶肥料，土壤调理剂等，共近90多个规格的产品，涵盖大、中、微量元素肥料，含氨基酸水溶肥料，针对土壤污染受损，营养不良等问题，TJYJ成立专家团队，深入田间地头，考量土地受害程度，实地考察土壤状况。综合土壤、气候、作物生习性等因素对症下药，根治土壤问题，已研发出多种植质肥料，有效修复和保护了土壤	产品多样化 cc15 研发新产品 cc16	创新交易机制/提供新产品或服务 c10	商业模式创新 C06

续表

资料	开放性编码		
	标签化	概念化	范畴化
还通过员工持股、员工发展基金，来帮助员工提高生活质量，解决事业发展的后顾之忧；增加员工福利提高员工待遇，一系列的措施为TJY吸引、留住农业精英	cc17 员工待遇优厚		
帮助员工提高技术水平和个人技能	cc18 人才培养	c11 团队管理	
对于员工的培养首先要进行两个认同，一个是使命认同，一个是需要认同。所谓使命认同即坚持持农型社会企业的社会使命为目标，以完成社会使命为目标，坚定方向，勇往直前；需要认同则是希望员工能认识到中国农村社会对于自身的需要	cc19 价值观认同培养		
在日常运营中，加强内部控制规范，加强资金的使用管理，应做好资金预算工作，严格控制盈余收支审批程序，确保资金的安全和现金流量的充足；制定清晰的盈利模式和销售模式，以良好的内外部管理转率的推动企业资金周转和资金链的提高，保证公司整体的财务状况良好和资金链的稳固	cc20 严控财务风险	c12 风险控制	C07 管理控制
通过对供应商进行严格考核，设立风险机制和评价体系及淘汰机制，解决综合体经营的农业投入品质量问题，避免主营业务受损	cc21 严格控制供应商		
通过引进专业人才来解决综合体各板块业务存在的不专业管理问题，维护平台声誉，提高运营效率	cc22 引进专业人才		
TJYJ制定了"培养德才兼备，公允智慧的管理团队，依靠团队的力量，TJYJ不断突破，坚韧专业的执行团队"的人才战略，董事会及执行总裁，进取向前	cc23 培养专业团队		
公司高层设有股东大会，各部门总监分管不同领域，同时还设有监事会进行监管，提高效率的同时又有效避免了工作失误，乱纪等现象。	cc24 内部分工明确，治理严格	c13 内部治理	

续表

开放性编码		概念化	范畴化
资料	标签化		
TJYJ从创立之初的三个人，发展到如今的53人，每年有80%以上的技术人员在田间做农业技术服务达到280天以上，已建成20多家农业综合技术服务中心，辐射将近70个乡镇，已初步形成了农业综合服务体的构型。 cc25	切实服务农民		
将土地创造的财富与农民共享，致力于打造智慧乡村O2O模式，完善乡村医疗养等基础设施，实现商业与公益效益的双丰收 cc26	完善乡村基础设施		
TJYJ通过技术服务，提高了农民的种植技能，帮助各地"一村一品"的农业发展，降低了农业生产中化肥、农药的使用量，有效保护了农业生态环境，同时提高了土地生产效率，增加农民收入 cc27	改良农业生态环境	c14 创造社会价值	
针对土壤污染变现、营养不良等问题，TJYJ成立专家团队，深入田间地头，考量土地受害程度，实地考察土壤状况，综合土壤、气候、作物生习性等因素对症下药，已研发出多种特质肥料，根治土壤问题，有效修复和保护了土壤 cc28	让关联方都受益		C08 实现经济和社会双重价值
为社会、消费者提供自己的帮助，让在此平台上所有关联方都受益，是农民或农业生产从业者收益			
另一方面不忘初心，以商养善，回馈农民，免费传授技术，免费教育培训农民，保护了土地和农业生态环境，提高了农产品品质，农民增收提效，也获得了经济效益，同时也创造了公益价值 cc29	免费传授技术、培训		
有效帮助农民解决农业生产过程中遇到的实际问题，为农民增收、农业增产提供了强大的技术物资支持 cc30	提供技术物资支持		
公司目前拥有国家发明专利和成都市科技进步奖、市重大科技计划和国家级星火计划项目；同时也是获得（ISO9001）国际质量体系认证、国际环境体系认证企业公司拥有四项国家发明专利和成都市科技进步奖、市重大科技计划项目，市科技进步奖项各一项；拥有肥料领域国家发明国家发明专利二项 cc31	获得多项专利和项目	c15 获得经济收益	

续表

开放性编码

资料		标签化	概念化	范畴化
2010年被评为中国客户满意度评价中心和四川省法人权益保护中心联合授予"客户满意度AAA"企业荣誉称号	cc32	满意度高		
TJYJ利用自己在行业中多年最底层的实战经验和积累的产品硬件软件，通过建立乡村综合服务体，使产品和技术下乡，对农户采取低收费的公益方式提供有偿服务，创造了经济收益	cc33	提供有偿服务，创造收益		
在全省拥有几十家农业技术服务站和产品直销点，随时将农业生产急需的物资、技术送到田间地头，投人到农业生产中	cc34	服务范围扩大到全省	c15 获得经济收益	C08 实现经济和社会双重价值
TJYJ发现了农业生产中普遍存在的不科学施肥，不能辨识肥料质量的严重问题。TJYJ依靠自身的科研实力，自主研发，自主生产适应各种土壤，有利于环境保护的植物的营养产品，已成功研发并获得农业农村部登记的八大系列产品，涵盖大、中、微量元素肥料，含氨基酸肥料，含腐殖酸水溶肥料，土壤调理剂等，共近90多个规格的产品	cc35	产品多样化		

附录4 各地社会企业支持政策

地区\内容	北京市 昌平区	深圳市 福田区	成都市 武侯区	成都市 金牛区	成都市 成华区	成都市 温江区	简阳市	成都市 郫都区	成都市 大邑县	成都市 新津区	成都市 青白江区	四川省 内江市	四川省 绵阳市	广东佛山市 顺德区
主体支持	无	无	便利社会企业登记、放宽社会企业名称、住所（经营场所）、经营范围登记条件	便利社会企业登记、放宽社会企业名称、住所（经营场所）、经营范围登记条件	便利社会企业登记、放宽社会企业名称、住所（经营场所）、经营范围登记条件、鼓励投资创办社会企业	便利社会企业登记、放宽社会企业名称、住所（经营场所）、经营范围登记条件	便利社会企业登记、放宽社会企业名称、住所（经营场所）、经营范围登记条件、鼓励投资创办社会企业	便利社会企业登记、放宽社会企业名称、住所（经营场所）、经营范围登记条件、鼓励投资创办社会企业	便利社会企业登记、放宽社会企业名称、住所（经营场所）、经营范围登记条件、鼓励投资创办社会企业	便建准入登记	便建社会企业准入登记；支持多元化投资创办社会企业；便利投资创办社会企业名称、住所（经营场所）、经营范围宽松登记条件、鼓励规范创办、支持居民创办社会企业，村委申请社会企业设立登记及备案	可通过商务秘书企业等集群注册的方式将经营地址、注册地址；允许其通过"一照多址"等设立多个经营场所；支持城乡社区（村、经济合作社）作为特殊主体，采取居民持股、产权众筹等方式兴办社会企业	无	无
认定支持	无	给予通过认定的社会企业资金奖励	给予通过认定的社会企业资金奖励	给予通过认定的社会企业资金奖励	给予通过认定的社会企业资金奖励	给予通过认定的社会企业资金奖励	给予通过认定的社会企业资金奖励	给予通过认定的社会企业资金奖励	提供社会企业认证全流程辅导支持；给予通过认定的社会企业资金奖励	给予通过认定的社会企业资金奖励	完善社会企业认定服务机制	无	无	无

续表

地区 内容	北京市 昌平区	深圳市 福田区	成都市 武侯区	成都市 金牛区	成都市 成华区	成都市 温江区	简阳市	成都市 郫都区	成都市 大邑县	成都市 新津区	成都市 青白江区	四川省 内江市	四川省 绵阳市	广东佛山市 顺德区
业务支持	政府购买服务支持	无	将社会企业纳入政府购买服务范围，享有与社会组织同等的购买服务政策支持	鼓励参与社区活动场地运营、政府闲置物业资产盘活、政府购买服务和承接社区发展治理项目	搭建供需对接平台，鼓励和支持社会企业积极参与政府采购，加大力度购买社会企业提供的公共服务项目和产品；鼓励社会企业在成华区落地实施社区生活性服务类项目	鼓励社会企业参与购买服务，将社会企业纳入政府购买服务范围，社会企业享有与社会组织等的购买服务政策支持；鼓励社会企业在温江区落地实施社区生活性服务类项目	搭建供需对接平台，鼓励和支持社会企业积极参与政府采购，加大力度购买社会企业提供的公共服务项目和产品；鼓励社会企业在简阳市落地实施社区生活性服务类项目	将社会企业纳入政府购买服务范围，鼓励街道、社区按民主程序使用社区专项资金向社会企业、种子企业购买服务，承接社区发展治理项目	鼓励和支持社会企业参与政府项目采购；鼓励社会企业在大邑县落地实施社区生活性服务类项目	大力购买社企的公共服务项目和产品，将其纳入政府购买服务范围，鼓励部门、镇(街道)、村(社区)按程序向社会企业、观察社会企业购买服务，承接社区发展治理项目；鼓励新津区企业为社区居民提供公益服务，参与社区生活性服务、社会公益、企社共建等工作	畅通购买社会企业服务渠道	无	畅通政府采购	鼓励和支持社会企业以市场公平竞争的方式参与政府采购；根据社会企业的业务及产品服务类型、解决方案，结合区级政府部门、镇(街道)、村(社区)及其他商协会、企业、慈善组织等需求进行匹配，积极推进多方资源与社会企业之间的沟通合作
人才支持	对全职在回天地区品牌社会企业工作的高层次专业人才，经区人民政府认定，按照有关规定享受相应的政策支持；设置"青年菁英计划"，推动社会企业领袖型人才长期发展计划	引进专门从事社会影响力投资的专业人才，按照相关规定给予支持；新迁入或新落户的企业、金融机构、社会组织和有关中介组织等，可以按照申请人才住房	全职在武侯区社会企业工作的高层次专业人才，享受相应的资金资助，并且在户口迁移、人才公寓、子女入学、医疗保障等方面由区级相关部门给予便利	对企业管理、项目运营、社会工作等方面的专业人才，按照市、区有关人才政策给予相应支持	实施社企创始人关心关爱"熊猫计划"，实行区级领导联系社会企业创始人制度；通过认定的社会企业引进的高层次专业人才，享受相应的资金资助，并且在户口迁移、人才公寓、子女入学、医疗保障等方面由区级相关部门给予便利	无	组织通过认定的社会企业和观察社会企业参加主题培训活动，提升社会企业创始人和从业人员的专业知识和服务技能	引进从事企业管理、项目运营、社会工作等方面的专业人才	通过认定的社会企业引进的高层次专业人才，经人才办考核认定，经县人才引进小组评审认定，在户口迁移、人才公寓、子女入学、医疗保障等方面由相关部门给予便利	无	建立多元化社会企业能力培育机制	无	无	邀请专业导师或专业机构开展主题和能力培训，提升社会企业运营发展能力

续表

地区 内容		北京市昌平区	深圳市福田区	成都市武侯区	成都市金牛区	成都市成华区	成都市温江区	简阳市	成都市郫都区	成都市大邑县	成都市新津区	成都市青白江区	四川省内江市	四川省绵阳市	广东佛山市顺德区
资金支持		办公用房租赁补贴；引入社会影响力投资	支持发行社会影响力债券，给予债券融资支持；支持专业机构设立以社会服务为主要投资方向的专项基金；鼓励社会影响力投资机构申报本区社会建设类专项资助项目；对入驻本区产业园区的社会企业给予3年房租补贴	办公用房租赁补贴；以公益创投的方式对影响力投资潜力大、市场潜力大、创新能力强的社会企业项目给予专项资助	探索引入社会影响力投资，设立社会影响力投资引导基金	办公用房租赁补贴	办公用房租赁补贴	办公用房租赁补贴	无	无	无	切实解决社会企业发展资金需求	无	无	符合顺德区社会治理"众创共享"计划使用规定或者德胜社区慈善基金会发展基金资助范围内的社会企业，可申请资助
财税支持		无	无	提供"武侯成长贷"；以对武侯区实际经济贡献为参照值，前两年按100%给予税收扶持	无	加强与金融机构的合作，深入开展"银税互动"，优化社会企业金融服务，为社会企业提供"税金贷"等信用金融产品；在成华区地方经济贡献5万元以上的，连续两年对本地方经济有效期内以地方经济贡献100%为参照数给予企业扶持（最高不超过10万元），其中30%可用于奖励企业经营者或高级管理人员	自认定之日起，温江区地方经济贡献的30%为参照，累计贡献超过100万元	加强与金融机构合作，深入开展"银税互动"，优化企业金融服务，为其提供"云税贷"等信用金融产品；自认定之日起，当年度地方经济贡献5万元及以上的，在本地方经济有效期内地方经济贡献100%参照数给予企业扶持（最高不超过10万元），其中30%可用于奖励企业经营者或高级管理人员	无	加强与金融机构的互动，深入开展"银税聚集人才"，优化社会企业金融服务，为社会企业提供"云税贷"等信用金融产品；自通过认定之日起，大邑县年度地方经济贡献5万元以上的，以年度地方经济贡献的100%为参照数给予企业扶持（最高不超过10万元）	无	严格执行社会企业扶持政策；落实支持企业发展实施政策，落实经济发展支持政策，收实施政策	无	优化金融服务，落实财税政策	无

续表

地区＼内容	北京市昌平区	深圳市福田区	成都市武侯区	成都市金牛区	成都市成华区	成都市温江区	简阳市	成都市郫都区	成都市大邑县	成都市新津区	成都市青白江区	四川省内江市	四川省绵阳市	广东佛山市顺德区
创新支持	鼓励招贤引优；政府对接；企业参与社会进行资金大赛，对获奖进行资金奖励；支持相关活动及论坛的举办；设立点支持项目	学术研究支持；创新项目配套支持；社会影响力项目试点支持	鼓励招新引优，给予社会企业落户奖励；企业参与大赛，对获奖进行资金奖励；支持相关活动及论坛的举办；设立学术支持项目	鼓励举办重要活动及论坛；鼓励学术研究和创新项目	鼓励招新引优，给予社会企业落户奖励；做强，推荐并组织社会企业参加品牌展销；鼓励社会企业参与社创大赛，对获奖进行资金奖励		鼓励招新引优，给予落户奖励；企业落户奖励；做强，推荐并组织社会企业参加品牌展销；鼓励社会企业参加公益类、企业类大赛，对获奖企业进行资金奖励	鼓励社会企业做大做强、创新；鼓励企业参加先，鼓励企业参与益类、企业类，参加公益，对获奖企业给予一定奖励	鼓励做大做强、创新；企业参加先，鼓励企业参加益类、企业类获奖；企业进行资金奖励					
场地支持	为入驻社会企业提供不超过1年的免费公共办公空间支持	无	无	无偿提供服务场地（两年期）	无	无	无	优先以社区的社区党群服务中心、社区综合体等公共设施，无偿等设施享有社会场地的服务地	通过一定社会企业、社区协同政府，积极协调政府场地提供办公或经营场所	优先入驻我区社会孵化基地，社区党群等公共体等设施，无偿或低偿提供的无偿使用或场地资源为其提供孵化服务	无	鼓励相关部门支持社会企业享有社区绿地、公共场地或小区公共设施的无偿使用、低偿使用或优先使用	无	
平台支持	搭建社会企业孵化培育平台；企业发展对接公园，依据社会企业发展的不同阶段对接社会企业支持型平台	支持社会力量在福田区建设社会企业产业园，经区政府审核同意，按照项目投资额的30%，一次性给予最高100万元的建设支持	鼓励成立社会企业协会或联合会	对新建社会企业孵化平台给予装修补贴；对孵化机构给予资金激励；搭建子和社区资源对接平台	打造建设具有一定基地模，提供多种专业服务的社会企业孵化平台	对新建社会企业孵化平台给予装修补贴；对孵化机构给予资金激励；建立温江区观察社会企业库，实施社会企业孵化支持	打造综合服务平台，与专业合作开展社会企业孵化培育	搭建社会企业种子和社区"1+N"孵化模式，在郫都治理支持开展各自的街道、社区社会企业的工作量，对其给予资金激励	建立孵化平台，建立观，繁荣社会企业库	建立企业种子库，每年评立专子院运营，通过购买服务方式与专业机构合作，开展孵化培育，每年根据社会企业的孵化数量和企业数量给予激励，根据社会企业培育工作量，对其社会企业给予资金激励			加快平台建设	搭建沟通交流平台，为社会企业、商业运营机构等公益机构提供资讯交流、辅导，对接等服务，具有建立，实时发布社区需求清单和企业服务清单，为行业发展提供后方支持